JN141038

新しい教職教育講座　教職教育編 ❹

原 清治／春日井敏之／篠原正典／森田真樹［監修］

# 教育心理学

神藤貴昭／橋本憲尚［編著］

ミネルヴァ書房

新しい教職教育講座

# 監修のことば

現在，学校教育は大きな転換点，分岐点に立たされているようにみえます。

見方・考え方の育成を重視する授業への転換，ICT 教育や特別支援教育の拡充，増加する児童生徒のいじめや不登校への適切な指導支援，チーム学校や社会に開かれた教育課程を実現する新しい学校像の模索など。切れ間なく提起される諸政策を一見すると，学校や教師にとって混迷の時代に突入しているようにも感じられます。

しかし，それは見方を変えれば，教師や学校が築き上げてきた地道な教育実践を土台にしながら，これまでの取組みやボーダーを超え，新たな教育を生み出す可能性を大いに秘めたイノベーティブな時代の到来ともいえるのではないでしょうか。教師の進むべき方向性を見定める正確なマップやコンパスがあれば，学校や教師の新たな地平を拓くことは十分に可能です。

『新しい教職教育講座』は，教師を目指す学生や若手教員を意識したテキストシリーズであり，主に小中学校を対象とした「教職教育編」全13巻と，小学校を対象とした「教科教育編」全10巻から構成されています。

世の中に教育，学校，教師に関する膨大な情報が溢れる時代にあって，学生や若手教員が基礎的知識や最新情報を集め整理することは容易ではありません。そこで，本シリーズでは，2017（平成29）年に告示された新学習指導要領や，今後の教員養成で重要な役割を果たす教職課程コアカリキュラムにも対応した基礎的知識や最新事情を，平易な表現でコンパクトに整理することに心がけました。

また，各巻は，13章程度の構成とし，大学の授業での活用のしやすさに配慮するとともに，学習者の主体的な学びを促す工夫も加えています。難解で複雑な内容をやさしく解説しながら，教職を学ぶ学習者には格好のシリーズとなっています。同時に，経験豊かな教員にとっても，理論と実践をつなげながら，自身の教育実践を問い直し意味づけていくための視点が多く含まれた読み応えのある内容となっています。

本シリーズが，教育，学校，教職，そして子どもたちの未来と可能性を信じながら，学校の新たな地平を拓いていこうとする教師にとって，今後の方向性を見定めるマップやコンパスとしての役割を果たしていくことができれば幸いです。

監修　原　清治（佛教大学）
春日井敏之（立命館大学）
篠原正典（佛教大学）
森田真樹（立命館大学）

# はじめに

教師を目指すために，なぜ教育心理学を学ぶのだろうか。本書で展開される論考の多くは，人間一般における法則である。賢明な皆さんは，「人間一人ひとり違う。子どもも一人ひとり違う。そんな法則で行動を予測することなど困難だ」と思うだろう。その通りなのだが，たとえば，目の前にやる気のない子どもがいたとする。目の前の子どものやる気のなさの原因は，「自己効力感」かもしれないし，「原因帰属」かもしれない。あるいは，これらはまったく関係ないかもしれない。むしろ，家族関係に何らかの問題があるかもしれないし，友人関係の問題かもしれない。そう，教育心理学のさまざまな理論を学ぶ意味は，「ああでもない，こうでもない」と考える際の“引き出し”を豊富にする，あるいは論理的に整理する，ということにある。教育実践というのは，ややもすれば主観的な判断で進行していく。そこで，教育諸科学のなかでも“客観的”な志向をもつ教育心理学が，「こうすればいいんじゃないか」とか「ちょっとまてよ」というヒントを与えてくれる。もちろん“客観的”な見解にもとづく実践というのは困難な試みだが，それに挑戦してこそ多くの収穫が得られる。

教員養成の基幹をなす教職課程には，最新の学術的成果の反映だけでなく，現場で直面する実践的課題への対応をも強く求められるようになった。しかしながら，この理論と実践の融合という社会的要請に応えることは至難の業であり，現在のところ解決に向けての途上にあるとしかいえない。こうした状況にあって，2017年文部科学省から発表された教職課程コアカリキュラムは，全国すべての大学の教職課程共通に修得すべき資質能力を明確に示し，教員養成の質を担保しようとするものである。このカリキュラムにおいては「全体目標」「一般目標」「到達目標」が示されており，学習者がそれら目標に向けて修学できるよう授業内容を精選し，授業を設計・実施することが求められている。

本巻「教育心理学」は全11章から成るが，各章を前述のコアカリキュラムに示された目標に照らして解説してみよう。「教育心理学」において扱われる内容は，幼児，児童および生徒の「心身の発達の過程」と「学習の過程」である。前者の一般目標「心身の発達の過程及び特徴を理解する」に関する記述は，第1章「発達の捉え方」・第2章「パーソナリティの形成」において提供されている。私たち人間の発達における内的・外的要因の相互作用，理論を踏まえた発達の概念や教育における発達理解の意義を学ぶこと，各年齢期における運動・言語・認知・社会性の発達の様相を理解することを到達目標としている。

以降の9章は，後者の一般目標「学習に関する基礎的知識を身につけ，発達を踏まえた学習を支える指導について基礎的な考え方を理解する」に関するものである。そのうち，第3章「実践活動における学習」・第4章「知性の捉え方と学力観」・第5章「学習の基礎としての情報処理」では，私たち人間のさまざまな学習形態やその過程を説明する代表的な理論に言及している。また，第7章「動機づけ」・第9章「教育評価の意義と方法」では主体的な学習の原動力となる意欲や的確な評価について，第6章「教科学習における理解と指導」・第8章「自己調整学習」では主体的な学習活動を支える授業展開の基礎となる考え方を示している。さらに，第10章「仲間関係・学級集団」・第11章「教師と児童生徒のコミュニケーション」では，子どもたちを主体的な学習へと誘う集団づくりについて学ぶ。

今日，情報化・国際化，産業構造の変化，少子高齢化などに伴い，子どもをとりまく環境の変化が著しい。そのようななか，子ども理解や学習支援を枠づける重要な概念も変容しつつある。教育心理学も時代に即した装いをまとう必要があり，体系を保ちつつも日々更新されねばならない。本書を手に取られた皆さんが教壇に立てば，日々の目の前の子どもたちの姿が教育心理学の最前線でもある。皆さんとともに，新鮮な教育心理学を創造できたら幸いである。

執筆者を代表して　神藤貴昭
橋本憲尚

目　次

# 第1章　発達の捉え方

**この章で学ぶこと**

「子どもの発達段階に応じた教育」という表現を一度は耳にしたことがあるのではないだろうか。この発達段階とはそもそも何なのか。どのような「段階」があるのか。本章では，人の心の発達について，心理学がこれまでに明らかにしてきたことを学び，子どもの発達段階に応じた教育のあり方を考える基礎を身につける。まず心理学において発達はどのように捉えられてきたのかを概観する。そして，物事の認識や思考に関わる知的な発達について代表的な理論を学ぶ。最後に，人が生きていくうえで欠かせない他者との関わり方や社会の中で適応していくための道徳性の発達，他者との関わりを通じての心理的な発達について学ぶ。

## 1　発達とは

### (1) 発達とは

「発達」という言葉を聞くと，どのようなことを連想するだろうか。子どもの身長が伸びたり，体重が増えたりすることや，何かが上手にできるようになったりすることなどを思い浮かべる人が多いかもしれない。このように，日常生活のなかでは，すでにあるものが大きくなったり，増えたり，高まったりすることや，新たに何かを獲得していくことに対して，発達という言葉が用いられる。成長という言葉にほとんどそのまま置き換えることができるかもしれない。しかし，心理学においては少し異なる。心理学においては発達という言葉は必ずしもプラス方向への変化のみを表すものではない。何かの機能が低下していったり，失われることに対しても「発達」という言葉が使用される。たとえば，高齢者から物覚えが悪くなった，というようなことを聞いたことがあるだろう。心理学では，こうした変化に対しても「発達」という言葉が使用される。

人は受精してから死ぬまでの間にさまざまな変化を経験する。それは時間の経過に伴う自然な変化であったり，親や周囲の仲間からの影響による変化であったりする。生まれてからの数年間の変化の多くは，日常的な意味とも共通するプラス方向の変化が多いが，歳をとるにつれてマイナス方向の変化も出てくる。ある変化がいつ生じるかは個人によってさまざまだが，変化が生じる順序については多くの人で共通している。心理学においては，受精してから死ぬまでの順序立った系統的な変化のことを「発達」と呼ぶ。

### （2）発達を規定する要因

人生におけるさまざまな変化は，何によって引き起こされるのだろうか。また，変化の結果どのようになるかは何によって決定されているのだろうか。この問いについて，大きく2つの立場から議論が行われてきた。1つは遺伝による影響が大きいとする立場で，もう1つは環境による影響が大きいとする立場である。前者は生得主義（あるいは生得説），後者は経験主義（経験説）と呼ばれる。

生得主義は，遺伝をはじめとする生得的な要因が個体の発達に強く影響を及ぼすという考え方である。一方経験主義は，人は生まれてからの経験によって発達し，周囲の人間や社会的な環境が個体の発達に強く影響を及ぼすという考え方である。経験主義では，人は白紙の状態で生まれてくると考えられており，この白紙の状態をタブラ・ラサという。

生得主義と経験主義のどちらが正しい考え方かという点について，さまざまな研究がなされ多くの議論が行われてきた。この論争を発達論争と呼ぶ。それでは，どのような根拠があれば生得主義の考え方のほうが正しい，あるいは経験主義の考え方のほうが正しいということが主張できるだろうか。

発達に及ぼす遺伝の影響を調べようとするときには，たとえば，ある家族についてその家系を調べる家系研究法と呼ばれる方法がある。この方法では，ある個人を取り上げ，その親や祖父母，曾祖父母，あるいはその子，孫，曾孫と複数の世代で，性格や知的な能力，身体的な特徴などがどの程度類似しているか，異なっているかを調べることになる。家系研究法は直感的にも思いつきやすい方法ではあるが，すでに亡くなっている人の特徴をどのように調べるかという大きな問題がある。

家系研究法には，いま生きている人しか正確に調べることができないという問題や研究に膨大な時間と労力がかかるという問題などがある。これらの点に関して，比較的世代交代の周期が早いラット等の動物を対象とした動物実験がなされることがある。たとえば次のような方法である（Innis, 1992）。ゴールにエサが置いてある迷路にラットを入れると，すぐに迷路を覚え，ほとんど道を間違えることなくゴールにたどり着けるようになったラットと，迷路を何回走っても道が覚えられず，ゴールにたどり着くまでにとても時間がかかるラットが出てくる。このとき迷路を覚えることに優秀であったラットとそうでなかったラットを分け，優秀なラットどうし，そうでないラットどうしを交配させ，再び迷路を走らせる。この手続きを繰り返し，各世代におけるラットの成績を比較していけば，ラットの知的な能力に対する遺伝の影響を調べることができる。こうした方法であれば，人を対象とした研究ではないものの，確実に研究者が調べたい事柄を調べることができる。

では，人を対象として，かつ動物実験のように研究者が何らかの条件を設定して調べたいことを調べる方法としては，どのような方法があるだろうか。最も代表的な方法は，双生児研究法と呼ばれる方法である。双生児とはいわゆる双子のことである。一卵性双生児であれば，遺伝的にはまったく同じ情報をもっているため，２人の違いはまさに環境の影響によって生じたものと判断することができる。対象となる双生児を見つけることは難しいものの，たとえば，双生児のうち一方が生物学的な親の元で育ち，一方が別の家庭の養子になっていた場合は，環境の違いはより明確になる。

双生児を対象とした代表的な研究のなかに，ゲゼル（Gesell, A. L.）の階段のぼりの実験（図１-１，図１-２）がある（Gesell & Thompson, 1929）。

ゲゼルは，ベビーベッドの上におもちゃを置き，そこまで階段で上れるような状況をつくって，ある双生児ＴとＣに階段上りの練習をさせた。まず生後46

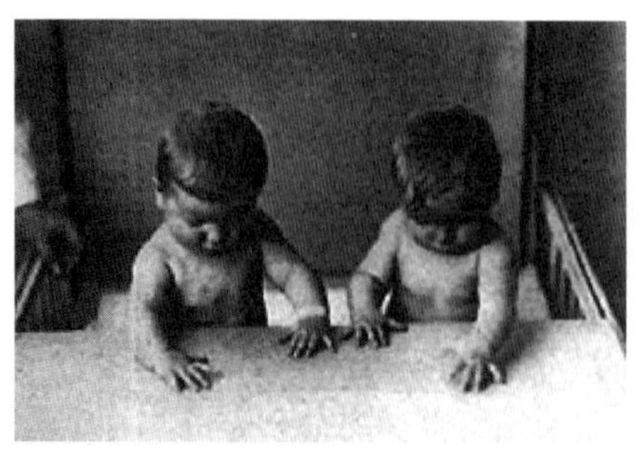

**図1－1　実験の対象となった双生児**
出典：Gesell & Thompson, 1929.

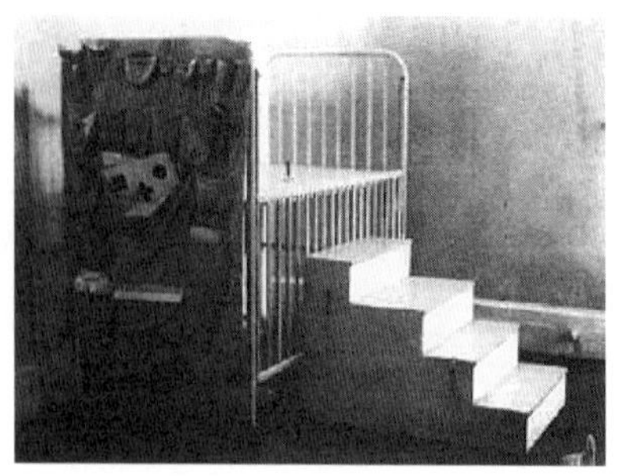

**図1－2　「階段のぼり実験」に使用された器具**
出典：図1－1と同じ。

週目からＴだけが６週間練習を行った。練習を始めてから２週間後（生後48週）にはＴは40秒で上れるようになり，生後52週の時点では26秒で上れるようになった。ここでＴの練習は終わったが，さらに１週間後の生後53週目には，17秒で上れるようになった。このとき，初めて階段上りを開始したＣは，同じ階段を上るのに45秒かかっている。ここからＣが２週間だけ練習を行う。生後56週目に時間を計ってみると，早くから６週間も練習を行ったＴは11秒で上れるようになっていた。後からわずか２週間しか練習をしなかったＣについても，わずか14秒で上れるようになっており，２人の間にほとんど差はなかった。さらにその後，どちらも練習をしないまま時間が経った，生後79週目にはＴが７秒，Ｃが８秒とさらに差が縮まっていた。

ゲゼルは，階段上り以外にもボールを扱う技能や積木つみ，言葉の習得など，さまざまな領域で類似の研究を行ったが，やはり同様の結果が得られている。このことから，ゲゼルは発達に対する生物学的な成熟の影響と訓練のような環境からの働きかけの影響の大きさを比べると，一定の成熟があって初めて環境からの働きかけの効果が発揮されると考えた。このように，発達において，生物学的な成熟は環境からの働きかけの効果を左右するものであり，成熟こそが発達における中核的な役割を果たしているとする考えを成熟優位説と呼ぶ。また，環境からの働きかけの恩恵を受け取るための準備が成熟によって整っているかどうかという準備性のことをレディネスと呼ぶ。

成熟優位説の考えに基づくと，教育を行っていくうえで学習者のレディネスが整っていることは非常に重要であり，成熟を待つことが欠かせない。しかし，近年ではさまざまなところで早期教育が取り上げられ，幼いうちからいろいろな学習を子どもにさせる取り組みが行われている。早期教育を推奨する理由は多岐にわたるが，そのうちのひとつに臨界期という考え方がある。臨界期とは，脳の発達において特定の時期だけに有効な環境からの刺激が存在し，その時期を逃すと発達が困難になる時期のことである。臨界期についてはローレンツ（Lorenz, K. Z.）の研究が有名で，彼は大型鳥類が孵化後の一定の期間に最初に出会った動くものを「仲間」と認め，それ以降もその認識が続くが，一定の期間を過ぎてしまうとそのようなことが生じないことを発見した。この現象は刷り込み（インプリンティング）と呼ばれる。臨界期の存在はネコなどの視覚に関する研究などでも証明されているが，ヒトの場合は，特定の期間を過ぎた後でも多少の変化がみられることが多いことから，敏感期とも呼ばれる。

### （3）「遺伝か環境か」から「遺伝も環境も」へ

生得主義と経験主義との間で激しい論争が続いたが，シュテルン（Stern, W.）は新たな視点から2つの立場を折衷し，発達が遺伝的要因と環境的要因の足し算によって決定されるという考えを提唱した。これを輻輳説（ふくそうせつ）と呼ぶ。「遺伝か環境か」「氏か育ちか」といった二分的な考えではなく，「遺伝も環境も」「氏も育ちも」という考え方といえる。現在では，単なる足し算では説明がつかないことが指摘され，相互作用説が主流となっている。相互作用説の考えによると，成熟のような遺伝的要因による変化が生じると，環境からの働きかけの効果に変化が生じたり，反対に環境からの働きかけが変化すると，成熟も変化したりすることになる。つまり，遺伝的要因と環境的要因とが相互に影響し合いながら発達が進んでいくことになるのである。

遺伝的要因と環境的要因との相互作用を考えたとき，どのような環境であっても身長はある程度伸びる。難しい語彙や文法は別としても，言葉を発することはほとんど必ずみられる。一方で，絶対音感や第二外国語の発音などはかなり豊かな環境が整っていなければ獲得されない。ジェンセン（Jensen, A. R.）は，ある遺伝的な性質が現れるためには，環境条件が一定以上整っていることが必要で，その条件は性質によって異なることを主張した。このような考え方を環境閾値説と呼ぶ。

## 2 知的発達

### （1）ピアジェの認知発達論

人の発達はもちろん受精してから死ぬまで途切れることなく連続しているが，その過程はいくつかのまとまりとして捉えることができる。発達をある視点に基づいて，いくつかの質的に異なるまとまりとして区別して捉えたものを発達段階と呼ぶ。

人の知的な側面の発達について，発達段階の考え方を提唱した代表的な研究者の１人にスイスの心理学者ピアジェ（Piaget, J.）がいる。ピアジェは，人の思考様式の発達を４つの段階に分けた（表１-１）。

最初の段階は感覚運動期で，生まれてから１歳半か２歳頃までにあたる。この時期の子どもは，感覚や運動を通じて外の世界と関わることになる。かつては生まれてすぐの赤ちゃんは目も見えず，耳も聞こえず，動くこともできない，何もできない存在であると考えられていた。しかし，現在では生後すぐの時点から，母親の声とその他の人の声を区別することができたり，においを感じ取ることができたりすることが明らかにされている。また，原始反射と呼ばれる特定の刺激に対する反射行動を中心に体を動かし，その動きを繰り返しながら，自らの意思で自分の体を動かせるようになっていく。あくまでも自分を中心に世界と関わっていることから，最初のうちは自分と関わっていない事物は赤ちゃんにとって存在しないことになる。たとえば，目の前に音の鳴るおもちゃが出されると喜んで手を伸ばしたりする。ところが，そのおもちゃをハンカチなどで隠してしまう，言い換えると赤ちゃんがおもちゃと関わっていない状態にしてしまうと，たとえ目の前でハンカチの下におもちゃを入れたとしても，

**表1-1　ピアジェの発達段階説**

| 時　期 | おおよその年齢 | 概　要 |
|---|---|---|
| 感覚運動期 | 0～1歳半，2歳 | 感覚や運動を通じて外の世界と関わる |
| 前操作期 | 1歳半，2歳～6，7歳 | 言葉や記号を用いた操作ができるようになる思考は視覚や聴覚，触覚などの知覚に左右される |
| 具体的操作期 | 6，7歳～11，12歳 | 見た目に左右されることなく，物事を判断することができるようになっていくが，まだ何らかの具体的な事物の手助けを必要とする |
| 形式的操作期 | 11，12歳～ | 実際に生じていない可能性の世界について，事象の因果関係を考えたり，仮説検証を行ったりすることができる |

（筆者作成）

赤ちゃんはそのおもちゃがなくなってしまったかのように，別の遊びを始めたり，泣き出したりする。感覚機能や運動機能を通して世界と関わるなかで，次第に，外界に存在する物が自分との関わりとは無関係に独立して存在していること，すなわち対象の永続性を理解するようになる。

2つ目の段階は，感覚運動期の後から6，7歳頃までの前操作期である。1歳後半から2歳頃になると，子どもは急速に言語を獲得していく。もちろん最初のうちはよく耳にする1つの単語を口に出すのみだが，次々に語彙が増え，2語をつなげて自分の意思を伝えたり，状況を説明したりできるようになっていく。言語を獲得することで，目の前で起こっていない事象についてのことでも，頭の中にイメージを浮かべたり，経験した出来事に対して何かを思ったり，感じたりすることができるようになる。ピアジェは，頭の中でイメージを浮かべたり，言葉や記号を用いて何らかの処理を行うことを操作と呼んだ。このように具体的な物と実際に関わるだけでなく，言葉や記号を用いた操作ができるようになる段階を，前操作期のなかでもとくに象徴的思考段階と呼び，4歳頃までに相当する。

続く5～7歳頃までの間は，言葉や記号を用いてさまざまな思考が可能になっていく。しかし，この時期の子どもの思考は視覚や聴覚，触覚などの知覚に左右されることから，直観的思考段階と呼ばれる。このことを，ピアジェは次のような課題を用いて確認した（図1-3）。

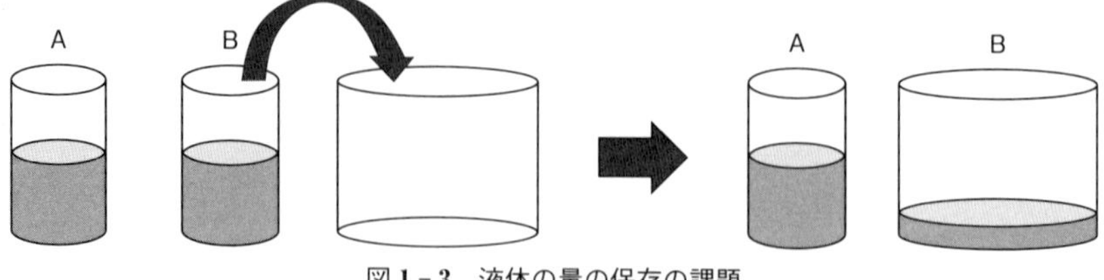


**図1－3　液体の量の保存の課題**

（筆者作成）

この時期の子どもにまったく同じ２つのコップに同じ量の液体が入っている様子を見せる。子ども自身にも同量の液体が入っていることを確認した後，一方のコップに入った液体を先ほどよりも太いコップに移し替える。そのうえで，どちらのコップのほうが液体が多いかを尋ねるという課題である。単にコップから別のコップに移し替えただけなので，当然同じ量が正しいのだが，見た目上は細いコップの方が高いところまで液体が入っているため，多くの子どもは細いコップのほうが液体が多いと答えてしまう。物の量や数は形が変わっても変化しないという法則を保存の法則と呼ぶが，この時期の子どもはまだ完全には保存の概念が成立していないのである（保存の不成立）。さらに，この時期の子どもは，自分の立場でしか物事が判断できないという特徴ももっている。立体的な模型を見せた際に，自分とは別の位置にいる人は当然模型の見え方も異なっているが，この時期の子どもではその区別をつけることが難しいとされている。ピアジェはこうした特徴を自己中心性と呼んでいる。

３つ目の段階は具体的操作期と呼ばれる。11，12歳頃までの時期で，ちょうど小学校高学年の時期にあたる。この段階では，保存の概念が獲得され，見た目に左右されることなく，物事を判断することができるようになっていく。ただし，完全に見た目の影響を受けないというわけではなく，何らかの具体的な事物の手助けが必要になる。

最後の段階は形式的操作期である。11，12歳以降の時期で，実際に生じていない，可能性の世界についても事象の因果関係を考えたり，仮説検証を行ったりすることができるようになっていく。これ以降は思考様式が質的に変化することはなく，より抽象的なイメージや言葉を使用できるようになったり，より複雑な問題について論理的に考えられるようになっていくという変化のみになる。

### （2）ヴィゴツキーの発達理論

ピアジェは，人の知的な発達について，個人と世界との関わりを中心に理論を組み立てた。それに対し，ソヴィエトの心理学者ヴィゴツキー（Vygotsky, L. S.）は，個人とその周囲にいる他者との関わり，とくに子どもの発達に対する大人からの手助けに注目した。ヴィゴツキーの考えの最も特徴的な点の1つは，個人の知的な能力を「できる・できない」という二水準で捉えるのではなく，「できる・手助けがあればできる・できない」という三水準で捉えるべきだとした点である。この手助けは子どもの周囲にいる大人やほかの子どもによるものである。そして，1人であれば同じ程度の水準までできる子どもであっても，手助けがあればできる水準の幅は異なっていることを主張した。たとえば，2人の8歳児がいて，2人とも8歳までに学習する内容であれば手助けがなくても1人で解くことができる。しかし，上の学年で学習する内容については1人ではまだ解くことができない。このとき，手助けがある状態であれば，2人とも9歳で学習する内容の問題を解くことができたが，1人はさらに10歳で学習する内容の問題まで解くことができた。何かの問題を解くときに，1人ではできないが，誰かできる人にヒントをもらえばできるといったことは，多くの人が経験しているのではないだろうか。ヴィゴツキーは，子どもが1人ではできないが，周囲の助けがあればできる水準のことを発達の最近接領域と呼んだ。

発達の最近接領域の考えは，教育現場で頻繁にみられる状況と一致しており，発達の最近接領域の考えは広く受け入れられている。ただし，ここで問題となるのが，どのような手助けがその子どもの発達を促すのかということである。

教師をはじめとした周囲の大人による手助けが不足している場合，当然ながらその子どもが問題を解決することはできない。反対に，過剰なまでに手助けをしてしまうと，問題は解決できるかもしれないが，その子どもは自分の力で問題を解決したという感覚をもてないだろうし，答えだけがわかった問題の解き方は結局身につかないままということになるかもしれない。「答えを教えるのではなく，解き方を教えることが大切である」といった言葉を，多くの人がどこかで耳にしたことがあるのではないだろうか。これらのことを踏まえると，その子どもにとって適切な程度の手助けが重要だといえる。こうした過不足のない援助のことをスキャフォールディングと呼ぶ。日本語では土台づくりや足場づくり，足場かけという意味になる。その子どもが問題解決に必要な分のちょうどいい土台・足場を教師が用意する必要があるということである。

ヴィゴツキーがピアジェと異なり，発達における周囲にいる他者の存在の働きにとくに注目していたことは先に述べた通りである。これにも関わる話として，ヴィゴツキーとピアジェの理論が大きく異なるポイントがある。それは言語発達の順序に関わる考え方である。私たちが使用する言語には大きく分けて2つの種類がある。1つは他者とコミュニケーションをとるために使用される言語で外言と呼ぶ。もう1つは内言と呼ばれる言語で，これは思考のために使用される。発達における周囲の大人の役割に注目していたヴィゴツキーは，まず他者とコミュニケーションをとるための言葉，すなわち外言が獲得されていき，その使用を重ねるうちに思考に使用可能な内言へと変わっていくと主張した。一方，個人の思考の発達にとくに焦点を当てていたピアジェは，まず外界と関わり，理解するために内言が獲得され，その後に他者と意思疎通が図れるだけの外言が獲得されると考えた。この議論は，子どもの独り言の研究などを通して，ヴィゴツキーの主張のように外言から内言へという順序のほうが適当であるとされ，ピアジェ自身も後にそのことを認めている。

## 3 社会性の発達

### （1）親子関係の発達

「社会性」という言葉は日常的にもよく使用されるが，心理学的に定義をしようとすると非常に難しい言葉である。実際，研究者によって定義はさまざまだが，ここでは，まず対人関係として親子関係および仲間関係の発達を取り上げて紹介していく。続いて集団や社会のなかで適応的に生活を送る際に求められる道徳性の発達について紹介する。最後は，他者との関係のなかで個人のパーソナリティがどのように発達していくかを説明したエリクソンの理論を紹介する。

親は人が生まれてから最初に関係を結んでいく他者である。生まれてすぐのヒトの赤ちゃんは，立ったり歩いたり，食事をしたりといったことはもちろん，寝返りをうつようなちょっとした姿勢の変更もできない。赤ちゃんにはさまざまな感覚能力が備わっているが，とくに運動に関しては，他の生物と比べると圧倒的にできることが少ない。ヒトは大脳が他の生物よりも大きく発達していくが，それを待ってから生まれると難産になってしまい，母子ともに生命が危険にさらされてしまう。そこで，生理的早産といわれるような未発達な状態で生まれ，親が守り育てていくようになったと考えられている。

赤ちゃんは生存のために養育者にお世話をしてもらわなければならない。そのためには，養育者との間に絆のような情緒的な関係を形成しておくことが必要である。赤ちゃんが養育者との間に築こうとした関係性を愛着（アタッチメント）と呼ぶ。赤ちゃんは頭部が大きく，額は広く，眼が大きいといった身体的な特徴をもっていることや，養育者にしがみついたり，養育者からの働きかけに微笑み返したりすることは，愛着を形成するうえで非常に有効だといえる。

愛着の発達について，ボウルヴィ（Bowlby, J.）は次の4つの段階に区別した（Bowlby, 1969）。

第1段階は誕生から生後2，3カ月頃までの時期である。この時期の赤ちゃんは他者に関心を示し，人の姿を目で追ったり，人の声に反応したりする。しかし，まだ人物を区別することができないため，養育者以外に対しても愛着行動を示す。

第2段階は生後半年頃までの時期である。養育者と他の人との区別がかなりはっきりとできるようになり，関心を向ける対象が養育者，とくに母親に限られていく。

第３段階は２，３歳頃までの時期である。第２段階が終わる生後７，８カ月頃にはいわゆる人見知りがみられ，養育者，とくに母親との間には明らかな愛着がみられる。はいはいや歩行ができるようになると，養育者の後追いをしたりする。また，離れたところにいた養育者が戻ってくると接近して抱きついたり，養育者の目が届くところで探索行動をとったりするようになる。

最後の第４段階は３歳以降の時期で，養育者との間に愛着が形成されたことが理解できるようになる。そのため，養育者が常にそばにいなくても，愛着対象以外の他者とでも関係をもつことができる。さらに，愛着対象が自分とは異なる意図や欲求，感情をもっていることも理解し，それに応じて行動をコントロールすることも次第に可能になっていく。

エインズワース（Ainsworth, M. D. S.）は画期的な方法を用いて，愛着の個人差を測定することに成功した（Ainsworth et al., 1978)。ストレンジ・シチュエーション法と呼ばれる方法で，実験室という子どもにとって新奇な状況において，子どもを親から分離させたり，見知らぬ人と対面させたりすることによって，ストレス状況を生み出し，その際の子どもの行動を観察するものである。

主に母親と分離した後の再会時における子どもの行動を基準に，愛着が大きく３種類に分類されることが示された。１つ目は「回避型」（A型）である。このタイプは，母親との結びつきが薄く，分離の際に泣いたり混乱したりすることがあまりなく，再会時にも母親から遠ざかったり，無視したりする行動がみられる。２つ目は「安定型」（B型）である。このタイプでは分離時に泣いたり混乱したりし，再会すると母親に接近し抱きつくなどの行動がみられる。身体的な接触で安心すると探索活動を再開したりするなど，母親への信頼感があることが伺える行動をとる。最後は「葛藤型」（C型）である。このタイプでは，分離時に激しく泣き，混乱する。再会時には接近を図るが，同時に養育者に対し怒りの感情を示し，養育者を叩いたりする。

愛着には文化的な要因も影響していることから，どのような行動を安定とみるか，葛藤とみるかなどは慎重に判断する必要も指摘されている。一方，近年では第４のタイプとして「無秩序無方向型」（D型）と呼ばれるタイプも見出されている。このタイプは，再会時に接近してから突然身をすくめたり，顔をそむけたまま接近するなど，接近と回避の両方が同時にみられる点に特徴がある。このタイプは，虐待など養育者の関わり方が不適切で問題がある場合にみられるとされている。

それでは，親や養育者以外の他者，とくに同年代のほかの子どもとの関わりについてはどのように発達していくのだろうか。実は，子どもはかなり早期からほかの同年代の子どもに強い関心を示すことが知られている。生後間もない乳児は，ほかの乳児に言葉や動きによる働きかけができないが，生後1カ月頃から周囲の大人に，また生後2カ月頃にはほかの子どもに対する注視行動がみられる。生後3カ月以降は発達に伴い，視線を向けるだけでなく発声や微笑などの働きかけがみられ，次第にほかの子どもの声や動きに応じるような反応がみられるようになっていく。生後6カ月頃には身体的な接触を図る姿もみられるようになる。

### （2）仲間関係の発達

先に子どもの成長を段階的に述べてきたが，子どもは1歳を過ぎると仲間どうしでの相互作用がより明確にみられるようになっていく。1つのものを介してのやりとりが行われたり，声をかけ合う，真似をし合う，追いかけっこをするなどの遊びが持続的に行われるようになっていく。ただし，意図を共有し，一緒に遊びをするようになるのは3歳を過ぎてからであり，4歳を過ぎると特定の仲間との共通のルールの下での遊びが展開されるようになる。

小学生の児童期になると，学校生活が一日の大半を占めるようになる。学校や学級には同年代の子どもが多く存在しているが，幼児期の後期から児童期にかけてはとくに，空間的な近さが友人となる最大の理由となることが多い。空間的に近いと，さまざまな活動において相互作用する機会が増えるためだと考えられている。

年齢が上がると，空間的な近さという近接性の要因以上に，同じ特性をもっていることが友人の選択理由となる。児童期の中期，小学校中学年頃の子どもは，同年齢の同性の仲間集団で常に行動を共にする姿がみられる。この仲間集団は主に遊びを通して形成されるが，この時期のこうした仲間集団はギャング集団（徒党集団）と呼ばれる（第10章参照）。ギャング集団にはリーダーが存在し，結束力が非常に強い。また，閉鎖性が強く，ほかのメンバーは集団に参加することが難しかったり，できなかったりする。同性のみで集団が形成されるのは異性への関心の現れでもある。時代の変化に伴う遊びの変化や環境の変化によって，こうしたギャング集団は見かけにくくなっているともいわれている。

児童期の後期にあたる小学校高学年になると，空間的な近さや表面的な共通性以外に，興味・関心が似ているといった内面的な類似性が友人の選択理由となる。同じ興味や関心が共有できるかどうかが重要になるため，空間的にも年齢的にも少し離れた友人ができることもある。

児童期までの仲間関係はあくまでも遊びが目的となっていたが，青年期に入ると友人との関係性自体が重要となる。青年期は，友人との関係についていろいろと考えたり，悩んだりすることを通じて，さまざまな友人関係を結んでいくようになる。

中学生・高校生にあたる青年期になると，部活動や塾などの習い事，アルバイトや趣味を通じての仲間など，学級以外にもつながりができる。そのため，これまでとは異なり，どのように他者と関わるかについての個人差が大きくなる。落合・佐藤（1996）は，「深い―浅い」と「広い―狭い」の二次元を設定し，青年期の友人関係を大きく４つに類型化している。すなわち，誰とでも付き合い，誰からも好かれ愛されようとする「深く広く」，限られた相手とのみ関わりわかり合おうとする「深く狭く」，誰とでも付き合うが自らの積極的な関与はない「浅く広く」，自分の本音を出すことなく，しかも限られた人とのみ関わる「浅く狭く」の４つである。

男女によって異なるが，中学生では「浅く広く」の割合が高く，高校生では「深く広く」の割合が増える。さらに大学生では「深く狭く」という関わり方が多くなっている。友人との関わり方は，年齢が上がるとともに，より深く，より狭くなっていく傾向があるといえる。

### （3）道徳性の発達

道徳性とは「子ども自身が，教育的関わりを含むさまざまな社会環境との相互作用の経験のなかで，自らの道徳的行為を自己調整するようになる過程」と定義される（明田，1992，234頁）。道徳性は，行動，感情，認知の3つの側面から捉えることができる。行動的側面とは，社会規範に合致した行動をとることができるかという側面である。これに対し感情的側面は，社会規範に関するある行動に対し満足感を抱いたり，罪悪感を抱いたりすることを指す。また認知的側面とは，社会規範や道徳に関する知識や判断，状況の理解といったことを意味する。ここでは，道徳性の認知的側面の発達についてピアジェの理論とコールバーグの理論を紹介する。

ピアジェは上述したように思考の発達段階で有名だが，道徳性の発達についても言及している。ピアジェは，児童期までの子どもどうしの遊びを観察し，そのなかでルールがどのように理解され，適用されているかに基づいて3つの段階があると指摘した。

最初は5歳頃までの前道徳的段階である。この時期の子どもは規則というものをほとんど理解しておらず，各々が自由に遊ぶ様子がみられる。次は道徳的リアリズムの段階で5歳から10歳頃までの時期である。この時期の子どもは，大人，とくに両親によって規則が決定されていると考えていることから，他律的道徳性の段階とも呼ばれる。行為の善悪の判断は，行為者の意図よりも，行為の結果が重視される傾向にある。最後は10歳以降の道徳的相対主義の段階である。この時期になると道徳的な基準が人によって異なっていることを理解し，より柔軟に道徳的な判断を下すことが可能になる。善悪の判断においては，結果だけでなく，行為者の意図を重視するようになり，規則が破られる場合があることやそれが必ずしも罰せられないことなども理解できるようになる。この時期になると，次第に自分自身で規則を判断していくことから，先の他律的道徳性と対比して，自律的道徳性の段階とも呼ばれる。

ピアジェが10歳頃までの道徳性の発達段階を唱えたのに対し，コールバーグ（Kohlberg, L.）は青年期までも含めた道徳性の発達段階を考えた。コールバーグは，登場人物が規則を破るなど，社会規範に照らして悪い行為を行う場面のある架空の物語を提示し，その行為の理由を尋ねることで，道徳性の発達を整理している。以下は「ハインツのジレンマ」と呼ばれる架空の物語の例である（Kohlberg（1969）をもとに筆者作成）。

1人の女性が，特殊なタイプのがんで死に瀕していた。医師が彼女を救うことができるかもしれないと考えた薬が1つだけあった。それは同じ町に住む薬剤師が最近発見したものであった。その薬をつくるのに多額の費用を要したのは確かであるが，薬剤師は，つくるのに要した費用の10倍もの値段をつけていた。

患者の夫であるハインツは，金を借りようとして知る限りのところを訪ね歩いたが，全部合わせても薬を買うために必要な額の半分ほどであった。ハインツは薬剤師に向かって，自分の妻が危篤であることを告げ，「薬をもう少し安く譲ってくれないか。それができないというのなら支払いを少し延ばしてもらえないだろうか」と頼んだ。ところが，薬剤師は「金儲けをするためだからダメだ」と断った。ハインツは思いつめ，薬剤師の店に押し入り，妻のために薬を盗んだのだった。

**ハインツはそのようなことをすべきだったのだろうか。あなたがそう考える理由も述べなさい。**

コールバーグは，こうした物語における登場人物がとった行為の善悪の判断やその理由をもとに，道徳性の発達段階として3つの水準を設定した。さらに，各水準に2つのレベルを設け，6つの段階を設定している（Kohlberg, 1969）。

第一の慣習以前の水準は，自分自身の快・不快の感情や損得，罰に対する恐れを基準とした判断を意味する。この水準に含まれる1つ目のレベルは「罪と服従への志向」であり，罪や罰を避けること，権力や規則に従うことを最優先に考える状態である。2つ目のレベルでは「道具主義的な相対主義志向」であり，自己の欲求の満足が優先され，行為とそれによって得られる報酬との間には公正性は必要がない。

第二の慣習的な水準は，自分が他者からどのように評価されるかや社会的な秩序を壊さないかどうかを基準とした判断を意味する。3つ目のレベルである「対人的同調あるいは『よい子』志向」では，他者から褒められたり，他者に喜んでもらったりして，自分が他者に承認されることが重視される。4つ目の

「『法と秩序』志向」では，権威を尊重し，社会的秩序を維持することが最も重視される状態である。

第三の慣習を超えた水準は，個人のなかにある良心に焦点が当てられ，法や社会秩序が人の尊厳や正義に照らして適切かどうかが基準となる。５つ目のレベルの「社会契約的な法律志向」では，規則が不変のものではなく，正義や人の尊厳を守るために変更可能なものであると考えられる。最後６つ目のレベルは「普遍的な倫理的原理の志向」である。このレベルでは，実際の法や社会の規則から離れ，自らの良心や倫理観によって善悪の判断を行うことになる。

### （４）エリクソンのライフサイクル理論

エリクソン（Erikson, E. H.）は，社会や他者との関わりのなかでの心理的な発達を研究した。彼の理論は人間が生まれてから死ぬまでを８つの段階に分けて捉えようとしている点で，ライフサイクル理論と呼ばれる（Erikson, 1982）。この理論では，８つの各段階において乗り越えるべき課題があると考えられている。これを発達課題と呼び，課題の解決に成功することによって新たな能力が身についたり，精神的に成長していける（表１－２）。しかし，課題解決に失敗すると，心理的な危機の状態に陥り，パーソナリティの発達に否定的な影響が及ぼされる。

生まれてから１歳半頃までを乳児期と呼ぶ。この時期の発達課題は基本的信頼である。

乳児は，養育者（主に母親）から十分な愛情と安定した養育を受けることで，他者に対する情緒的な信頼感を身につける。これはボウルヴィの愛着の考え方と共通しており，未熟な状態で生まれてくる赤ちゃんにとって，自らを守り育ててくれる養育者との間に情緒的な絆が結べるかどうかは，非常に重要なことである。基本的な信頼感を身につけることによって，「自分は他者から愛されている」「他者や世の中は自分を受け入れてくれる，信頼できる存在である」といった感覚を得る。しかし，信頼感を身につけることができず，不安定な愛着が形成された場合，心理的な危機として「自分は愛されるに値しない存在で

**表1-2　エリクソンの発達段階と各時期における発達課題**

| 段　階 | 発達課題 |
|---|---|
| 乳児期 | 基本的信頼 vs 不信<br>周囲の人間は信頼できる存在か |
| 幼児期 | 自律性 vs 恥，疑惑<br>自分には何ができるか |
| 就学前期 | 自主性 vs 罪悪感<br>自分は何がしたいのか |
| 児童期 | 勤勉性 vs 劣等感<br>自分は他者と比べて劣っていないか |
| 青年期 | 同一性達成 vs 同一性拡散<br>自分は何者か |
| 成人初期 | 親密性 vs 孤独<br>他者を愛することができるか |
| 成人期 | 生殖性 vs 停滞性<br>自分の人生を他者に示せるか |
| 成熟期 | 統合性 vs 絶望<br>私の人生はこれでよかったのか |

出典：筆者作成。

ある」「他者や世の中は自分を受け入れてくれない，信頼できない存在である」といった感覚を得てしまうことになり，その後の人間関係に否定的な影響を及ぼすことになる。

乳児期の終わりから4歳頃までを幼児期と呼ぶ。この時期の発達課題は自律性である。トイレット・トレーニングや衣服の着脱，食事などの基本的な生活習慣についての訓練を行うことで自律性を身につけていくことになる。ここで基本的な生活習慣がうまく習得できない場合，その子どもは恥や疑いの感覚を得てしまうことになる。この時期の発達は個人差が大きく，とくに基本的生活習慣は習得時期が子どもによってかなり異なるため，親が自分の子どもに対し，うまく習得できていないのではないかと不安を抱いたりする場合も，心理的危機の状態を招くことにつながる。

続く4歳から5歳は就学前期と呼ばれる。発達課題は自主性である。多くの子どもが幼稚園や保育園などに通い，家庭以外の集団生活を経験するようになる。そこでの同年齢の子どもとの遊びのなかで，初めてのことに挑戦したり，周りの子どもとうまくやっていくためにどうすればよいかを自分なりに考えることで自主性が獲得される。親から離れての活動が増えるにつれ，してはいけないことをして叱られてしまうという経験をする。このとき，厳しすぎるしつけなどを受けると，自らの行為に罪悪感を抱くようになってしまう。

次の児童期はおおむね小学校に通う時期に相当する。学校教育を受けるなかで，規則正しい生活を送り勤勉性を身につけていく。小学校では，学業成績や運動能力の優劣が目に見えて現れてくることから，ほかの子どもとの関係のなかで劣等感を形成してしまう恐れもある。児童期の終わりは個人によって心身の発達差がかなりあり，生殖機能の発達，すなわち第二次性徴の開始の時期とされている。

エリクソンのライフサイクル理論において最も注目されているのが，児童期の次の青年期である。青年期は思春期の開始から始まるが，身体的な変化に伴い，自分という存在に意識が向き，他者との比較のなかで自分とは何者かという問いに答えを出すまで続く。この答えを出すこと，つまり，同一性（アイデンティティ）を確立することが青年期の発達課題である。この時期には，家族や友人も含めさまざまな他者と関係を形成している。しかし，家族と一緒に過ごしているときの自分や友人と一緒にいるときの自分，恋人と一緒にいるときの自分など，場面によって「自分」の姿は少しずつ異なっている。よい面も悪い面も含めて，それらすべてが「本当の自分」であるという認識をもち，さまざまな自分の姿を統合し受け入れることで同一性が確立されることになる。同一性が達成されることは，社会の中での自分の存在に一定の考えをもつことでもあるため，将来の目標や自分が進むべき進路が明確になることにもつながる。

同一性を達成するためには，「自分とは何者か」という疑問を抱くことから始まる。身体的な変化も合わさって，これまでの自分のイメージが少なからず揺らぐことから，こうした疑問を抱くことはクライシス（危機）と呼ばれる。クライシスを乗り越えるためには，自分はどのような存在なのかということに向き合い，他者との関係性を見つめ直し，試行錯誤することが必要である。こうしたクライシスを乗り越えるための試行錯誤をコミットメント（傾倒）と呼ぶ。エリクソンは，クライシスを経験した後にコミットメントを行い，「自分とは何者か」という問いに答えを出す時期である青年期を，社会的な義務や責任が猶予されている時期であるとし，モラトリアムと呼んだ。近年では思春期の始まりがかつてよりも早まっていることに加え，自らのキャリアを決定していく時期が遅くなっていることから，この猶予期間が長くなっている傾向にあるという指摘もある。

コミットメントをした結果，同一性が確立されなかった場合や，いつまでもコミットメントをせず問いに向き合うことから逃げ続けた場合，同一性拡散と呼ばれる危機の状態に陥る。同一性拡散の状態とは，自分という存在が統合されておらず，「自分が何者なのか，何がしたいのか，これからどう生きていけばよいのかわからない」状態である。

青年期に続くのは成人初期である。この時期の発達課題は親密性であり，青年期に確立した同一性をもとに，社会のなかで仕事をし，恋人とのより親密な関係を求め，それを築いていくことによって獲得される。自身の同一性を尊重し，相手の同一性も尊重することによって，互いに独立した存在であることを尊重して，相手とより深い関係を築いていけるかが問われることになる。ここで，恋人との間に親密な関係が築けなかった場合，孤独という心理的危機の状態に陥る恐れがある。ただし，変化が著しい現代社会においては，たとえ青年期において同一性が完全に確立されていなかったとしても，実際に労働に従事し，恋人との関係を築いていくなかで，同一性を修正し再構成することも可能となっている。

次の成人期の発達課題は生殖性の獲得である。家庭をもち，自らの子どもの養育に積極的に関与したり，職場や地域のなかでも次世代を育成する役割を担うことが求められる。同時に，自ら選択しなかった別の生き方を諦めることも必要になる。次世代に自らが築いてきたものを継承していくことに対し，前向きな気持ちを抱くことができず，いつまでも自分自身の事柄にこだわり続けている場合，停滞という危機の状態に陥る恐れがある。

人生の最後，8つ目の段階は成熟期である。この時期の発達課題は統合性の獲得である。この時期には，加齢に伴う心身の機能の低下を受け，「死」を身近に意識しはじめるなかで，自分のこれまでの人生を振り返ることになる。そのとき，これまでしてきた自分の選択を受け入れ，総体として自分の人生がよいものであったと思えるかが課題となる。これができない場合は，自分の一生に悔いが残っている状態であり，死の恐怖にとらわれるようになってしまう。

エリクソンの発達理論は，人の生涯における社会的な関係のなかでの心理的発達に言及している点で意義深いものといえる。ただし，時代や社会の変化に伴い，各段階のおおよその時期や発達課題の解決のあり方についても変化していることには留意する必要があるだろう。

**引用・参考文献**

明田芳久（1992）「社会的認知理論――バンデューラ」日本道徳性心理学研究会『道徳性心理学』北大路書房，221～235頁。

落合良行・佐藤有耕（1996）「青年期における友達とのつきあい方の発達的変化」『教育心理学研究』44(1)，55～65頁。

Ainsworth, M. D. S., Blehar, M. C., Waters, E. & Wall, S. (1978) *Patterns of attachment : A psychological study of the strange situation.* Hillsdale, Erlbaum.

Bowlby, J. (1969) *Attachment and loss, Vol. 1 : Attachment.* Basic Books.

Erikson, E. H. (1982) *The life cycle completed.* W. W. Norton.〔日本語訳版：村瀬孝雄・近藤邦夫訳（1989）『ライフ・サイクル，その完結』みすず書房〕

Gesell, A. L. & Thompson, H. (1929) Learning and growth in identical infant twins : An experimental study by the method of cotwin control. *Genetic Psychology Monographs,* 6, 5-124.

Innis, N. K. (1992) Tolman & Tryon : Early research on the inheritance of the ability to learn. *American Psychologist,* 47(2), 190-197.

Kohlberg, L. (1969) Stage and sequence : The cognitive-developmental approach to socialization. In Goslin, D. (Ed.) *Handbook of socialization theory and research.* Rand McNally.

**学習の課題**

(1) ピアジェの発達段階理論は，現在の学校制度において各学年で扱われる教科内容とどのような関係にあるか。整合している点と整合していない点をあげなさい。

(2) ヴィゴツキーの発達の最近接領域の考えに基づき，適切な援助（スキャフォールディング）を提供しようとすると，教師は児童生徒が１人で解決可能な水準と援助があれば解決可能な水準を正確に把握しておくことが重要になる。どのようにすればその水準を把握できるか。

(3) エリクソンのライフサイクル理論における青年期の発達課題は同一性の確立である。生徒が同一性を確立していくことに対し，教師はどのように関わり，どのように援助をしていくべきか。

【さらに学びたい人のための図書】

大野 久（2010）『エピソードでつかむ青年心理学』ミネルヴァ書房。

⇨青年期における自我の発達，人間関係，社会との関わりについて，エリクソンの生涯発達理論に基礎を置きながら説明されている。経験したことや聞いたことがあるようなエピソードが多く示されているため，具体的なイメージをもちながら学ぶことができる。

下山晴彦編（1998）『教育心理学Ⅱ 発達と臨床援助の心理学』東京大学出版会。

⇨発達心理学と臨床心理学とを別々のものとして捉えるのではなく，発達臨床という視点に立ち，とくに児童期から青年期にかけての発達と各時期に生じやすい心理的問題，それへの援助方法が述べられている。学校現場において生じる問題について，考えられる原因や背景，専門家による援助について詳しく学ぶことができる。

ゴスワミ，U.，岩男卓実・上淵 寿・古池若葉・富山尚子・中島伸子訳（2003）『子どもの認知発達』新曜社。

⇨発達心理学や教育心理学における学習や記憶，問題解決，推論，因果関係などの各分野で，子どもの何が発達するかについて述べられている。さまざまな実験が具体的に紹介されており，子どもの認知やその発達を捉えるための方法論についても学ぶことができる。

（川那部隆司）

# 第2章 パーソナリティの形成

**この章で学ぶこと**

この章では，人のパーソナリティ（性格・人格）はどのように捉えることができるのか，その捉え方の基礎的な枠組みを学ぶ。具体的には，まず第1節ではパーソナリティとは何かについて述べる。次にパーソナリティの捉え方に関する2つの代表的な方法である類型論と特性論について，それぞれ第2節と第3節で学ぶ。さらに第4節において精神分析におけるパーソナリティの構造に関する理論と防衛機制について学ぶ。また，目には見えないパーソナリティをどのように測るのか，個人のパーソナリティを測定したり記述する代表的な方法について，第5節で学ぶ。

## 1 パーソナリティとは何か

人がどのような行動をするかは，そのときの状況とその人の性格によって決まってくると考えられる。たとえ同じ人でも状況によってとる行動は異なるし，あるいはまったく同じ状況に複数の人がおかれた場合，どのような行動をとるかは人によって変わってくる。このように，同じ人でも状況によって行動は変わるが，さまざまな状況での行動を観察すると，状況にかかわらず比較的一貫している行動の傾向が見出せる。またどのような行動が一貫してみられるかは，人によって変わってくる。このように，持続的である程度一貫した行動様式のうち，個人によって異なるものをパーソナリティと呼ぶ。

パーソナリティとは，もともとラテン語で仮面を意味する「ペルソナ」を語源とする。なおパーソナリティの日本語訳は「人格」になるが，日本語で人格という語のニュアンスには「人格者」という言葉にもあるように，すぐれた人間性という意味も含まれてしまう。そのため現在は人格という日本語訳よりも，英語をそのままカタカナにしたパーソナリティという言葉が使われることが多い。

また似た言葉として「性格」があるが，これは英語の character の訳語になる。character の語源はギリシャ語で「刻み込む」という意味を含んでいる。その意味から，「性格」という語には遺伝的に規定され変化しにくい，というニュアンスが含まれている。また，character という英単語にも，望ましい性質というニュアンスを含んでいる。以上のような理由から，心理学においては中立的なパーソナリティという言葉がよく使われる。

一般に人間の全体的なまとまりを示す場合は，「人格」や「パーソナリティ」という語が用いられやすく，個々の側面を記述したり個人差を強調する場合は「性格」という語が使われることが多いが，それほど厳密に区別されて使用されているわけではない。

## 2 類型論

人は，物事を理解するために，グループに分けるということをこれまで行ってきた。たとえば，動物をその特徴から魚類・両生類・爬虫類・鳥類・哺乳類などのグループに分けることによって，それぞれのグループの独自性を理解しようとした。このようなアプローチを人間の性格にも当てはめたものが，類型論である。このように類型論とは，人をいくつかの種類に分類し，その各グループにみられる典型的な特徴を記述することによってパーソナリティを捉えようとするやり方である。たとえば世間でよく使われる類型論的なものでは，血液型性格診断がある。血液型性格診断ではA型・B型・O型・AB型の4つの血液型によってそれぞれ性格が異なる，とするもので，たとえばA型の人は真面目で神経質，O型の人は行動力があり楽天家，などとするものである。このような血液型性格診断は広く知られており話題に上ることも多いが，これまでの心理学の研究から，現在は血液型と性格には明確な関連はみられない，と結論づけられている（縄田，2014）。

しかし，このように人の性質やパーソナリティをいくつかのタイプに分類しようとする考え方は古くからあり，たとえば2世紀に活躍したギリシャの医学者ガレノスは4つの体液（血液・粘液・黄胆汁・黒胆汁）のいずれかが人間の気質を支配すると考え，血液が多い多血質の人は陽気，粘液が多い粘液質の人は粘り強く冷静沈着，黄胆汁が多い胆汁質の人はせっかち，黒胆汁が多い憂うつ質（黒胆汁質）の人は心配性，と分類している。

本節では，心理学の分野における代表的な類型論である，クレッチマーの類型論，シェルドンの類型論，およびユングによるタイプ論について説明する。

### （1）クレッチマーの類型論

よく知られている代表的な類型論のひとつとして，ドイツの精神病理学者のクレッチマー（Kretschmer, E.）が理論化を行った体型による類型論がある。クレッチマーは自身の医者としての臨床経験から，精神病とその患者の体型に関連があることを見出していた。まず，クレッチマーは体型の類型を，体の長さが厚みよりも優先して発育した「細長型」，脂肪が蓄積する「肥満型」，骨格や筋肉の発育がよい「闘士型」の3つに分類した（図2-1）。そこで体型と精神病の関係を検討したところ，統合失調症の患者に「細長型」が多いのに対してそううつ病の患者は「肥満型」が多いことを見出した。ここからさらに，健常者においても体型と性格傾向の間に関連があると考えた。クレッチマーによると，「細長型」の人は統合失調症患者のもつ行動と類似した気質傾向（分裂気質）を，「肥満型」の人はそううつ病患者と類似した気質傾向（循環気質）を，

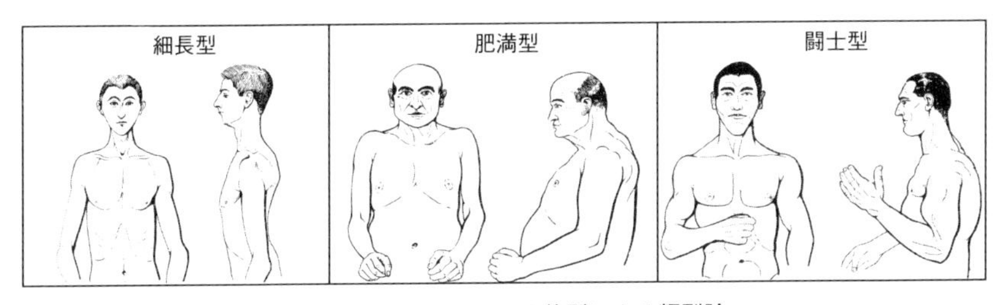


**図2-1　クレッチマーの体型による類型論**

出典：クレッチマー，E.，相場均訳（1960）。

「闘士型」の人は，てんかん患者と似た傾向（粘着気質）をそれぞれもつと考えた。なお具体的には，分裂気質の特徴は，非社交的で生真面目，恥ずかしがりで神経質といった性質である。一方循環気質は，社交的で親切，明朗で活発だが気が弱いなどの特徴をもつ。また粘着気質は，几帳面で粘り強いが融通がきかないとされる。

### （2）シェルドンの類型論

アメリカの心理学者シェルドン（Sheldon, W. H.）はクレッチマーが提唱した体型とパーソナリティの関連を検討した。シェルドンもクレッチマーと同じく，人の体格を3つに分類し，それぞれ「内胚葉型」「中胚葉型」「外胚葉型」とした。

- **内胚葉型**　丸みを帯びて柔らかく，クレッチマーの肥満型に対応
- **中胚葉型**　筋肉質で肩幅が広く，クレッチマーの闘士型に対応
- **外胚葉型**　肩幅が狭くやせておりクレッチマーの細長型に対応

次にシェルドンは体格とパーソナリティとの関連を検討した。その結果，内胚葉型は内臓緊張型と呼ばれる気楽ですぐにリラックスをする性質，中胚葉型は身体緊張型と呼ばれる攻撃的で騒がしい性質，外胚葉型は大脳緊張型と呼ばれる緊張しやすく孤立しがちな性質と関連することが研究の結果明らかになった。これらの結果は先に述べたクレッチマーの説を支持するものであった。

### （3）ユングのタイプ論（向性論）

スイスの分析心理学者ユング（Jung, C. G.）は，人は大きく2つの異なるタイプに分けられると考えた。1つは自分の興味や関心が外界の事物や人に向かう外向型，もう1つは自分自身の内界の主観的要因に関心の重きが置かれる内向型である。外向型の人は一般的に社会や環境に順応しやすく，社交的で行動力があるが，周囲に流されやすい傾向をもつ。一方，内向型の人は自分自身の世界観をもっているが，内省的で引っ込み思案になりやすい性質をもつ。なお，この外向型か内向型かを測定するための心理検査として，向性検査がある。

さらにユングは外向—内向とは別に，人はそれぞれ最も得意とする心理機能をもっていると考えた。その心理機能を「思考」「感情」「感覚」「直観」の4つに区別して想定した。思考は筋道立てて考える機能，感情は好き嫌いなど一定の価値を決定する機能，感覚は生理的刺激を知覚する機能，直観は事物そのものよりもその背後の可能性を捉える機能である。人はこの4つの機能のうちの1つをよく発達させていると考えた。

以上述べたように，外向か内向かの2つの態度と，さらに思考・感情・感覚・直観の4つの心理機能のうちどれをとくに発達させているかの組み合わせで8つの基本的な性格のタイプを想定した。

### (4) そのほかの類型論

ほかにも研究者によってさまざまな類型論が提唱されている。たとえば，シュプランガー（Spranger, E.）は人がどのような価値観をもって生活しているかの「価値志向」によって生活形式が異なることから，その価値志向の違いによって6つのタイプに分類している。それらは，

① 理論型：客観性・理論性に価値を置く
② 経済型：経済性・実用性に価値を置く
③ 審美型：芸術など美に価値を置く
④ 宗教型：信仰や宗教的体験に価値を置く
⑤ 権力型：権力と支配力に価値を置く
⑥ 社会型：奉仕や愛に価値を置く

以上の6つのタイプである。

## 3 特性論

人は誰かの性格について話すとき，「彼はとてもやさしい」とか「彼女はとてもまじめだ」などと表現する。この「やさしさ」や「まじめさ」といった性格を構成する成分を，心理学では「特性」と呼ぶ。人には共通したパーソナリ

ティの特性があるという前提で，この特性をどれだけもっているかの程度によって，個人のパーソナリティを説明しようとする立場を特性論という。では，どのような特性を設定すれば，パーソナリティを包括的に捉えられるだろうか。この説では，よく知られている特性論について説明する。

### （1）オールポートの特性論

オールポート（Allport, G. W.）は，特性論を最初に提唱した研究者で，パーソナリティの研究に大きく貢献したアメリカの心理学者である。オールポートはウェブスターの辞書を使い，人の特徴を表現する英語による言葉を約1万8000語選び出した。その後，選び出した語を分類し，パーソナリティや特性を表す言葉だけで4504語あることを見出した。

さらに，オールポートは特性を，多くの人が共通にもっている共通特性と，個人に特有な個別特性に分けた。共通特性は，同じ文化圏であればほとんどの人がもっていて，互いに比べることができる性質である。一方，個別特性は共通特性では捉えられない，その人独特のパーソナリティの側面のことである。さらに，パーソナリティの特徴を，折れ線グラフにより視覚化した心誌（サイコグラフ）を用いて示した。

### （2）キャッテルの特性論

先に述べたオールポートの考えを引き継ぎ，イギリスで教育を受けたアメリカの心理学者キャッテル（Cattell, R. B.）は，数学的な手法を使って，パーソナリティを表す言葉の整理を行った。キャッテルは因子分析という統計的手法を用いてパーソナリティを表す言葉どうしの関連性を検討し，最終的には16の根源特性を見出した。この16の特性には，たとえば積極的―消極的，支配性・優越性―服従性，などが含まれる。さらに，この理論をもとにしてキャッテルは16PF（16 Personality Factor Questionnaire）というパーソナリティ検査を開発した。

### （3）アイゼンクの特性論

イギリスの心理学者アイゼンク（Eysenck, H. J.）は，パーソナリティを，個別的反応のレベル，習慣的反応のレベル，特性のレベル，類型のレベルの4つのレベルからなる階層構造として捉えた。また，先に述べたキャッテルと同様，因子分析という統計手法を用いて，パーソナリティを構成する2つの基本的因子である，「外向性」と「神経症傾向」を見出した。「外向性」は活動性や社交性，衝動性の強さを表す側面で，その対極が内向性である。一方「神経症傾向」は不安感や自信のなさ，といった情緒的不安定さを表す側面で，その対極が情緒安定である。なお後に，アイゼンクは3つ目の因子として「精神病質」を加えた。この次元は，衝動のコントロールや敵対心を表す側面である。

さらにこの理論をもとに，アイゼンクはモーズレイ性格検査（Maudsley Personality Inventory：MPI）を開発した。

### （4）特性5因子モデル

これまで多くの心理学者により，どのような特性を設定するのが適切かについて研究が重ねられてきた。そのなかで，5つのパーソナリティ特性によって性格を包括的に集約することができる，というのが特性5因子モデルである。その5つの特性は，ゴールドバーグ（Goldberg, L. R.）によりビッグファイブ（Big Five）と名づけられた（表2-1）。この5因子は，「外向性」（Extraversion），「協調性」（Agreeableness），「誠実性」（Conscientiousness），「情緒不安定性」（Neuroticism），「開放性」（Openness）で構成される。なお特性の名前や日本語

**表2-1　特性5因子モデルにおけるビッグファイブの特徴**

| 5因子 | FFPQ での名称 | 本　質 | 一般的特徴 |
|---|---|---|---|
| 外向性 | E　外向性―内向性 | 活動 | 積極的／控えめ |
| 協調性 | A　愛着性―分離性 | 関係 | 親和的／自主独立的 |
| 誠実性 | C　統制性―自然性 | 意志 | 目的合理的／あるがまま |
| 情緒不安定性 | N　情動性―非情動性 | 情動 | 敏感な／情緒の安定した |
| 開放性 | O　遊戯性―現実性 | 遊び | 遊び心のある／堅実な |

出典：柏木（1997）をもとに筆者作成。

訳は研究者の間でも若干の違いがみられる。

外向性は活動的で陽気，積極的で社交的であることを表す。協調性（あるいは調和性）は，素直で寛大，良心的で親切であることを表す。誠実性（あるいは統制性や勤勉性）は計画性があり，辛抱強く几帳面さを表す性質である。情緒不安定性（情動性，あるいは神経症傾向）は，不安になりやすく敏感で，心配性な傾向を表す。開放性（あるいは遊戯性）は，想像力に富み，視野が広く好奇心が強い性質を表す。

この5因子を測定する尺度もこれまで開発されてきており，そのなかでもとくにコスタとマクレーが開発したNEO-PI-R（Revised NEO Personality Inventory）が広く使用されている。日本でよく使用されている尺度には，下仲ら（1999）が日本語版として標準化した日本版NEO-PI-Rや，辻（1998）によるFFPQ（Five Factor Personality Questionnaire）がある。

## 4　精神分析論からみるパーソナリティ

精神分析の創始者であるフロイト（Freud, S.）は，人間の心を，現在の意識や認識である「意識」，必要に応じて意識の水準に引き出せる部分を「前意識」，さらに気づいていない衝動や願望や，忘れられた記憶の貯蔵庫が存在する「無意識」からなると考えた。さらに人間の思考や行動の多くが，この無意識の過程によって引き起こされると考えた。本節では，フロイトがパーソナリティをどのような構造をもつと考えたかを紹介し，さらに心理的不安や苦痛を予防したり軽減する方法としての防衛機制について説明する。

### （1）フロイトによるパーソナリティ構造

フロイトは，パーソナリティはエス（イド），自我，超自我の3つの構造から成り立っており，これらの相互作用が人間の行動をつかさどるとした。

エスはパーソナリティの最も原始的な部分で，本能的エネルギーの貯蔵庫であり，不快を避け快を求めようとする快感原則に従う。なおエス（Es）とはドイツ語で非人称代名詞の「それ」(英語では it) を表し，イド (id) とはラテン語で it (それ) のことを表す。

超自我 (superego) は行動の善悪を判断する部分である。超自我は道徳や社会規範の体系であり，養育者によるしつけや，倫理といった後天的に形成された心の部分を指す。快楽原則に従う本能的欲動を，検閲し禁止する働きを行う。

自我 (ego) はエスと超自我の間で現実原則に従って，自分自身をコントロールする心の部分をいう。現実原則とは，即座に欲求を満たさず，そのときの状況によって欲求の充足を先のばしにする志向性のことをいう。このように，エスの衝動欲求に対して，どのように満足をさせるか決定する自我は，エスや超自我からの欲求と現実の状況の間で，調整役を果たすと考えられる。

なお，このパーソナリティの３つの構造を車の運転にたとえると，エスは車のエンジン，超自我は交通ルールや道路標識で，自我は運転手にたとえることができる。フロイトは，自我が主体となりエスや超自我の欲求が現実の状況に応じて調整されているときに，パーソナリティは健全であると考えた。

### (2) 防衛機制

フロイトは，自分の欲求が満たされない苦痛や不安から自分を守るしくみとして，防衛機制 (適応機制ともいう) という概念を提唱し，彼の娘であるアンナ・フロイトがそれをまとめた (表2-2)。防衛機制を使うことは，一時的に不安を解消することに役立つが，慢性的に常用したり過度に使われ続けたりすると，自我は柔軟性を失い，硬直してくる。つまり，うまく用いられれば心の安定につながり適応につながるが，そうでない場合は逆に不適応の原因にもなる。

フロイトが最も重要な防衛機制とみなした「抑圧」は，自分にとって苦痛な欲求や記憶を意識の外に追いやることである。この抑圧の働きによって，自分にとって恥や罪悪感，または自己嫌悪を感じるような記憶は忘れられやすい。

「反動形成」は本来の欲求や感情とは逆の行動をとり，ある動機を隠すことである。たとえば好きな相手にわざと意地悪な態度をとってしまう場合などがある。

表 2－2　主な防衛機制

| | |
|---|---|
| 抑　圧 | 自分にとって苦痛な欲求や記憶を意識の外に追いやること |
| 反動形成 | 本来の欲求や感情とは逆の行動をとり，ある動機を隠すこと |
| 投　影 | 認めたくない欲求や感情を，他人のものであると考えること |
| 同一視（同一化） | 自分をある対象に似せて，その人の名声や感情を自分のものであるかのようにとること |
| 昇　華 | 社会に受け入れられないような欲求や感情を，価値のある別の対象に向けること |
| 退　行 | より未熟な態度や行動をとることにより，満足を得ようとすること |
| 置き換え | ある欲求や感情を，本来向けるべき対象とは別の対象に向けること |
| 合理化 | 満足できない欲求に対して，論理的な動機を当てはめて納得しようとすること |

出典：柏木（1997）をもとに筆者改変。

「投影」は，自分自身がもっている認めたくない欲求や感情を，他人のものであると考えることをいう。自分自身が怒りっぽい性質をもっているがそのことを認めたくないとき，他者の怒りっぽい面をみつけると，ことさら非難するような場合が当てはまる。

「同一視」は「同一化」とも呼ばれ，自分をある対象に似せて，その人の名声や感情を自分のものであるかのようにとることをいう。たとえば，人気歌手の服装を真似ることなどは，これに当てはまる。

「昇華」は，社会に受け入れられないような欲求や感情を，社会的に価値のある別の対象に向けて一応の充足感をえようとすることをいう。たとえば，攻撃欲求を格闘技をすることで解消する場合があげられる。

「退行」は，より未熟な態度や行動をとることにより，満足を得ようとすることである。強いストレスにより，幼児語で話すようになることなどがあげられる。

「置き換え」は，ある欲求や感情を，本来向けるべき対象とは別の対象に向けることをいう。たとえば，父親に対する怒りを教師にぶつける場合などがあげられる。

「合理化」は，満足できない欲求に対して，論理的な動機を当てはめて納得しようとすることである。たとえばイソップ物語のなかの，キツネが自分の手の届かないところにあるブドウに対して，あのブドウはどうせ酸っぱいからいらない，と理由づけして断念するという話は，合理化の典型的な例である。

## 5　パーソナリティの測定

パーソナリティを測定するには，実際の行動を観察・記録し分析することによって性格を理解する観察法や，調査対象者と会話をすることによりパーソナリティを理解しようとする面接法，あるいは調査対象者を知るための道具として心理検査を用いてパーソナリティを理解しようとする心理検査法などがある。本節ではパーソナリティを知るための道具としてよく使われる，心理検査法について解説する。これまでさまざまな心理検査が開発されてきたが，大きく「質問紙法」「投影法」「作業検査法」の３つに分類される。この分類に沿って，代表的な心理検査を紹介する。

### （1）質問紙法

質問紙法は，紙面に記載された複数の質問項目に，自分に該当するか否かを回答し，その回答内容によってパーソナリティを判定するものである。代表的なものに，ギルフォード（Guilford, J. P.）が作成した性格検査をモデルに，矢田部らにより日本版として作成された矢田部・ギルフォード性格検査（Y-G 性格検査）がある。この検査は，120項目12尺度から構成され，それぞれの尺度の点数に沿って折れ線グラフでプロフィールを描き，その人の性格特徴を記述しようとするものである。

ほかによく使われるものとして，ハサウェイ（Hathaway, S. R.）とマッキンリー（Mckinley, J. C.）によって開発された MMPI（Minnesota Multiphasic Personality Inventory：ミネソタ多面体人格目録）がある。これは全部で550項目からなり，４つの妥当性尺度と 10 の臨床尺度の計14尺度で構成されており，多面的にパーソナリティを把握することができることから，主に医療の現場で用いられている。

あるいはバーン（Berne, E.）の交流分析の理論をもとにデュッセイ（Dusay, J. M.）が開発したエゴグラムも簡便でよく使われる。この質問紙では CP（Critical Parent, 批判的な親），NP（Nurturing Parent, 養育的な親），A（Adult, 合理的な大人），FC（Free Child, 自由奔放な子ども），AC（Adapted Child, 従順な子ども）の５つの自我状態の程度を測定する。

一般に質問紙法は実施や解釈が比較的容易で，集団でも実施可能なため広く使われるが，回答者が回答を意図した方向に変えることができることや，パーソナリティの表面的なレベルしか測定できない傾向があることが問題点としてあげられる。

### （2）投 影 法

投影法とは，あいまいな刺激や材料に対し，どのように反応するかを見ることで，その人のパーソナリティを測定しようとする心理検査法のことである。

代表的な投影法のひとつであるロールシャッハ・テスト（Rorschach Test）は，スイスの精神科医であるロールシャッハ（Rorschach, H.）により考案された（図２-２）。このテストは，左右対称のインクのしみのような図版10枚を順番に見せていき，それぞれの図版から何が見えるかを問い，記録していく。その得られた反応を分析し，その人のパーソナリティを理解しようとする方法である。

一方 TAT（Thematic Apperception Test, 主題統覚検査）は，マレー（Murray, H. A.）とモーガン（Morgan, C. D.）によって考案された（図２-３）。TAT では，人物などが登場している場面などが描かれている図版を20枚用意し，その図版を１枚ずつ見せていき，連想する物語を自由に語ってもらい，それを記録していく。その得られた物語のテーマを分析し，その人のパーソナリティや態度を解釈する方法である。また，子どもに対して使われる検査法として，CAT（Children's Apperception Test, 児童統覚検査）も開発されている。

P-F スタディ®（Picture-Frustration Study）はローゼンツァイク（Rosenzweig, S.）により考案された（図２-４）。日常的に起こる欲求不満場面を描いた１コマ漫画のような 24 の図版から構成されており，それぞれ空欄になっている吹き

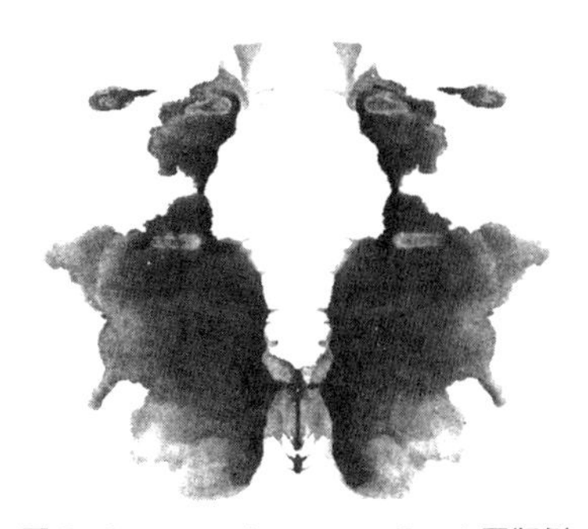

**図2－2　ロールシャッハ・テスト図版例**

出典：杉原，山中・山下編（1988）195頁。

**図2－3　TAT 図版例**

出典：安香・藤田編（1997）をもとに筆者改変。

**図2－4　P-F スタディ®の図版例**

出典：本検査の著作権は株式会社三京房に帰属します。

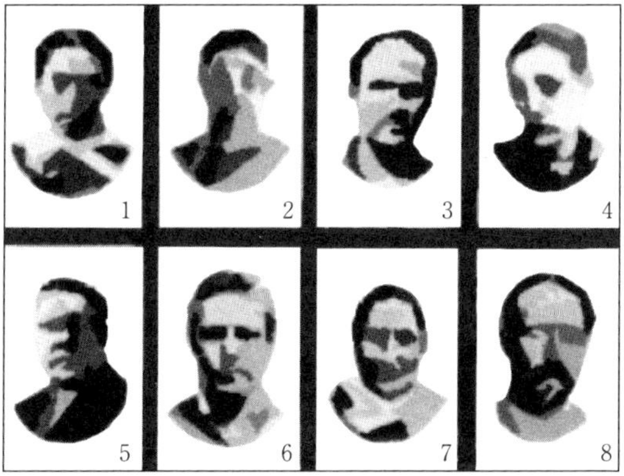

**図2－5　ソンディ・テストの図版例**

出典：上里監（2001）をもとに筆者改変。

1　私の家は＿＿＿＿＿＿＿＿＿＿＿＿＿＿＿＿

2　私は将来＿＿＿＿＿＿＿＿＿＿＿＿＿＿＿＿

3　調子の悪い時＿＿＿＿＿＿＿＿＿＿＿＿＿＿

4　私が苦手なのは＿＿＿＿＿＿＿＿＿＿＿＿＿

**図2－6　SCT の例**

出典：佐野・槇田（1991）をもとに筆者改変。

出しに，思いついたせりふを記入していく心理検査である。

ソンディ・テストはハンガリー生まれのソンディ（Szondi, L.）によって考案された（図2-5）。1組が8人の顔写真から構成される図版が6つ提示され，それぞれ好きな写真2枚と嫌いな写真2枚を選んでいき，その選択からその人のパーソナリティを解釈する方法である。

SCT（Sentence Completion Test，文章完成法）はアメリカの心理学者らによって考案され，「私の家は…」など書きかけの未完成な文の後に続く文章を自由に記入してもらい，その内容を分析してその人のパーソナリティを解釈する方法である（図2-6）。

また，被験者に絵を描いてもらう描画法の代表的なものに，コッホ（Koch, K.）によって考案された，バウムテストがある。この方法では，ケント紙と鉛筆，消しゴムを用意し，1本の木を自由に描いてもらう。描かれた木の大きさ，形，場所などの情報からその人のパーソナリティを解釈するものである。

投影法は質問紙法と異なり，被験者によって意図的に回答を歪めたり作為的な反応が生じにくいという利点がある。また無意識的な態度やより深い次元の性格を捉えることができるというメリットもある。しかし，結果の解釈には検査者の主観が入りやすいことや，熟練が必要とされることが問題点としてあげられる。

### （3）作業検査法

作業検査法とは，被験者に簡単な作業を行ってもらい，その作業の過程や結果からパーソナリティを捉える心理検査である。

最もよく使われる作業検査法としては，内田・クレペリン検査があげられる（図2-7）。この検査は，クレペリン（Kraepelin, E.）の研究をもとに，内田勇三郎が作成した。この検査では，1桁の数字の足し算という単純な計算を連続で行い，その作業過程を分析してその人のパーソナリティを測定しようとする方法である。

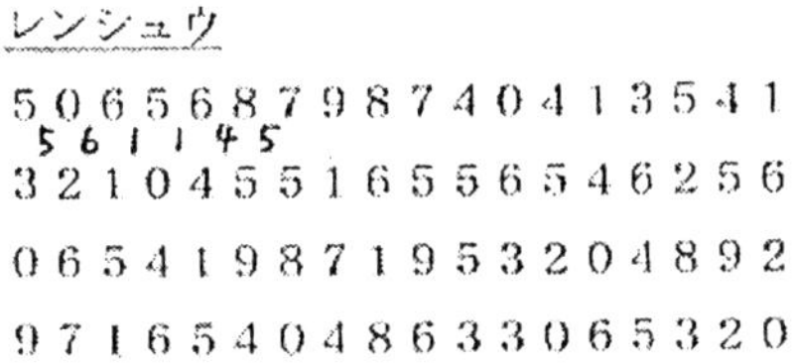

レンシュウ

5 0 6 5 6 8 7 9 8 7 4 0 4 1 3 5 4 1
5 6 1 1 4 5
3 2 1 0 4 5 5 1 6 5 5 6 5 4 6 2 5 6
0 6 5 4 1 9 8 7 1 9 5 3 2 0 4 8 9 2
9 7 1 6 5 4 0 4 8 6 3 3 0 6 5 3 2 0

**図2-7　内田・クレペリン検査の例**

出典：上里監（2001）をもとに筆者改変。

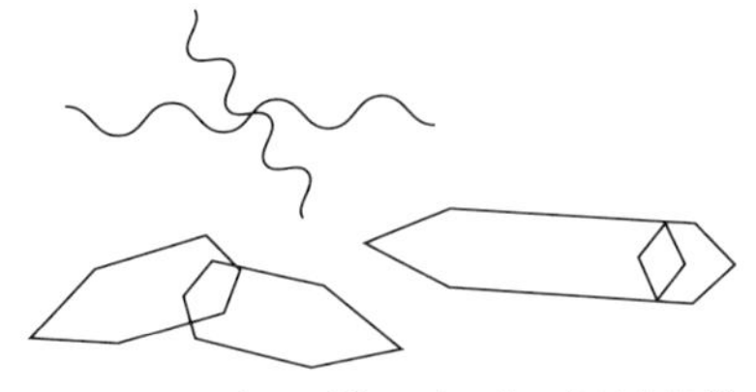

**図2-8　ベンダー・ゲシュタルト・テストの例**

出典：橋本・大木編著（1999）をもとに筆者改変。

またベンダー・ゲシュタルト・テストはベンダー（Bender, L.）により考案された心理検査で，9つの幾何学図形を白紙に書き写すように求められ，その描かれた図形を分析する方法である（図2-8）。一般に発達や神経機能の評価が主な目的で使われるが，図形の認知に影響を及ぼす自我機能を分析するという意味で，パーソナリティ検査の一面もある。

このような心理検査は研究や臨床場面で広く使われるが，検査を行ううえでは相手に十分な説明を行い同意を得ることが必要となる。また，得られたデータの取扱いにも情報が部外者に漏れないよう，注意が必要である。さらに結果のフィードバックをする際にも細心の注意が必要である。

また，臨床場面では複数の心理検査を組み合わせて行うことが多いが，これをテストバッテリーという。それぞれの心理検査が測定できることは限られているので，テストバッテリーを組むことで被験者のパーソナリティをより総合的に捉えることが可能になる。

### 引用・参考文献

安香　宏・藤田宗和編（1997）『TAT 解釈の実際――臨床事例から学ぶ』新曜社。

上里一郎監（2001）『心理アセスメントハンドブック（第2版）』西村書店。

オルポート，G. W.，今田恵監訳（1968）『人格心理学（上・下）』誠信書房。〔原著；Allport, G. W. (1961) *Pattern and growrth in parsonality*. Holt, Rinehart and Winston.〕

柏木繁男（1997）『性格の評価と表現――特性5因子論からのアプローチ』有斐閣。

加藤孝義（2001）『パーソナリティ心理学――自分を知る・他者を知る』新曜社。

河合隼雄（1967）『ユング心理学入門』培風館。

キャッテル，R. B., 斎藤耕二他訳（1975）『パーソナリティの心理学』金子書房。〔原著：Cattell, R. B.（1965）*The scientific analysis of personality,* Penguin Books.〕
クレッチマー，E., 相場均訳（1960）『体格と性格』文光堂。〔原著：Kretschmer, E.（1921）*Körperbau und ćharakter,* Springer.〕
小塩真司（2010）『はじめて学ぶパーソナリティ心理学――個性をめぐる冒険』ミネルヴァ書房。
佐藤淳一（2005）「Jung の心理学的タイプ測定尺度（JPTS）の作成」『心理学研究』76(3)，203～210頁。
佐野勝男・槇田 仁（1991）『精研式文章完成法テスト解説〈成人用〉』（新訂版）金子書房。
下仲順子・中里克治・権藤恭之・高山 緑（1999）『日本版 NEO-PI-R, NEO-FFI 使用マニュアル』東京心理。
杉原保史（1988）「ロールシャッハ・テスト」山中康裕・山下一夫編『臨床心理テスト入門』東山書房，195頁。
鈴木乙史（1998）『性格形成と変化の心理学』ブレーン出版。
詫摩武俊・鈴木乙史・清水弘司・松井 豊編（2000）『シリーズ・人間と性格〈第１巻〉 性格の理論』ブレーン出版。
辻 平治郎（1998）『５因子性格検査の理論と実際』北大路書房。
辻 平治郎・藤島 寛・辻 斉・夏野良司・向山泰代・山田尚子・森田義宏・秦 一士（1997）「パーソナリティの特性論と５因子モデル：特性の概念，構造，および測定」『心理学評論』40，239～259頁。
縄田健悟（2014）「血液型と性格の無関連性――日本と米国の大規模社会調査を用いた実証的論拠」『心理学研究』85，148～156頁。
二宮克美・子安増生（2006）『パーソナリティ心理学――キーワードコレクション』新曜社。
橋本泰子・大木桃代編著（1999）『臨床現場のための心理検査入門』オーエムエス出版。
林 勝造・住田勝美他編（2006）『P-F スタディ®解説』三京房。
林 勝造・一谷彊他（2006）『P-F スタディ®青年用紙』三京房。
松原達哉編著（2002）『心理テスト法入門――基礎知識と技法習得のために（第４版）』日本文化科学社。
ユング，C. G., 高橋義孝訳（1970）『人間のタイプ』日本教文社。〔原著：Jung, C. G.（1921）*Psychologische typen.,* Rascher.〕
和田さゆり（1996）「性格特性用語を用いた Big Five 尺度の作成」『心理学研究』67(1)，61～67頁。
若林明雄（2009）『パーソナリティとは何か――その概念と理論』培風館。
Costa, P. T. Jr. & McCrae, R. R.（1992）*Revised NEO Personality Inventory (NEO-PI-R) and NEO Five-Factor Inventory (NEO-FFI).* Psychological Assessment

Resources.
Eysenck, H. J. (1953) *The structure of human personality*, Methuen.

**学習の課題**

(1) 類型論と特性論を比較したとき，それぞれどのような長所や問題点があると考えられるだろうか。
(2) 自分自身の性格を，性格の特性5因子モデルに当てはめて考えたとき，どのように説明できるだろうか。さらに，自分の性格の要素のなかで，5因子説ではうまく評価できない要素はあるだろうか。
(3) 防衛機制には多くの種類があるが，自分がよく行う防衛機制は何か，あるいはこれまでにどのような防衛機制をどのような状況で行ったか，振り返ってみよう。
(4) 心理検査の質問紙法と投影法を比較したとき，それぞれどのような長所や問題点があると考えられるだろうか。

**【さらに学びたい人のための図書】**

小塩真司（2010）『はじめて学ぶパーソナリティ心理学——個性をめぐる冒険』ミネルヴァ書房。
⇨タイトルの通り，初めてパーソナリティを学ぶには最適の書。図表も多く，解説も非常にわかりやすい。

若林明雄（2009）『パーソナリティとは何か——その概念と理論』培風館。
⇨パーソナリティに関する専門的な著作。これまでのパーソナリティ研究に関する紹介と，問題点などを幅広く扱っている。

松原達哉編著（2002）『心理テスト法入門——基礎知識と技法習得のために（第4版）』日本文化科学社。
⇨現在さまざまな心理テストが開発されているが，どのような心理テストがあり，どう使えばよいかを網羅的に紹介している。

（中村　晃）

# 第3章　実践活動における学習

**この章で学ぶこと**

学生に足りないものは経験だとよくいわれるが，経験豊かなはずの社会人すべてが有能というわけではない。人が取り組む実践活動において有能さを発揮するためには，経験から何をいかにして学ぶかが鍵となる。だが，実践活動における学びは状況に埋め込まれており，教室での教科学習とは違った過程を伴う。また，取り組む実践活動によって人を取りまく状況は異なり，求められる知識・技能のあり方も異なる。ここでは，教育的な意図をもって企画された「野外活動」と伝統文化の価値を継承・創造する「芸道」を取り上げ，他者との関わりのなかでの多様な学びのあり方を提示する。読者の方々には，自らの経験と照らし合わせながら学習の可能性を吟味し，これからの豊かな生活の糧を得る契機としていただきたい。

## 1　経験から学ぶということ

### （1）振り返ることの重要性

日常生活において，人は自分に関わる活動を進めていくうえで必要になることをその場で学んでいかねばならない。活動の場に身をおいて肌で感じたり工夫して取り組んだりするうちに，昨日できなかったこと・わからなかったことが，今日できるようになったり，少しわかるようになったりする。不確かに感じていたことに自信をもてるようにもなる。一方で，昨日あれほど鮮明に意識していたはずのものが，虚ろに思えるようになってしまうこともある。このように，経験に基づく変化には2通りのことが考えられる。1つは何かを「できるようになる（スキルを身につける）こと」であり，社会一般ではできるようになって初めて学習したと認められることが多い。もう1つは，「わかるようになった（理解する）」という学習の捉え方である。それは，外に現れた行動上の変化ではなく，知識・概念を身につけるといった人の内面で起きる変化をいう。ここでは，これら2つの意味を込めて，経験に基づく認知・情動・行動上の比較的永続的な変化を学習と捉える。

デューイ（Dewey, J.）（Dewey, 1938）によれば，学習とは，すでに書物や年長者の頭の中に組み込まれているものを取り込むことでなく，自らの日常生活経験のなかにある材料から引き出すことである。人は環境に働きかけて応答を得ることにより，自らの経験に気づき振り返ることができる。この反省的思考により人の内面に新たな考えが形成され，過去と現在の経験のつながりが構成される。そして，その考えを将来の経験に生かすことによって知的成長が促されるという。他方，現代の企業・病院・学校など社会実践の現場においては，人々は働きながら刻一刻と変化する状況を瞬時に分析・省察し，即興的に問題に対処していかねばならない。そのために，その場その場で知識・スキルを当てはめ，しのいでいるだけのこともあろう。ただし，こうした活動と同時進行の振り返りに依存すると，場当たり的な問題解決に長けただけの仕事師に終わってしまう可能性が高い。高度な問題解決にあたっては，加えて活動の後に内省をじっくり行う必要がある。

### （2）経験から学ぶ過程

**【体験学習のサイクルモデル】**

同じ経験をしながら，一度でさまざまな事柄に気づきどんどん新しい経験に挑戦していく人もいれば，繰り返し経験しても進歩がみられない人もいる。経験からうまく学ぶ人とそうでない人という個人差がある。人は，どのようにして経験から学んでいけばよいのだろうか。津村（2012）は，特別に設定された場におけるグループ体験やコミュニケーション体験を通して学ぶ必要性を指摘し，その場での人との直接的な関わりを素材として，自分の対人関係のありようや他者・グループについての理解を深め，ともに成長することを探求していく活動（ラボラトリー方式の体験学習）を推奨している。本章では経験ではなく「体験」という表現を用いる場合があるが，ここでいう体験とは普段の日常生活では得られない，

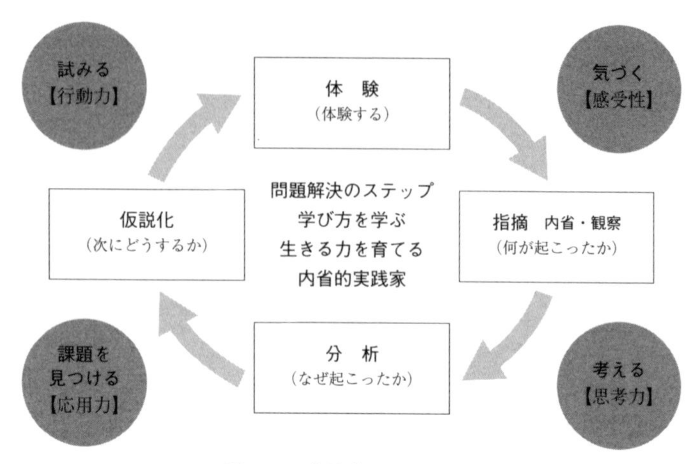


**図3－1　体験学習の循環過程**

出典：津村（2012）6頁。

全身に訴えかけるような個人にとって印象的な感覚経験を意味する。そして，そうした特別な経験は何らかの契機を得て，いくらかの期間，日常生活の場を離れた環境に身を置いて活動することによって得られるものと想定する。

こうした体験学習活動の基本となっているのが，コルブ（Kolb, D. A.）（Kolb, 1984）による体験学習のサイクルモデルである。津村（2012）は，ラボラトリー方式の体験学習の促進をねらって，コルブのモデルを図3－1のように示している。それによると，体験学習の過程には以下のような4つのステージがあり，循環的に進行していくと考えられている。

① 具体的な体験

まず，人は経験の場に参加する行動力が求められる。学校に登校したり職場に出勤したりして何らかの活動に従事することで，時にはキャンプや研修会のように，あるねらいのもとに提供される実習の場に参加することで学習が開始される。もちろん，家庭や旅先での個人的経験などさまざまな場面から人は学ぶことができる。

② 体験の内省と観察

はっきりと記憶に残っている経験内容，たとえば，何について話した，どのような作業をした，どんな結果になったなどを振り返る。また，自分・他者・集団全体のなかで何が起こっていたかという見えにくい心理的過程に焦点を当て，振り返ったり洞察したりすることも重要となる。個人の気づきをともに経験した者どうしで共有できれば，学習の広がりと深みが生まれる。

③ 分　析

経験した者どうしが気づいたことや考えたことを伝え合うとともに，なぜそのような出来事が起こったのか分析を試みる。単にそれぞれの行動の良し悪しを評価するのでなく，経験のなかでの意味づけをしっかり行い教訓を引き出して，概念化・一般化しておくことが重要である。自分や他者の特徴，集団の中でのやりとりのあり方などについて考察することも有効である。

④ 仮説化

概念化・一般化による考察から得られた教訓を踏まえて，新しい機会や場面での活動を試みる。その際，自ら課題を設定して具体的な行動計画を立案しておけば，経験学習の次のサイクルにスムーズに入ることができる。サイクルの繰り返しのうちに人の行動の幅は広がり，対人関係能力や社会的スキルの習得が期待される。

**【経験から学ぶ力の3要素】**

しかし，日常生活経験においては，前述の4ステージのサイクルを自ら意識して厳格に循環させていくことは難しい。松尾（2011）は，具体的な経験から新しい知識やスキルを獲得するためには，次の3つの要素からなる経験から学ぶ力の働きが必要だという。まず，「問題意識をもって，新しいが努力・工夫すれば解決できそうな課題に取り組む（ストレッチ）」。次に，「課題に取り組んだ結果に対するフィードバックを得ながら内省し，誤りを修正したり教訓を試したりする機会を得る（リフレクション）」。そして「常にプラス思考で，活動のなかに意義や面白さを見出そうとする（エンジョイメント）」。これら3つの要素は，互いにつながり合って正の（あるいは負の）循環をもたらすという。つまり，挑戦的な課題に取り組むほど，振り返りから引き出される教訓の質は高くなり，やりがいや面白さは大きくなる。そうなれば，より挑戦する意欲も高くなっていく。

### （3）実践活動のなかでの学び

**【状況に埋め込まれた学習】**

人は生活のありとあらゆる場面において何らかの経験を得て何かを学びとっているといって過言ではないだろう。ただし，今日の社会においては，教育的な意図をもって特別に設定されているにせよ，そうでないにせよ，学習の機会は学校・職場・活動団体などを介して提供されていることが多い。そうした学びの場には，通常，自分以外の他者が存在し，ある特定の活動を遂行するために必要な道具が存在する。また，活動に従事する時間枠が設定されており，活動の仕方にも一定のルールを守らなくてはならない。

たとえば，旅客機のフライトについて考えてみよう。パイロットは計器を読み取り，機体の状態を確認しつつ，天候・時刻などの情報に基づいて状況を判断し，そして操縦の決定を随時下していく。決定の連絡を受けたパーサーは，必要に応じて旅客に情報を伝達したり指示を与えたりする。管制官は，その旅客機から飛行状況報告を受け，空港の状況を知らせて離着陸を誘導する。フライトに関わるメンバーはそれぞれ異なった地位・役割を与えられているが，同じ実践活動に参加して同じ状況に関わる以上，それぞれの任務遂行がうまくかみ合ってはじめて安全・確実なフライトが実現する。

パイロットは厳しい訓練を繰り返して高度な操縦スキルを身につけ，機体の構造や機能についての専門的な知識を深める。しかし，それだけではフライトの機長としての任務を果たすことはできない。常に緊急時を想定しながら，時々刻々と変化する飛行状況を的確に把握して迅速に操縦決定を下し，フライトに関わるメンバーとの意思疎通を十分に図っておかねばならない。パイロットが機長として熟達していくためには，実際のフライトに参加する経験を積む以外に方法はない。というのも，他者や道具とともに織りなす状況に直接関わって，それぞれの状況に固有の意味を読み取り，そのときその場に適切な行為を行うことを学ばねばならないからである。この意味で，実践活動の場における学習は，状況に埋め込まれた学習であるといえよう（Lave & Wenger, 1991）。

**【実践活動のなかで学ぶもの】**

実践活動の場においては，人々や道具・装置の集まりを含めた全体がひとつのシステムとして機能している。前頁で，パイロット，パーサー，管制官それぞれが互いに，航空機および空港の有する装備との相互作用を行ううちに，フライトという実践活動が営まれているという例をあげた。見方を変えれば，実践活動はシステム内の人と人との間，人の身体と道具との間で営まれているといえる。こうした知的活動のあり方を分散認知という（Norman, 1993）。分散認知の観点は，学習を「個人の頭の中の情報処理過程を通して，新たな知識構造や枠組みができあがること」と捉える従来の観点とは異なる（上野，1999）。それゆえ，教室における教科学習の方法や評価の仕方に新たな視座を提供すると期待される。

たとえば，学校の教室学習では問題を解くにあたって，教科書や参考書に書かれている重要事項を記憶しておくことが強調される。しかし，現実の場面では課題解決に関連すると想定されるすべての情報を収集し，頭の中に保存しておくことは不可能である。むしろ，場面ごとにまとまりをつけて情報を捉え，どうでもよい些細なものは記憶しておかなくてもすむようにすることが合理的である。また，実践活動の場においては，場面ごとに道具や自らの身体配置などが適切な情報処理の手がかりを与えてくれており，記憶や計算の負担は軽減されていることが多い（Norman, 1993）。それゆえ，学習すべきは事項を逐語的に記憶することや複雑な計算を正確に行うことではなく，場面ごとの手がかりをうまく使って活動に必要な情報を整理し，活動の見通しをつけることである。

また，教室での問題解決においては，与えられた情報・条件に基づいて関連する概念や公式を選択し，求められた結論を得るためには何をどのような順に明らかにすればよいのかというある種のアルゴリズムの適用が求められる。こうした問題解決学習の特質は，定められた目標達成のための手段として，あらかじめプランを立ててから行為に移すという過程が想定されているところにある。しかしながら，現実場面における状況は絶えず変化し続けており，人は自分の行為の道筋を初めから終わりまで読めるわけではない。現在の状況において行為を試してみて，いくつかの選択可能な行為の道筋が明らかになってくるという場合が頻繁にある。次にやれそうな行為は，先の行為の途中でその都度局所的に見えてくる（Suchman, 1987）。つまり，現実場面に対応するために人は，できるようあらかじめ考えてから行為するのでなく行為しながら考え，そして行為するうちにできるようになっていくというのが事実ではないだろうか。

第２節以降では，学校という場を離れて，野外におけるキャンプ，芸道の稽古についてを取り上げ，それぞれに特有な学習の過程について考察を加えていく。キャンプにおいては仲間やチューターと参加者当人，芸道の稽古においては師匠と弟子との関係のなか，学習が展開されることに着目して読んでもらいたい。

## 2　野外活動における学び

### （1）直接体験に基づく学習

野外活動とは「自然環境を背景として行われる身体的，知的，情緒的，文化芸術的諸活動の総称」をいう（小森，2011，1頁）。つまり，一般的にはキャンプ・ハイキング・カヌーなど身体全体を使った活動がイメージされるが，自然科学的（植物・地質・水質等についての）研究や社会科学的（歴史・風土・文化遺産・地域文化等についての）研究活動，自然環境下での絵画・写真・音楽活動，何らかの創作活動や野点・花見などの観賞活動をも含む。野外活動にはレクリエーション的な要素だけではなく，実生活に関連した活動，体力づくり，自然観察など，自然の中での冒険的な活動に伴う自己発見や他者との協力など多種多様な活動が含まれる。こうした活動に取り組むことによって特別な経験を得ることは，メンタルヘルス・対人関係スキル・環境保全の意識や動植物との関わりなどに好影響が得られると期待されている。

体験活動と称されるものには，直接体験（自分自身が対象となる事物に直接かかわる），間接体験（写真・書籍・映像などを媒介として感覚的にかかわる），疑似体験（模型やシミュレーションなどを通して関わる）があるが，いうまでもなく野外活動においては，豊かな自然環境のなかでの六感を伴う直接体験を通して学ぶことが企図されている。全身でより多くの感覚を働かせて関わることにより，その事物についての多面的・総合的な強い心像とより深い理解を得ることができると考えられている。小森（2011）の記述によると，直接体験に基づく学習の利点として，以下の(a)，(b)を指摘することができる。(a) 強い心像と深い理解は，事物についてより強い感情や思考を導き，動機を生み，さらに肯定的な態度・積極的な行動につながる可能性を開く。(b) 具体的経験を通して感動を得ながら興味・関心を深めることは，問題に対するより適切な考え・方法・あり方などの自主的な探求や学びをもたらす。さらには，その学びの結果に基づいて課題解決に向けた行動をとることが期待できる。

### （2）キャンプや自然体験活動の組み立て方

数十分から数時間程度で終了する1区切りの活動をアクティビティ，ある教育目標の達成のためにアクティビティの実施の仕方を計画したものをプログラムと呼ぶ。同じアクティビティでも，異なった目標のもとに時間・場所・人・内容や指導方法を編成すると異なったプログラムとなる。沢登りというアクティビティを例にとると，グループや仲間どうしのアイスブレイクを促すために遊びの一環として行うこともあれば，シャワークライミングを取り入れてグループで協力しながら困難を乗り越えるという目標をもったプログラムに仕立てることもできる。また，自己紹介など場をほぐすためのアイスブレイクはキャンプ序盤に，挑戦的なグループワークは中盤以降に行われるのが通常である。この順序を逆転させるなどプログラム間の関連性を無視して企画してしまっては，一つひとつのプログラムの完成度は高くてもキャンプ全体としてあまり教育効果は期待できない（岡田，2011）。

ただし，教育的側面を意識しすぎると，キャンプから楽しさが奪われてしまう。仲間とともに楽しい日々を過ごしながらさまざまな活動に取り組み，挑戦することを通して，本人の成長や気づきが促されるよう十分配慮されなくてはならない（星野，2011）。

### （3）キャンプ中の体験学習

西田（2011）によると，キャンプ体験の学習効果に関しては，キャンプ期間の長短による小中学生の「生きる力」の習得の違い，キャンプ・プログラムの内容によるさまざまな心理的側面への影響が検討されているという。通常，キャンプの前と後で子どもたちに類似の質問項目に答えてもらい，その自己評定の変化を指標として成果を測定するという手法が用いられているようだ。

ここではキャンプ中の活動，子どもたちの行動・態度がどのように変化していったのかを検討することによって，何をいかに学んだのかについて考察したい。そのために，本多（2007）の報告による，平成19年７月末から行われた海洋キャンプにおける自然体験活動を例に取り上げる。参加者は小学５・６年生20名（男女半数ずつ）で，海浜での活動においては泳力別に４班に分かれ，各班１名ずつボランティアリーダーが随伴した。本多はこのキャンプにリーダーとして参加している。このキャンプは全10日間にわたったが，講師指導のもとでシュノーケリング体験が設定された第２・３日，シーカヤック体験が設定された第７～10日のプログラムと，その「シュノーケル」と「カヤック」，そして，子どもたちが独自に取り組んだ活動として「磯の探索」と「岩場からの飛び込み」を取り上げ，その活動展開について検討を加えた（表３-１）。その結果，これら体験活動に取り組むうちに，子どもたちにリスク意識・挑戦的態度・他者との協同性に向上がみられた。

**【リスク意識とエッジワーク】**

当初，シュノーケリングに参加した子どもの数名は，海中の探索に夢中になってしまい潮に流されてしまう［A1］。この原因として，初体験時の旺盛な好奇心やリーダーの活動ルール伝達の不徹底などが考えられるが，海の中で活動することについてのリスク意識は希薄であったのは間違いない。しかし，翌日の救助訓練においては，講師の厳しい指導やリーダーの緊張した雰囲気を感じ取ったのか，話の一つひとつを真剣に聴き入る態度がみられたという［A2］。さらに，カヤックで湾外の荒れた海をツーリングするという冒険的な活動において，極度の緊張感・身の危険を肌で感じ，自然現象の凄さを思い知ったであ

表3-1　キャンプ中の活動の展開と学習内容の例

| | シュノーケル | カヤック | 磯の探索 | 海への飛び込み |
|---|---|---|---|---|
| 第2日 | ウェットスーツを着て，手をつないで輪になって浮く，潜って膝を抱える〈泳力別グループ指導〉 C1 | | ヒトデ・海藻のほかにゴミも発見する（夢中になるうちに流される） A1 | |
| 第3日 | 復習の後，一列になって泳ぐ〈溺れた時の救助訓練〉 A2·C2 | | | |
| 第7日 | | ライフジャケットを着て，水のかけあい・泳ぐ・潜る<br>パドル操作を砂浜で，膝まで海に入って練習<br>カヤックに乗り海に漕ぎ出す | | 高さ3m位の岩場から，飛び込み（1人始めると次々に挑戦する） B1 |
| 第8日 | | 荒れた湾外へツーリング（転覆しまいとバランスをとる）（方々に流されパニックに陥る）（死にもの狂いで漕いで戻る） A3 | 貝の中身を餌に釣りをする C3<br>潜ってウニを採取する C4 | |
| 第9日 | | 【台風の解説】<br>【ロープと布を使った風の体感】 A4 | 釣り場を変えたり，糸の垂らし方などを工夫する B3 | |
| 第10日 | | 穏やかな湾外へツーリング<br>思い思いの漕ぎ方をする | 潜ってモリで漁を試みる C5 | より高い岩場から思い思いのスタイルで飛び込む B2 |

注：表中の A1 ～ A4 ， B1 ～ B3 ， C1 ～ C5 の記号については，本文48～52頁の記述を参照。
出典：本多（2007）の記述をもとに筆者作成。

ろうと推測される A3 。

野外活動における冒険とは，リスク（身体的・心理的・物質的・社会的損害を起こしうる可能性）を認知したうえで，「結果は約束されていないが，自らの力で困難を乗り越えることで広がるかもしれない可能性を求めて，自らの意思で立ち向かうこと」とされる（林，2014，1頁）。冒険的な活動に取り組むに際には，実質的なリスクを査定し，その場に及んでの不安や知識・経験不足から必要以上にリスクを過大・過小視していないか見極めなくてはならない。本キャンプにおいても，講師が常に局地的な天候情報を入手しつつ，子どもたちのカヤック技能の上達度やグループのまとまり具合などについてのリーダーから報告を鑑み，リスクを査定したうえでツーリングを決行したという。

活動するにあたって，人にはそれぞれ自分が慣れ親しんだ居心地のよい領域があるが，その中心から外側に出ていくほど不安の大きな領域となる。さらに外側には完全に自分にとって未知な領域が広がっており，そこに踏み込むと自分の知識・技能が通じるかどうか，身体・心理的安全が保てるかどうかわからない。Lynn（1990）は冒険的な活動を2つの領域の境界（エッジ）において自分と戦い，未知の領域へと自分自身をおし広げていくこと（エッジワーク）と捉えた。このキャンプでは，冒険的な活動を行った翌日に，カヤックツーリング専用の地図を参照しつつ，台風のメカニズムを説いて昨日の海の状況を説明するという講義を行っている。さらに，シーツやブルーシートの隅にロープをつなぎ，子ども4人で風を捕まえる体験活動を追加している。こうした試みは，子どもたちに直接体験を振り返る機会を提供し，自分自身の居心地のよい領域と不安や未知の領域を明確に意識することを促す効果があると考えられる A4 。

**【挑戦的態度と観察学習】**

表の B1 の「岩場からの飛び込み」については，最初に挑戦したのは1人だけだったが，次々に挑戦する子どもが現れていつの間にか10名以上に膨らんでいたという。最終日には，高い岩場からスリルを味わいながら，半数以上の子どもが思い思いのスタイルで飛び込んだようだ B2 。どの子もやってみたいという意欲はもっているのだろうが，恐怖感が先立っている間は挑戦する行動へと駆り出されない。仲間の挑戦する姿がモデルとなり，実行に移せたのだろう。また，磯釣りの取り組みは，貝を先端に付けた釣り糸を岩場に垂らした瞬間にカサゴを釣り上げるという，講師の名人芸がモデルとなったようだ。釣り場を転々と変えたり，1カ所で糸を動かしてみたりと試行錯誤を繰り返すうち，水面に自分の影が映らないように，餌は大き過ぎないようにといったコツをつかむようになったという B3 。

人は他者をモデルとして，その行動を見たり聞いたりするうちに新しい行動を身につけていくことがある。大人は自分が教えていないことを子どもが行うのを見て驚くことがある。飛び込み活動でいうと，仲間が飛び込みを「かっこよく」「安全に」やって，リーダーやほかの子どもから称賛を受けているのを観察することが，本人を飛び込むことへと駆り立てる契機となった（代理強化）と考えられる。こうした学習のしくみをバンデューラ（Bandura, A.）（Bandura, 1977）は観察学習（モデリング）と呼んだ。観察学習によって，人はモデルの行動そのままを模倣するようになるわけではない。磯釣りの例でも，子どもたちは講師の名人芸を瞬時に再現できたわけではない。その芸をイメージしつつ，なぜあのように素早く釣れるのかを考え工夫するうちにコツを習得し，自分たちなりの「釣り方」を身につけていったのである。

また，見かけた人の誰もがモデルになるというわけではない。モデルとなるのは，観察する人が親近感を抱き，そうなりたいと思えるような魅力のある他者である。近年，日頃マスコミに登場するタレントやスポーツ選手を除けば，モデルとなるような人に出会ったことがないという子どもも多いようだが，キャンプの講師はモデルとなる条件を兼ね備えた存在といえよう。シーカヤックの講師は，自分たちのことを先生ではなく「○○さん」と呼ぶよう求め，ライフジャケットの装着からパドル操作，さらにはツーリングに至るまで子どもたちの輪の中に入って指導することで，親しみやすさを演出していたようだ。年齢も若く真っ黒に日焼けした「海の男」だったという。最終日に講師が宙返りや背転しながら飛び込みを披露した後は，男の子たちがくっついて離れずにいたらしい。

**【他者との協同性と感動の共有】**

キャンプ当初においては，泳力別に班が設定されていたことが，シュノーケルの練習時の子どもどうしの関わり合いに影響していたようだ。つまり，ウェットスーツを着て泳ぐことの上達が早い班では，できたことの喜びを共有している様子がみられたが，遅い班の子どもたちは，頭ではわかっていても行動できないことへのイライラを募らせ，お互いに言葉をかけ合ったりする余裕がないようだった C1。しかし，翌日の練習では多くの子どもが上達し，自分から他者に話しかけて海の中の発見についての感動を共有できるようになったという C2。キャンプ後半の磯の探索時には，同じ活動に興味をもった者どうしが，協同して活動に取り組む姿勢がみられるようになった。協力して探してきた石や流木を使い，貝を割って釣りの餌にしたり，限られた竿を交代で使ったりし，仲間が釣れたことを喜ぶ C3。ウニを見つける競争をするうち，数人集まって見つけたウニを採取しようと交代で挑戦する C4。岩場の下に魚がいそうだと推測し，交代で潜ってモリで射そうと試みる C5。

目標に向かって仲間で力を合わせて問題を解決できる態勢が整うまでには，グループでの自分の居場所や役割を探っている当初の状態から，次第に本音を出してぶつかり合うことが頻発する状態を経て，互いの違いを受け入れて信頼し合い安心して自分の弱みも表出できるようになるという変化があると考えられている（岡田，2011）。しかし，これは多人数グループであらかじめ設定された困難な目標達成を目指す場合を想定してのことではなかろうか。本キャンプのように，気の合った仲間が集まって思い思いのスタイルで活動に取り組める状況においては，同じ事物への興味・関心にしたがって発見した感動が共有されることが，子どもたちの協同性を高める鍵になることが示された。

**【チューターによるスキャフォールディング】**

キャンプでの子どもたちの体験学習の内容について3つの側面にわたって考察したが，こうした学習は講師やボランティアリーダーによって支えられていることを指摘しておきたい。とくに，このキャンプの講師は，活動に必要な基本スキルを子どもに教え込むのではなく，子どもなりのアプローチを許容することで主体的な学習を促していた点が注目される。たとえば，シーカヤックのパドル操作練習においては，講師は適切な持ち方や動かし方を訓練しようとするのではなく，まずは，子ども自身がそれぞれに正しいと思う漕ぎ方をみつけるよう勧めた。すると，子どもたちは仲間どうしで話し合ったり講師の動きを模倣したりし，そのうち，オールをスムーズに動かせる漕ぎ方を見出す。が，いざカヤックに乗って漕いでみると思うように進まず，また自分たちなりの漕ぎ方を模索し始める。という，主体的に試行錯誤を繰り返してスキルを身につけていく様子がみられたという。

ひとりでは達成できない複雑な課題を達成しようとするとき，有能な他者（チューター）との共同的活動による学習支援が有効であることが多い。そのような学習者が直面している目標達成のための適切な支援のことをスキャフォールディングという（Sawyer, 2014)。ここでいう適切な支援とは，やり方を教え込んだり，やってみせて反復を求めたりすることではない。学習者の理解の助けとなるようなヒントやきっかけを与えることによって，主体的な学習に取り組む姿勢を引き出す。また，最終的な達成目標となるスキルを細分化してステップごとに学習を促すのではなく，課題に向き合う学習者が置かれた状況に即して課題を変形して提示する工夫が必要とされる。そして，学習者の必要を鑑みながら，完全に取り払うまで段階的に足場を取り外していくことによって，学習者の能力の獲得を確実なものにしていくのである。

## 3　芸道における学び

### （1）熟達者とは

学校以外にもありとあらゆる場で学びは行われるが，そのなかで学校と同様，制度化された学びの代表的な場として，芸道をあげることができるだろう。音楽や舞踊，美術，作法，武術などさまざまな芸事は，伝統的に師匠と弟子という人間関係のなかで学ばれることが多かった。近年は，とくに音楽や美術といった芸術に関しては芸術大学など学校で学ぶことも増えてはいるが，少なくともその道の熟達者を目指す学びにおいては今でも師匠と弟子という関係性は重要な位置を占めている。本節では，そうした芸道における学びについて取り上げる。

**【熟達者になるために必要な時間】**

芸道に限らず何事であれ，学びの重要な目標はその領域での卓越した知識や技術を身につけることであろう。そのような卓越した知識や技術を身につけるためには，長時間の練習や訓練が必要である。それでは，ある分野で卓越したパフォーマンスを示す人，すなわち熟達者はいったいどのくらいの練習を行っているのであろうか。エリクソンらが行ったバイオリン演奏の分野で行われた熟達研究がある。ベルリンの音楽アカデミーで，教師からみて将来国際的な活躍をするだろうと思われるほど優秀な学生や普通の学生，また現在ベルリンフィルなどの著名なオーケストラで活躍しているプロのバイオリニストを対象として，彼らがバイオリンの練習を始めてからどの程度練習をしたのかを調べた研究である（Ericsson, Krampe, & Tesch-Römer, 1993)。調査の結果，優秀と評価された学生やプロのバイオリニストは，18歳までに通算7000時間以上練習をしているのに対し，普通の学生はそれよりもずっと少ない時間しか練習をしていなかった。エリクソンらはこうした結果から，熟達者になるにはおおよそ10年間にわたる集中的な練習が必要であるとして，それを10年ルールと呼んでいる。同様の結果は，バイオリンだけではなく，スポーツやチェスなどさまざまな領域で確認されている。

**【熟達者と初心者の違い】**

それでは，そうした集中的な練習の結果，熟達者は初心者とどう違うようになるのであろうか。心理学では，知識を宣言的知識と手続き的知識に分けて考えることがある。宣言的知識とは「クジラは哺乳類である」「１＋１＝２」といった事実に関する知識である。それに対して，手続き的知識は「コピー機を使ったコピーの取り方」「自動車の運転の仕方」といった「やり方」に関する知識である。たとえば，数学を学ぶということは，さまざまな数の種類（整数，小数，分数など）や多くの公式といった宣言的知識を身につけるとともに，それらの知識を使って実際に数の変換を行い，答えを導き出すための手続き的知識を身につけることである。

Anderson（2014）は宣言的知識と手続き的知識の観点から，熟達化の三段階として，① 認知的段階，② 連合的段階，③ 自動化段階をあげている。認知的段階は初心者の段階であり，もっぱらその領域の宣言的知識の獲得に従事する段階である。連合的段階は中級者の段階であり，宣言的知識から手続き的知識がつくられていく。数学の初心者は，公式を覚えていても目前の問題にどの公式をどのように適用すればよいのかがわからないといったことがよくある。それが中級者になると，適切な手続き的知識を獲得することにより，この場合にはこの公式をこう使えばよい，ということがわかるようになる。最後の自動化段階は熟達者の段階であり，手続き的知識が自動化，高速化されていく。手続き的知識の自動化とは，手続き的知識の実行が無意識的に行われるようになることである。また，手続き的知識の高速化とは，Ａという手続き的知識を実行し，その結果に対してＢという手続き的知識を実行する，といったように逐次的に手続き的知識を実行していた状態から，ＡとＢがひとつの手続き的知識として編集され，Ａが実行される状況から一挙にＢの結果が得られるようになることでもたらされる。たとえば，自動車を駐車させるとき，初心者は駐車位置までの距離と方向を計算しながらハンドルを操作し，ブレーキを踏み，完全に停止したらギアをパーキングに入れて，サイドブレーキを引く，といった一連の手続きを意識しつつ逐次的に行っていく。これらの手続きに注意を集中しているので，同時に助手席の人と話をすることは難しい。しかし，手続きが自動化・高速化した熟達者では，助手席の人と話をしながらでもこれらを無意識のうちに行うことができるようになる。また，意識をこれらの手続きに割かなくてもよいということは，駐車スペースの周囲の状況など，車の操作以外のところにも意識を割くことができるということでもある。このようにして，熟達者は中級者よりも高いパフォーマンスを示すことができるのである。

**【手際のよい熟達者と適応的熟達者】**

さらに熟達者は，手際のよい熟達者と適応的熟達者とに分けることが可能である（波多野・稲垣，1983）。手際のよい熟達者とは，技能の遂行が速く，正確で，自動化されており，決まりきった状況のなかでは極めて有能であるが，異なる状況に対応する力に欠ける者をいう。一方，適応的熟達者は，異なる状況にも対応できる者をいう。そのためには，獲得した知識を深く理解したうえで，新しい状況にあわせて新たな宣言的知識や手続き的知識を生成できなければならない。

### （2）芸道の学びのメカニズム

**【模倣学習と観察学習】**

前項では，熟達者が初心者とどのように異なるかをみてきた。本項では，熟達者へと至る学びのメカニズムについて考える。すでに述べたように，芸道のような実践的技能は師匠と弟子という関係性のなかで学ばれることが多い。そこでは，直接的に師匠に稽古をつけてもらうという場合もあるが，師匠や先輩の芸を横から見て学ぶこともある。芸道では「芸を盗む」というような言い方がしばしばされる（中村，2011）が，これも見て学ぶことを指している。このような学びは，模倣学習や観察学習として研究されてきた。師匠に稽古をつけてもらう場合，まずは師匠が一連の所作などをやって見せ，弟子がそれをまねることが多い。このようにモデル（師匠）が示範し（モデリング），学習者がそれをなぞるかたちで行われる学習を模倣学習という。また，師匠や先輩の芸を横から見るだけでも何がしかのことは学ぶことができるだろう。このようにモデルの観察のみで成立する学習を観察学習という。学校のように教育そのものを目的とする場ではなく，芸道のように実践を目的としている場での学びは，模倣学習や観察学習が基本的なメカニズムということになる（生田，1987）。

**【正統的周辺参加】**

学校での学びとは異なる，芸道や伝統技能の学び独特の制度として徒弟制度がある。たとえば，落語において入門したての弟子は落語の学び以前に師匠の身の回りの世話，外出のお供，前座見習いとしての寄席でのさまざまな裏方仕事などをこなさなければならない。芸道や伝統技能の世界では，師匠や親方は教育者である前にまず実践家である。徒弟制度も，教育というよりもまずは実践を行うための制度である。しかし，後進を育てることができなければ，その芸や技能が途絶えてしまう。したがって，これらの制度では実践と学びとが両立するような工夫が施されているはずである。

レイヴとヴェンガー（Lave & Wenger, 1991）は，徒弟制をとっているリベリアの仕立て屋でそのような工夫を観察した。そこでは，新人はまずボタン付けを担当し，その後，仕事に慣れるにしたがって縫製，続いて裁断を担うというように，任される仕事に厳格な順序性がみられた。この順序は，仕事に失敗したときのリスクが小さいものの順序である。ボタン付けを失敗しても付け直せば済むだけであるが，裁断を失敗すると取り返しがつかない。その意味でこの順序は実践の効率化に寄与するものであるが，同時に学びの観点からも合理的なものである。ボタン付けをすることで製品の完成形をまず学び，完成品の姿が頭に入った状態で縫製に進むことでパーツと全体の関係を学び，パーツの形が頭に入った状態でそのパーツをつくる裁断へと移る。このように，そこでは実践と学びが見事に両立するようなシステムがつくられているのである。レイヴとウェンガーはこうした観察から，実践的共同体における学びに関して正統的周辺参加という概念を提唱している。徒弟制度のような実践的共同体への新規の参加者は，正統的なメンバーとしての位置づけを与えられたうえで，いきなり共同体の活動すべてに関わるのではなく，周辺的なかたちで共同体に参加する。実践的共同体での学びは，実践活動を通じて周辺参加から十全的参加へと至る過程で生じる。もうひとつ重要なことは，この学びの過程は新入りから中堅の職人，ベテランの職人，そして最後は独立した親方へというアイデンティティ変容の過程でもあることである。レイヴとウェンガーが観察したのは仕立て屋での学びであったが，落語家の場合も，前座は舞台上の芸に常に注意を払いつつ演じられた演目を記録するといった仕事を行う（大友，2003）ことで，裏方仕事の実践と落語家としての学びを両立させながら，周辺参加から十全的参加へと活動のありようを変えていく。それはまた，前座から二ツ目，真打へとアイデンティティが変容していく過程でもある。このように芸道の学びにおいても，正統的周辺参加という視座は有効であろう。

### （3）日本の芸道における学び

**【日本における芸道の学びの特色】**

生田（1987）は日本の芸道の学びにおける模倣の重要性を指摘しつつ，それに加えて「学びの非段階性」と「評価の不透明性」を日本の芸道の特色としてあげている。たとえば，ピアノの学習は，各指の動き，音階練習，簡単な練習曲，というように基礎的で簡単なものから難しいものへと段階を追って進められることが多い。それに対し，日本の芸道ではいきなりひとつの作品を模倣によって学び，それが済むと次の作品，それが終わるとまた次の作品，というように次々と作品を習得していくという。これが学びの非段階性である。こうした学びの過程で，学習者は師匠から「それではダメだ」とか「それでよい」といった評価を受けることで自分のやり方を修正していくのであるが，なぜそれではダメなのか，どうしてそれがよいのか，という評価の理由を師匠が示してくれることは稀だという。これが評価の不透明性である。

**【「型」の学び】**

それでは，日本の芸道において，なぜ非段階的で評価の不透明な学びが行われるのであろうか。また，そもそも日本の芸道の学びにおいて目指されているものは何であろうか。生田（1987）は，それを「型」の習得という言葉で表している。ここでいう型の習得とは，師匠が示す個々の動作である「かたち」の模倣を超えて，その芸の世界がもつ価値観や美意識と個々のかたちが結びついた状態，いわばその芸の世界のありようそのものを体現できるようになることである。また，芸の世界がもつ価値観や美意識は言語化可能な理念的なものというよりも，かたちによってのみ表現されうる身体化されたものである。

あるかたちが技術的に困難であるかそうでないかは，必ずしも型におけるそのかたちの価値とは関係がない。また，技術的に簡単なかたちであっても，型の美意識が踏まえられているかどうかでその価値は大きく異なる。しかもその美意識は言語によって記述されるものではない。そこで日本の芸道では，簡単な技術や作品から難しい技術や作品へという段階的な学びではなく，非段階的な学びのなかで学習者自らがその時々の自分の習得段階に応じた目標を生成し，達成していくことが求められるのである。同じ作品であっても学習者の習得段階によって学ばなければならないことが異なるがゆえに，学ぶ素材の段階性にはあまり意味がなく，むしろ主体的な学びを阻害する危険さえあるかもしれない。評価の不透明性についても，そもそも言語化し尽くすことができない基準を師匠が説明するのではなく，あえて説明しないことによって学習者が評価の基準を自ら発見するように促しているのだと考えられる。このように，学びにおける非段階性や評価の不透明性は，言語化が困難な型を学習者が主体的に学んでいくために役立っているのである。

このような学びが成り立つためには，学習者は師匠を権威として認め，そのかたちを模倣し，その評価を説明抜きでそのまま受け入れる必要がある。しかし同時に，学習者は師匠の評価の理由について，自分の稽古のみならずほかの学習者の稽古，そしてもちろん師匠連の芸などを題材として自ら考え，考えた結果をかたちとして表現し，それに対し再び師匠から評価を受ける。この繰り返しを通じて，単なるかたちではなくその背後にある芸道の在り様そのもの，すなわち型を身につけていくのである。こうして，型を完全に自分のものとした者が日本の芸道における熟達者といえるのである。

### 引用・参考文献

生田久美子（1987）『「わざ」から知る』東京大学出版会。
上野直樹（1999）『仕事の中での学習――状況論的アプローチ』東京大学出版会。
大友 浩（2003）「『落語家になる』とはどういうことか」延広真治・山本 進・川添裕編著『落語の世界２ 名人とは何か』岩波書店，83～102頁。
岡田成弘（2011）「中～長期プログラム」星野敏男・金子和正監，自然体験活動研究会編『野外教育の理論と実践』杏林書院，148～160頁。
小森伸一（2011）「野外教育の考え方」星野敏男・金子和正監，自然体験活動研究会編『野外教育の理論と実践』杏林書院，１～11頁。
津村俊充（2012）『プロセス・エデュケーション――学びを支援するファシリテーションの理論と実際』金子書房。
中村時蔵（2011）『「歌舞伎」の「わざ」の継承と学び』生田久美子・北村勝朗編著『わざ言語――感覚の共有を通しての「学び」へ』慶應義塾大学出版会，207～242頁。
西田順一（2011）「野外教育の効果――どのような研究がされているか」星野敏男・

金子和正監，自然体験活動研究会編『野外教育の理論と実践』杏林書院，23～34頁。
波多野誼余夫・稲垣佳世子（1983）「文化と認知――知識の伝達と構成をめぐって」坂元 昂編『現代基礎心理学７ 思考・知能・言語』東京大学出版会，191～210頁。
林 綾子（2014）「冒険教育の考え方」星野敏男・金子和正監，自然体験活動研究会編『冒険教育の理論と実践』，杏林書院，１～７頁。
星野敏男（2011）「野外教育と組織キャンプ」星野敏男・金子和正監，自然体験活動研究会編『野外教育の理論と実践』杏林書院，35～43頁。
本多由美（2007）「幼児期・児童期における自然体験の重要性――実践キャンプの調査を通しての考察」佛教大学教育学科平成19年度卒業論文。
松尾 睦（2011）『職場が生きる人が育つ「経験学習」入門』ダイヤモンド社。
Anderson, J. (2014) *Cognitive Psychology and Its Implications.* (Eighth Ed.) Worth Publishers.
Bandura, A. (1977) *Social learning theory.* Prentice Hall.〔日本語版：原野広太郎監訳（1979）『社会的学習理論――人間理解と教育の基礎』金子書房〕
Dewey, J. (1938) *Experience and Education.* Kappa Delta.〔日本語版：市村尚久訳（2004）『経験と教育』講談社〕
Ericsson, K. A., Krampe, R. Th. & Tesch-Römer, C. (1993) The role of deliberate practice in the acquisition of expert performance. *Psychological Review*, 100, pp. 363-406.
Kolb, D. A. (1984) *Experiential learning : Experience as the source of learning and development* (Vol. 1), Prentice Hall.
Lave, J. & Wenger, E. (1991) *Situated Leaning.* Cambridge University Press.〔日本語版：佐伯胖訳（1993）『状況に埋め込まれた学習――正統的周辺参加』産業図書〕
Lynn, S. (1990) Edgework : A social psychological analysis of voluntary risk taking. *American Journal of Sociology*, 95, pp. 851-886.
Norman, D. A. (1993) *Things that make us smart : Defending human attributes in the age of the machine.* Addison-Wesley.〔日本語版：佐伯胖監訳（1996）『人を賢くする道具――ソフト・テクノロジーの心理学』新曜社〕
Sawyer, R. K. (2014) Introduction. Sawyer, R. K. (Ed.), *The Cambridge Handbook of the Learning Sciences.* (Second Ed.) Cambridge University Press.〔日本語版：森敏昭訳「イントロダクション：学びの科学」大島純他監訳（2016）『学習科学ハンドブック（第二版）第２巻 効果的な学びを促進する実践／共に学ぶ』北大路書房〕
Suchman, L. A. (1987) *Plans and Situated Actions : The problem of human machine communication.* Cambridge University Press.〔日本語版：佐伯胖監訳（1999）『プランと状況的行為――人間‐機械コミュニケーションの可能性』産業図書〕

**学習の課題**

(1)　あなたが学校の教科以外で学んだことについて，どんな場面で，他者とどのような関わりをもって，いかにして学んだのか，振り返って丁寧に記してみよう。

(2)　あなたが小中学生を対象にしたキャンプを企画する立場にあるとすれば，どんな教育目標をあげて，どのようなプログラムを策定しますか。グループで話し合い，計画を練ってみよう。

(3)　芸道を極めた名人と一流のスポーツ選手に，学ぶ姿勢の共通点はないだろうか。書籍やインターネットで紹介されている記事などを参考に探ってみよう。

**【さらに学びたい人のための図書】**

稲垣佳世子・波多野誼余夫（1989）『人はいかに学ぶか――日常的認知の世界』中公新書。

⇨私たちが日常生活においていかに有能なのかを悟ると同時に，その学びの限界を超えるための文化的営みとして，今日議論されている学校教育の方法論の基礎が位置づけられていることに驚く。

自然体験活動研究会編 星野敏男・金子和正監（2011）『野外教育の理論と実践』杏林書院。

⇨実践報告の羅列に終わるのでなく，歴史的背景や活動のモデルを紹介しながら体系的な方法論を提供している。体験活動の内容や教育的目標の広がりを認識させられる一冊。

生田久美子（1987）『「わざ」から知る』東京大学出版会。

⇨出版から30年余が経つが，伝統芸能・スポーツにおける「わざ」の習得過程を豊富な文献データをもとに学習者の立場から解明し，新しい知識観・教育観を提供した筆者の分析眼は色褪せない。

（橋本憲尚，山崎晃男）

# 第4章　知性の捉え方と学力観

**この章で学ぶこと**

いま学校で教育改革が進んでいる。学習指導要領は2018年に小・中，2020年に高校が改訂され，大学入試も変わる。学力観は知識偏重のものから PISA リテラシーや学習意欲等能力・資質を含むものとなった。こうした教育改革の背景を理解するには，心理学における知能研究，とくに，知能検査の発展，20世紀後半における知能の個人差をめぐるアメリカ心理学会での論争，政治学者フリンによる経年変化の研究，さらに，心理学者が生み出し，その後社会で幅広く使わるようになったコンピテンシーや EQ といった新しい知性の概念を知る必要がある。本章では学力と知性に関する主要事項を学び，今後どのような知性が求められるかを考える。

## 1　教育改革と新しい学力観

### （1）初等・中等教育改革の社会的背景

冒頭でも触れたように，いま，初等・中等教育改革が進んでいる。文部科学省は小・中学校の学習指導要領の改訂を告示した。小学校は2020年４月から，中学校は2021年４月から全面実施される。これらは2008年版と同じく，1998年以降の学習指導要領が基本理念としてきた「生きる力」を重視している。「生きる力」は「変化の激しいこれからの社会を生きる子どもたちに身につけさせたい『確かな学力』『豊かな人間性』『健康と体力』の３つの要素からなる力」（文部科学省，2003a）である。文部科学省（2016）はこの考え方を発展させ，「知識・技能」「思考力・判断力・表現力等」「学びに向かう力，人間性等」を新学習指導要領で「育成をめざす資質・能力の三つの柱」として位置づけた（図4-1）。その社会的背景は何か。それは大きく２つある。１つは「知識基盤社

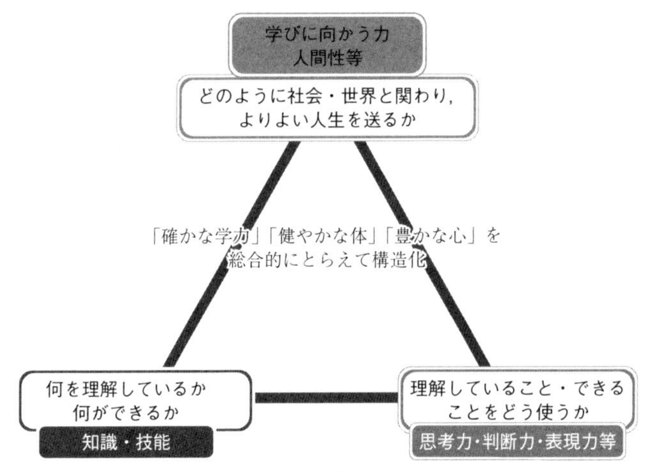


**図４－１　育成をめざす資質・能力の三つの柱**

出典：文部科学省（2016）。

会」の急速な発展であり，もう１つは OECD（経済協力開発機構）の PISA（Programme for International Student Assessment）調査である。

**【知識基盤社会の急速な発展】**

文部科学省は，2008年版小学校学習指導要領の改訂にあたり，21世紀を「新しい知識・情報・技術が政治・経済・文化をはじめ，社会のあらゆる領域での活動の基盤として飛躍的に重要性を増す，いわゆる『知識基盤社会』の時代」と捉え，OECD が2006年に実施した PISA 調査の結果をもとに，日本の児童生徒は「思考力・判断力・表現力等を問う読解力や記述式問題，知識・技能を活用する問題に課題がある」とした（文部科学省，2008)。今回の改訂にもこの問題意識は引き継がれている。

現代はもはや知識基盤社会であり，世界のグローバル化の急速な進行とともに，人工知能，インターネット，ビッグデータが知識基盤社会の発展を加速しており，第４次産業革命の時代といわれる。ある未来学者は今世紀半ばまでに人工知能が人間を超え社会を劇的に変化させるシンギュラリティが到来すると予測する（カーツワイル，2016)。

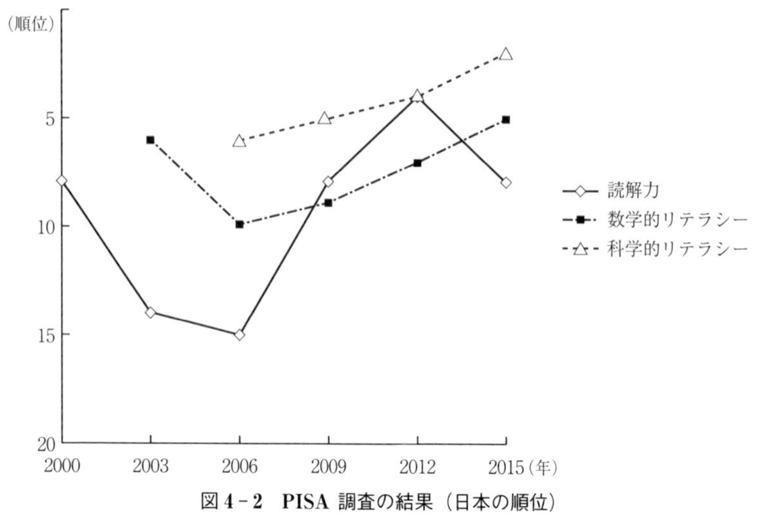


**図 4 - 2　PISA 調査の結果（日本の順位）**

出典：国立教育政策研究所（2016）の表をもとに筆者作成。

**【OECD の PISA 調査】**

OECD はこうした急激な社会変化に対応するため生徒が中等教育修了までに身につけるべきリテラシーを定め，それを測定するテストを開発した。それが PISA である。リテラシーとは読み書きのように公的教育機関が国民に習得させるべき能力である（樋口，2010）。

PISA 調査は2000年から 3 年おきに実施されている（図 4 - 2 ）。OECD 加盟国以外にもさまざまな国が参加しており，参加国数は2000年には32であったものが2015年には72と 2 倍以上に増えている。PISA により測定されるリテラシー，すなわち PISA リテラシー（PISA 型学力）は科学的リテラシー，読解力，数学的リテラシーからなる。日本の教育改革も PISA 型学力の習得に照準を合わせたものといえる。その後なされた PISA 調査（2012年，2015年）において日本の順位が上がり，科学的リテラシーは 2 位となった（国立教育政策研究所，2016）。

しかしながら，新学習指導要領（文部科学省，2017a）にも，1998年以降学習指導要領が基本理念としてきた「生きる力」，なかでも「確かな学力」の一層の強化がうたわれており，「知識及び技能と思考力，判断力，表現力等をバランスよく育成してきた我が国の学校教育の蓄積を生かし」，学習を見通し振り返る場面，グループなどで対話する場面，生徒が考える場面を適切・効果的に設けて「主体的・対話的で深い学び」が実現するよう，授業改善が求められている。

「思考力・判断力・表現力等」も，2016年に「育成をめざす資質・能力の三つの柱」の中に明記される前から重視されている。たとえば，『新しい学力観に立つ国語科の学習指導の創造』（文部科学省，2003b）では，「まえがき」で「自ら学ぶ意欲や思考力，判断力，表現力などの資質や能力の育成を重視する新しい学力観に立つ学習指導を展開することが求められています」と述べ，「子供一人一人」に合わせた指導・評価を強調し，グループ学習等により児童生徒の主体性を尊重する授業案を例示している。こうした考え方は今回の学習指導要領にも受け継がれており，「確かな学力」を身につけさせることが主目標のひとつである。「確かな学力」は「知識や技能はもちろんのこと，これに加えて，学ぶ意欲や自分で課題を見付け，自ら学び，主体的に判断し，行動し，よりよく問題解決する資質や能力等まで含めたもの」と定義される（文部科学省，2003a）。

### （2）高大接続改革とアクティブ・ラーニング

グローバル化や第4次産業革命等，全世界が大きな変動の波に巻き込まれている。これに対応するため，文部科学省の主導により高校・大学の教育改革が進められている。多くの学校で授業の ICT 化（最新の情報通信技術の利活用）やアクティブ・ラーニング〔生徒が教師の話を聞くだけの受動的な授業でなく，PBL（プロジェクト・ベース学習）や集団討議等を取り入れた生徒の主体性を尊重する授業〕への転換等のさまざまな試みがなされている（山内・本間，2016）。

文部科学省が大学入試改革とあわせて進めている高校教育改革は「高大接続改革」あるいは「高大接続システム改革」と呼ばれる。小・中学校の学習指導要領改訂に引き続き，高校の学習指導要領が2020年を目指して改訂が進められている。

高校教育とともに大学入試も大きく変わる。2020年にはすべての高校で「高等学校基礎学力テスト（仮称）」が実施され，「大学入学希望者学力評価テスト（仮称）」では国語や数学に論述式が取り入れられる予定である（文部科学省，2017b）。新しい学力観に準拠し，面接で個々の学生の学習意欲や，入学者選抜試験方針を定めたアドミッションポリシーとの適合性をみたり，集団討議等でリーダーシップやコミュニケーション能力をみたりすることが一般化していくだろう。すでに受験生に模擬授業を受けさせた後で論文を書かせる大学が出てきており，グループで何かをつくり上げるワークショップを入試に取り入れる大学もある。

近年，中等教育学校が全国で設置され始めている。初等教育と大学・短大・専門学校等の高等教育の橋渡しとなる中等教育はふつう，中学校での前期中等教育と高校での後期中等教育に分けてなされるが，それを6年一貫で行うものである。高校受験の弊害をなくしてより柔軟で質の高い中等教育を行えると考えられており，理数系に関する課題研究等の探求学習を重視するスーパーサイエンスハイスクール（SSH）や，探求学習とともに英語力を含む国際性のある人材を育成しようとするスーパーグローバルハイスクール（SGH）に指定されているところもある。

高大接続改革のねらいのひとつは従来の知識一辺倒の大学受験を是正し，高校を新しい学力観に基づいた教育に変えることにある。すなわち，学ぶ意欲や思考力・判断力・表現力，さらにはグループで共同して学習する技能と態度を育成する教育を目指しており，実践力・応用力の育成強化のためにアクティブ・ラーニングへの転換が進行している大学教育と同じ方向性である。

高校入試も変化している。たとえば大阪の茨木高校は合否ライン上にある受験者の合格判定の際に，高校のアドミッションポリシーに受験生がどれだけ適合しているかをみて決める。高校受験の状況も変わり始めた。大学受験だけに力を入れてきた進学校に受験生が集まらなくなり，それにかわって芸術・文化・スポーツ等による人間性教育に力を入れる特色ある高校に受験者が集中する傾向が出ている（平岡，2016）。

### （3）「新しい能力」とその評価

文部科学省から「学士力」，産業界から「就業能力」「社会人基礎力」などと呼ばれる能力・資質リストが，大学・短大・高専等の高等教育機関においてすべての学生が卒業までに身につけるべき資質・能力として提示されている。これらを踏まえて，学校ごと，学士課程，修士課程，博士課程等の教育プログラムごとに，それぞれの個性と特色に合わせてディプロマポリシー（それぞれの高等教育機関が掲げ，保証する卒業生の能力・資質）として定め，ウェブサイト等で受験生や社会に公表している。これらはPISAリテラシーのような応用力・活用力に加えて学習意欲やコンピテンシーを含む「新しい能力」（松下，2010）であり，「新しい学力観」が急激な社会変化に対応して進化したかたちといえる。

こうした学力観の変化に伴い授業方法や成績評価も変化している。初等中等教育では「主体的・対話的で深い学び」を授業で実現することが叫ばれ，高等教育でも学生が講義を聞くだけの受身的な授業から学生どうしの討議やグループでの協働学習等を取り入れたアクティブ・ラーニング型授業への転換が急速に進んでいる。成績評価も学期末のペーパーテストだけに基づくものから，プレゼンテーションや学習成果物の評価を加味し，ルーブリックやポートフォリオ（第9章参照）を活用した質的評価や学生どうしの相互評価を含めて総合的に評価するものへと変わりつつある。

これはアウトプット（試験やレポートの得点）とともにアウトカム（生徒の学び・気づき・成長といった学習成果）に基づいて真正な到達度を評価したいからである。ペーパーテストは知識を確かめるのに適しているが，技能・態度を評価するのに適していない。知識をどの程度正しく暗記できたかは確かめられても，実際に活用できるかを確かめるのは困難である。eポートフォリオ（森本他，2017）の導入が増えているのも，従来の成績評価だけで捉えることが難しかったアウトカムを電子的に蓄積された大量のさまざまな根拠資料に基づき多面的・包括的に評価するためである。

教育目標が知識偏重のものから学習意欲，自ら学ぶ態度とそのための技能に変化しており，一方的な教師の教え込みと生徒の暗記とドリルに頼る詰め込みでは通用しなくなっている。子ども一人ひとりのニーズや発達段階に合わせたきめ細かな計画と指導とともに，実生活におけるさまざまな社会的文脈のなかで，あるいは子どもどうしが関わり合い，切磋琢磨しながら教え合い学び合うことが求められている。

このように小中だけでなく高校・大学まで巻き込んだ教育改革が急がれているのは急激な社会変化に対応するためであるが，心理学だけでなくさまざまな領域の研究により知性の捉え方が大きく変化したことによる。

知性について，知能検査で測定される知能指数（IQ）ばかりが注目される時代もあったが，今では社会的成功を予測するには EQ（後述）のほうが役立つとさえいわれている（ゴールマン，1996）。知識偏重の学力に変わるものとして登場した「新しい能力」にはマクレランドのコンピテンシー研究が大きな影響を及ぼしているといわれる（松下，2010）。EQ やコンピテンシーの概念は心理学研究から生まれてきた。

現在，心理学だけでなく，脳科学や行動遺伝学等により知性研究が盛んになされている。また，遺伝子研究や人工知能研究の著しい進展により，知性の捉え方がさらに大きく変化することが考えられる。そうなれば学力観もさらに進化していくことになるだろう。

第２節では，知能研究の流れを振り返り，知能検査の誕生と知能研究の発展，停滞，現状を概観する。第３節では，コンピテンシーや EQ といった新しい知性についての20世紀後半からの心理学研究を踏まえて，知性観が今後どのように進化していくかを考える。

## 2　知能研究の流れ

### （1）知能と知能検査

#### 【知能検査の誕生】

1904年，フランスの心理学者ビネ（ビネー；Binet, A.）はパリ市の教育当局から，公立学校の普通教育についていけない知的障害のある子どもを鑑別する委員に任命され，1905年，医師であるシモンと協力して，そのための心理学的測定法として知能検査をつくり上げた。ビネ知能検査（ビネ・テスト）と呼ばれる。ビネ知能検査は，年齢の低い子どもでも解ける簡単なものから年齢の高い子どもでなければ解けない難しいものまでの30問からなっていた。ビネは知能を次のように定義している。

> 知能は基本的能力であり，その変容と欠如は実生活に重大な影響を及ぼす。それは判断力すなわち良識，実用的感覚，実行力，環境順応力である。（中略）判断力と比べ，他はそれほど重要でない。　（Binet，1916）

ビネ知能検査は1908年に改訂され，それに合わせて精神年齢（MA）により知能の発達段階を表す方法が提案された。1911年の第2回改訂では，3〜12歳，15歳，成人の年齢段階のそれぞれに4・5問，全部で54問あった。テスト参加者に低年齢から順に各年齢段階に相応する問題を解いてもらい，一定の合格基準に達したら次の年齢段階に進む。そして，テスト参加者がどの年齢段階の問題まで合格したかを見極め，個人の精神年齢とした（肥田野，1968）。

**【ビネ知能検査の改訂と集団式の登場】**

ビネ知能検査の成功は各国で認められ，それぞれの国で改訂がなされたが，そのなかでも顕著なものは1916年のアメリカのスタンフォード・ビネ知能検査である。これはアメリカの心理学者ターマン（Terman, L. M.）が大規模標本調査結果に基づいて新たな問題を追加して改訂された検査であり，長い間標準的なものとなっていたが，1937年に新改訂スタンフォード・ビネ知能検査が発表されている。日本で改訂されたものには，鈴木治太郎による鈴木ビネ式知能検査や田中寛一による田中ビネ式知能検査がある。

ビネ知能検査もスタンフォード・ビネ知能検査も訓練を受けた検査者が検査室においてテスト参加者個人と1対1で実施する。これに対し，集団で一斉に実施する形式の知能検査は集団式と呼ばれる。その代表が1917年にアメリカで開発された陸軍検査である。それには英語ができる参加者用のアルファ検査（言語性検査）と英語がわからない参加者用のベータ検査（動作性検査）がある。アメリカでは1920年に学校児童用集団検査である国民知能検査がつくられた。

集団式には，1925年にスピアマンが二因子説をもとにつくったものがある。また，1938年にアメリカでサーストン（Thurston, L. L.）は，因子分析により，数（N），知覚（P），空間（S），言語（V），記憶（M），帰納（I），語の流暢さ（W）の７つの因子を抽出し，それをもとに集団式をつくった。

現在も世界中の病院や教育機関等でよく使用されている個人式知能検査にウェクスラー知能検査がある。アメリカの心理学者ウェクスラーは1939年に成人用（WAIS；ウェイス），1949年に児童用（WISC；ウィスク）を発表した。それらがウェクスラー検査の源である。その他，1967年に発表された幼児用（WPPSI；ウィプシー）がある。ウェクスラー検査にも言語性と動作性の２種類がある。

**【２つの IQ】**

知能水準を示す指標として用いられる知能指数（IQ）は，知能検査で特定された個人の精神年齢（MA）を実際の年齢（暦年齢，CA）で割って100をかけたものであり，次の式で表される。

$$IQ = \frac{\text{精神年齢（MA）}}{\text{暦年齢（CA）}} \times 100$$

1912年にドイツの心理学者シュテルンが，「知能指数（IQ）」という名称とこの計算法を思いついた（ガードナー，2001）。ターマンはこれをスタンフォード・ビネ改訂の際に使用した。彼は IQ 140以上を天才と呼び，歴史上の天才301人について伝記等から彼らの IQ を推定した。

この式で計算される IQ は「比率 IQ」と呼ばれるが，知能検査がもともと児童用に開発されたものであり，年齢が低いほど大きな値が出やすい。そのため今ではどの年齢についても妥当な値となるよう，別な算出方法により IQ を計算している。それが「偏差 IQ（DIQ）」であり，ウェクスラー知能検査では，次の式で表される。

$$\mathrm{DIQ}=\frac{\text{個人の得点}-\text{当該年齢集団の平均得点}}{\text{当該年齢集団の得点の標準偏差}}\times 15+100$$

（ビネ知能検査では，分数にかける定数は16）

偏差 IQ は知能水準をいわゆる偏差値で示したものといえる。ウェクスラー式では平均が100，標準偏差が15となるように換算した値となる。知能検査の得点が正規分布するなら，偏差 IQ が130なら上位２％，115なら上位16％のところというように，偏差 IQ により個人の知能水準が同年齢集団の上からあるいは下から何％の位置にいるかわかる。

### （2）知能研究の発展と停滞

**【知能の構造と CHC 理論】**

因子分析法や順位相関係数を生み出したことで知られる英国の心理学者スピアマン（Spearman, C. E.）は1904年に一般知能という考えを提唱した。学生のラテン語，ギリシャ語，数学の成績や音程の弁別テスト等の成績について相関を調べたところ，得点間にすべて正の相関がみられ，彼はそれを一般知能により説明した。その後，彼は知能にはひとつの一般知能（g 因子）といくつもの特殊知能（s 因子）が実在するという二因子説を主張した（Spearman, 1904）。

一方，アメリカには７つの独立した因子があるとするサーストンのようにスピアマンと異なる説を唱える者がおり，心理学者間で数十年にわたり激しい議論がたたかわされた。そして，1940年代までに人間の知的能力に一般的傾向が存在することが明らかとなった（ディアリ，2004）。なお，心理測定で有名なギルフォードが1956年に発表した理論に基づけば，知能を構成する因子は120あることになり，1977年の論文では150あるとされた。

英国の心理学者キャッテル（Cattell, R. B.）は，彼が1937年に発表した「社会的流動性と知能」を読んだソーンダイクによってアメリカに招かれ，イリノイ大学で知能研究を続けた。彼は知能が空間能力や速度に関係する流動的知能と教育や文化の影響を受ける結晶的知能という２つの因子から構成されるとする

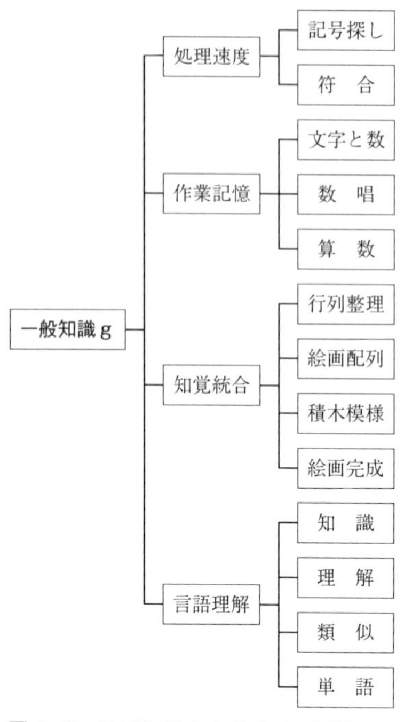


**図4－3　WAIS-Ⅲ における13の下位テストと知能因子との関係を階層的に表現した3層モデル**

出典：ディアリ（2004）13頁をもとに筆者作成。

知能理論を提唱している。

キャッテルの理論はイリノイ大学で彼に学んだ共同研究者ホーン（Horn, J. L.）により発展した。ホーンが数十年間にわたって行った追跡研究により，流動的知能は21～28歳がピークとなるが，結晶的知能は成人期以降も年齢とともに上昇することがわかった（Horn & Cattell, 1967）。因子分析による実証的研究に基づいて立てられたホーンの知能理論は，1990年代後半に知能が3つの階層からなるとするキャロルの知能理論と統合され，キャッテル，ホーン，キャロルの頭文字をとって CHC 理論と呼ばれている（三好・服部，2010）。現在世界中で使用されているウェクスラー成人知能検査第3版（WAIS-Ⅲ）は，CHC 理論にならってその下位尺度を構造化すれば図4－3のようになる。

**【日本における知能研究の停滞】**

日本ではビネ知能検査，スタンフォード・ビネ知能検査，ウェクスラー知能検査等が紹介され，1960年代には多くの小学校で田中ビネ知能検査が実施されたり，企業の就職試験で用いられたりするなど，学校や企業が業者から購入して集団で簡易に実施できる，いわゆる「知能テスト」がブームとなった時代があった。しかし，現在では日本における知能研究の停滞がいわれている。

国内における知能研究が盛り上がりを欠くなか，海外における最近の知能研究の状況が日本語で紹介される機会も非常に少ないため，知能研究の進展が教科書の記述に反映されることもなく，結果として知能に関する教科書の解説には長い間大きな変化が見られないままである。

（三好・服部，2010，1頁）

村上（2007）は，最近の心理学教科書に「知能」の章がない場合が多いと述べ，その理由を「日本に知能を真面目に研究している人がほとんどいないため，関心を持つ人が少なく，執筆者も少ない」うえに，「執筆者が不勉強で，新しい知能理論を知らない」ことに求めている。

確かに業者が版権をもち，大規模研究が容易でない集団式知能検査はあまり使われなくなったとはいえ，病院や教育機関で専門家が特別な用具を用いて実施するウェクスラー知能検査のような個別式知能検査は業者により適時改訂がなされており，それなりに洗練され実用に耐えるものとなっている。が，知能研究の停滞は既存の知能検査で間に合っているせいではなく，これまで「知能」として扱われてきたものが現代社会に合わなくなっているせいかもしれない。

**【『ベル・カーブ』を巡るアメリカでの論争】**

ディアリ（Deary, I. J.）の『知能』は「知能分野で唯一新しい本」といわれる（村上，2007）。ディアリはそのなかで，因子構造，加齢による変化，遺伝と環境の影響，適性との関係，世代による違い，個人差に関して1990年以降になされた11の研究を紹介している（ディアリ，2004）。

そのうちのひとつ，ハーンシュタインとマレーが1994年に出版した『ベル・カーブ』（Hernstein & Murray, 1994）は知能に関する学術書であり，900頁のうち300頁が統計や専門誌からの引用などに割かれているにもかかわらずアメリカでベストセラーとなった。ディアリ（2004）は次のように述べている。

この本の出版によって，IQ についてのあらゆる種類の論争が新聞や雑誌に掲載されることになり，（少なくとも）西洋社会や心理学研究者の世界を，知能が私たちの運命に及ぼす影響についての激しい論争に巻き込んだ。

（144頁）

『ベル・カーブ』について多重知能理論の提唱者であるガードナーが次のようにレビューしている。「知識人にとって，この本の主要な議論は，どれも目新しいものではなかった」。彼らの議論では，IQ は正規分布曲線（第9章参照）

すなわちベル・カーブに沿って分布し，ほとんどの人は平均近くにかたまっており，非常に高い IQ をもつ人は非常に低い IQ をもつ人と同じくごく少数である。そして IQ はかなりの程度遺伝される。さらに彼らは「今日の私たちの社会の害悪の多くが，比較的知能の低い人々の行動と能力に起因していると主張した」。1万2000人以上の米国の若者を1979年から追跡した調査に基づき，「知能の低い人々は，生活保護を受け，犯罪に関わり，崩壊家庭の出身で，学校を中退し，またその他の社会的病理を示す傾向が高いという証拠を示して見せた」(ガードナー，2001，10-11頁)。

しかし，ガードナーは，彼らの論法は「修辞的誘導」であり，「都合の悪いことは述べずに，読者が自分で特定の結論を下すように導いていく」と批判している。あたかも社会的病理が知能の低さにより直接生じるかのような議論は，それを裏づける明白な証拠もなく，科学的に正しいとはいえない。

アメリカ心理学会は『ベル・カーブ』が引き起こした論争が科学的根拠なしに続けられることを憂慮し，科学問題委員会に特別委員会を設置して知能の個人差に関する数多くの資料を収集して検討した。認知心理学で世界的に有名なナイサーが特別委員会の委員長となり，1996年に報告書（Neisser et al., 1996）をまとめた。それは個人差だけでなく知能全般に関する心理学研究のその時点での総括である。

こうした『ベル・カーブ』を巡る論争に終止符が打たれるまでの流れをディアリ（2004）が丁寧にまとめているが，それ以後，知能についての心理学書は出されていない（村上，2007)。したがって，日本だけでなく世界的にも知能研究が停滞しているともいえるが，次に述べるフリン効果の研究が物語るように，心理学が進めてきた知能研究は広義の知性に関する学際的な研究に交代しているのかもしれない。

### （3）フリン効果

ディアリ（2004）によれば，ニュージーランドの政治学者フリン（Flynn, J.）が「知能テストの研究者に難題を示して，心理学界全体が頭を抱え」ることになった。その「難題」をフリンは「フリン効果」と呼ぶが，むしろ彼が心理学界に与えた影響こそ「フリン効果」と呼ぶべきかもしれない。彼は，ウェクスラー知能検査のように長年広く使用されている知能検査が数年ごとに得点の換算表を改定することに着目した。改訂されるごとにそれまでのものより基準が上がる。これは世代ごとに知能が上昇することを意味している。本当にそうだろうか。

それを確かめるために，彼はアメリカの白人だけを対象とした73の研究から得られた2歳から48歳までの7500人のデータを調べた。それらはスタンフォード・ビネ知能検査かウェクスラー知能検査を使用したものであった。その結果，同じ換算表にした場合，1932年から1978年にかけて IQ が毎年平均で0.3上昇していることがわかった。しかし，同じ時期にアメリカの大学受験生が受けた SAT（進学適性検査）の言語能力得点は下がっていた。このことは IQ と SAT の言語能力得点は異なる能力を測っており，しかも，知能検査で測定される知的能力と SAT で測定される言語能力が年代とともに逆方向に変化していることを意味する。フリンはこうした容易に説明のつかない結果を1984年に Psychological Bulletin 誌に発表した。

さらに，彼はアメリカだけでなくさまざまな国のデータを収集して，知能の世代間変化について研究した。知能の世代間変化とは，上述したように，同じ換算表にした IQ（以降，IQ 得点と呼ぶ）が世代とともに上昇する現象をいう。彼は35カ国165人の研究者に協力を求め，研究結果を「14カ国における IQ の大幅上昇」と題して1987年に Psychological Bulletin 誌に発表した。彼の報告によると，データが得られたどの国でも年代とともに IQ 得点は上がっていた。たとえば，オランダ軍は1945年以来オランダの青年にレーヴン漸進マトリックス検査（一部を除く）を実施している。それは非言語的なものであり，g 因子の検査に有効とされる。1981～1982年の IQ 得点平均を100とすれば，1952年，1962年，1972年の IQ 得点平均はおよそ79，85，90となった。

IQ 得点の世代間上昇をアメリカ心理学会は「フリン現象」と呼んでいる。それについてディアリ（2004）は次のように述べている。

> 重視すべき事実は，もっとも大きい上昇が，文化的影響の少ないテストにおいてみられることである。つまり，容易には学習できない内容の知能検査においてとくに顕著にこの上昇が見られる。（136-137頁）

フリンは1987年の論文で「1950年以来の IQ の上昇は問題解決能力の大幅な上昇を示しており，単なる獲得された技能の上昇を示すものではない」と述べている。アメリカ心理学会は「フリン現象」に関する専門家の議論をまとめた報告書（Neisser & A. P. A., 1998）を出しているが，「結局のところ，専門家たちはただ茫然としているという以外に言いようがない」（ディアリ，2004）状況である。こう評するディアリは，フリン効果を扱った章の最後に「もし知能研究の分野に賞が存在するならば，IQ の上昇というフリン現象を説明した者に与えられるべきだろう」と述べている。

フリンはその後も精力的に研究を続けており，2013年に書いた本が2015年に日本で『なぜ人類の IQ は上がり続けているのか？　人種，性別，老化と知能指数』（フリン，2015）と題して出版されている。そこではフリン効果は実証されたものとして扱われ，それを引き起こす要因について彼が BIDS アプローチと呼ぶ新しい知能理論が紹介されている。それは脳（Brain），個人差（Individual Difference），社会動向（Social Trends）を３つの異なるレベルとして扱う。それらは密接に関わり合っており，「各レベルをひとつずつ掘り下げ，そこであきらかになった事柄を首尾一貫したひとつの体系へとまとめ上げること――これが私たちに課せられた課題だ」（46-47頁）とフリンはその本で述べている。

彼は，「1990年以降，スカンジナビア諸国の IQ は頭打ちになった。これは，先進国の IQ 上昇が止まるきざしではないか」とする一方，栄養説（栄養状態の良し悪しが IQ を上下させるとする説）を退けるデータをいくつもあげている。また，多くの途上国について調べ，「先進国と途上国との IQ のひらきは今後縮まるかもしれない」と結論している。

また，ウェクスラー知能検査を調べた際に「視覚文化が広まるにつれて，IQ の上がる下位検査が見つかった」という。さらに，彼は次のように述べている。

それは〈理解〉〈絵画完成〉〈積木模様〉〈符号〉〈類似〉の5つで，私はこれらをまとめて「現代的下位検査」と名づけた。なかでも〈類似〉のIQ上昇は科学的見方を身につけた人が増えた結果だろう。（中略）〈類似〉のIQの伸びは徐々に鈍くなり，現代的下位検査だけでなく，数ある下位検査に埋もれてとくに目立った存在ではなくなってしまうだろう。これが私の予測である。（フリン，2015，56頁）

このような予測は当たるだろうか，またIQ得点の上昇を引き起こす要因はなにか。フリン効果の研究に残された課題は少なくない。が，その研究は，フリン自身の研究がそうであるように，心理学者が実験室や研究室に閉じこもってしていた従来の知能研究とは理論も方法も変化し，心理学の垣根を飛び越え，世界中のさまざまな分野の研究者が協力して進める先進的で学際的なものであるに違いない。そうなれば従来の「知能」という概念にとって代わる，知性についての新たな捉え方が必要になるだろう。

## 3　新しい知性の捉え方

### （1）コンピテンシーと職務遂行能力

新しい知性の捉え方を考えるうえで，マクレランドのコンピテンシー研究とその弟子のボヤツィスらによるEQに関する研究と実践は大きなヒントとなる。彼らは心理学者であるが，彼らの開発したコンピテンシー・テストやEQテストはビジネスシーンでよく使用されており，20世紀後半から現在まで，それについての研究は経営学を中心になされている。コンピテンシーやEQは社会情緒的知性といってもよいかもしれない。本節ではこれらについての源をみていくことにするが，その前にコンピテンシーの定義について注意を促しておく。

コンピテンシーは職務遂行能力と混同されやすいが，以下のように経営学ではそれらは区別される。「コンピテンシーとは一般に，『特定の職務を効果的に行うために必要とされる，観察・測定が可能な個人のスキル，行動，知識，能力，才能』のことを言う。一方，職務遂行能力は職能とも呼ばれ，『ポジションに応じた職務全般を遂行する上で必要とされる知識・能力であり，過去における累積と将来における成長・開発可能性の程度を総合したもの』と定義される。（中略）極めて類似した概念であるのが分かる。しかし両概念の誕生の背景，評価方法，実務への適用の実際，を考えると，『似て非なる』側面が見えてくる」（渡辺，2015，44頁）（第3章参照）。

### （2）マクレランドのコンピテンシー研究

アメリカの心理学者マクレランド（McClelland, D. C.）は，人間は達成要求，親和要求，権力要求の3つの要求をもち，それらのバランスにより仕事への適性等が決まるという動機づけ要求理論で知られるが，コンピテンシー研究でも大きな足跡を残している。興味深いのは，アメリカの大学入試に使用されている SAT に置き換わるべきものとして，その理論に基づくコンピテンシー・テストを提案している点である。

マクレランドは，SAT は集団式知能検査のようなものであるが，妥当な検査とはいえないと主張した（McClelland，1973）。SAT の得点は大学の成績と相関があり大学への適応を予測するが，職業の成功とはまったく相関がなく，その意味で妥当な適性検査となっていない。むしろ，職業への適性をみたいなら，代わりにコンピテンシー・テストを大学入試に使うべきという。コンピテンシー・テストは1973年の論文では具体化されていなかったが，その後彼の弟子であるボヤツィスとコンサルティング会社を設立し，そこで経営幹部を対象とした「行動イベントインタビュー」によるコンピテンシー・テストを開発し，妥当性を確かめた（McClelland，1998）。

コンピテンシー・テスト開発は次のような方法で行われる。まず，当該の職業（たとえば食品会社の上級管理職）において業績がトップ3分の1にある「抜群」群（O群）と，次の3分の1にある「典型」群（T群）にインタビューをする。そこでは，たとえば仕事に関連する成功談と失敗談を3つずつ話させる。それを文字化したものをコーダーが読み，職業上の成功に関連する事項（行動や心構え）について，それらが話に出てきた回数を数えるほか，それぞれの複雑さの水準を評定する。そして，O群とT群の間で頻度と水準の平均に有意差があるものをコンピテンシーと定める。さらに，コンピテンシーとしてしばしば採用されるものを汎用的なコンピテンシーとする。こうして定められたコンピテンシーをまとめ，これを用いてコンピテンシー・テストを実施する。すなわち，対象者に同様のインタビューを行い，インタビューで口にしたコンピテンシー関連事項の頻度と水準を評定し，それをもとに適性を測定する。

コンピテンシー・テストはこのように，開発や実施が手間暇かかるものであり，そのうえ汎用性があまりないので，新たな職場や職種で実施するには開発作業から始めなければならない。したがって，大学入試のように何百何千という受験生を対象に時間も手間もかけずに実施したいなら，コンピテンシー・テストは向いていないといえる。しかし，現在，日本で進められている教育改革では，社会に出てさまざまな場面で成功に結びつく資質・能力を育成・強化することに主眼が置かれており，入試でも学力だけでなく，そうした資質・能力をもとに選抜すべきとされている。そうした資質・能力はマクレランドのいうコンピテンシーにほかならず，日本でも入試にコンピテンシー・テストのような方式を取り入れている大学も出ており，こうした傾向はますます強まっていくと予想される。

### （３）エモーショナル・インテリジェンス

1995年にアメリカの心理学者ゴールマン（Goleman, D.）が書いた“Emotional Intelligence”と題する本は世界的なベストセラーとなった。その本で彼は，IQ で表される「知能」が社会的成功とほとんど関係せず，表情から相手の感情を読み取ったり，その時その時の社会的状況に合わせた適切な行動をとったりすることができる「エモーショナル・インテリジェンス」が重要であると主張する。

1996年に日本語訳がなぜか『EQ～こころの知能指数』（ゴールマン，1996）というミスリーディングなタイトルで出版され，日本でもベストセラーとなった。社会通念上，感情は理性と対立するものとして扱われており，翻訳者や出版社がその日本語版のタイトルを IQ と対比させて EQ と名づけたほうが伝わりやすいと考えたのかもしれない。しかしながら，ゴールマンは，エモーショナル・インテリジェンスとは感情（扁桃体や大脳辺縁系）をコントロールする理性（前頭葉の前頭前野）の働きであり，訓練によって育成・強化できるものと考えている。

マクレランドはコンピテンシーを動機・要求，意欲，関心，技能，さらには，本人の家庭環境や両親の社会経済的地位や権力によって規定される汎用的技能や思考・行動の傾向と考えており，教育訓練によって育成・強化できると考えているが，EQ もそれとよく似た概念であって，IQ のように成長・発達しない不変的なものとは異なる。

エモーショナル・インテリジェンスについてはその本よりもゴールマンがボヤツィスらと書いた『EQ リーダーシップ』（ゴールマンら，2002）のほうに，より実践的な内容が書かれている。この本に書かれているように，ゴールマンもボヤツィスもハーバード大学でマクレランドの講義を聴講しており，エモーショナル・インテリジェンスの概念がマクレランドの影響を受けていることが推察される。ボヤツィスが開発メンバーに加わった大学生用 EQ テストは日本でも使用されている。

子どもの小学校入学の適性診断のために，ビネとシモンが知能検査を世に出して以来，さまざまな知能検査が開発され，知能研究も発展した。しかし，知能検査は学校での適性を予測することはできても職業上の適性を予測できないことがわかってきた。現代社会においては，もはや従来の知能検査で測定されるような「知能」はそれほど重要ではなく，むしろ，コンピテンシーやエモーショナル・インテリジェンスのような社会的・情緒的な知性が必要とされている。

知性は知能テストで測定される「知能」であるという狭く誤った捉え方はやめるべきだろう。人工知能とインターネットが象徴するような知識基盤社会の進展により，コンピュータやロボットが代行できる仕事が増えており，これまで心理学を中心に研究されてきた「知能」に代わる新しい知性を育て，伸ばしていくことがますます必要になっていくだろう。

こうしたなかで，私たちはどのような新しい知性を身につけていくべきか。それを見極め，測定法やテストを開発し，それを改善する方法を研究することが現代の教育心理学に求められているといえるだろう。

**引用・参考文献**

岡部弥太郎（1957）「知能検査」『心理学事典』平凡社，468～472頁。
カーツワイル，R.，NHK 出版（編）（2016）『シンギュラリティは近い――人類が生命を超越するとき（エッセンス版）』NHK 出版。
ガードナー，H.，松村暢隆訳（2001）『MI――個性を生かす多重知能の理論』新曜社。
国立教育政策研究所（2016）「OECD 生徒の学習到達度調査――2015年調査国際結果の要約」。
ゴールマン，D.，土屋京子訳（1996）『EQ――こころの知能指数』講談社。
ゴールマン，D.・ボヤツィス，R.・マッキー，A.，土屋京子訳（2002）『EQ リーダーシップ――成功する人の「こころの知能指数」の活かし方』講談社。
ディアリ，I.，繁桝算男訳（2004）『知能』岩波書店。
樋口とみ子（2010）「リテラシー概念の展開――機能的リテラシーと批判的リテラシー」松下佳代編著『〈新しい能力〉は教育を変えるか――学力・リテラシー・コンピテンシー』ミネルヴァ書房，80～107頁。
肥田野直（1968）「知能検査の種類」八木冕編『心理学Ⅱ』培風館，130～139頁。
平岡宏一（2016）「教育と入試をどう繋ぐか――真の大学改革を実現するために」2016年6月26日 追手門学院大学公開シンポジウムでの講演。
フリン，J.R.，水田賢政訳（2015）『なぜ人類の IQ は上がり続けているのか？――人種，性別，老化と知能指数』太田出版。
松下佳代編著（2010）『〈新しい能力〉は教育を変えるか――学力・リテラシー・コンピテンシー』ミネルヴァ書房。
三好一英・服部 環（2010）「海外における知能研究と CHC 理論」筑波大学心理学研究，40，1-7.
村上宣寛（2007）『IQ ってホントは何なんだ？――知能をめぐる神話と真実』日経 BP 社。
森本康彦・永田智子・小川賀代・山川 修（2017）『教育分野における e ポートフォリオ』ミネルヴァ書房。
文部科学省（2003a）「確かな学力」ウェブサイトより。
文部科学省（2003b）『小学校国語指導資料 新しい学力観に立つ国語科の学習指導の創造』。
文部科学省（2008）『小学校学習指導要領 解説 総則編』。
文部科学省（2016）「幼稚園，小学校，中学校，高等学校及び特別支援学校の学習指

導要領等の改善及び必要な方策等について（答申案）補足資料」。
文部科学省（2017a）『中学校学習指導要領 解説』。
文部科学省（2017b）「高大接続改革の実施方針等の策定について」。
山内太地・本間正人（2016）『高大接続改革――変わる入試と教育システム』筑摩書房。
渡辺直登（2015）「コンピテンシーと職務遂行能力」日本労働研究雑誌，657，44-45.
Binet, A., Translated by Kite, E. S. (1916) New methods for the diagnosis of the intellectual level of subnormals. In Kite, E.S., The development of intelligence in children. Vineland.
Hernstein, J. H. & Murray, Ch. (1994) *Bell Curve : Intelligence and Class Structure in American Life*. Free Press.
Horn, J. L. & Cattell, R. B. (1967) Age differences in fluid and crystallized intelligence. *Acta Psychologica*, 26, 2, 107-129.
McClelland, D. C. (1973) Testing for competence rather than "intelligence". *American Psychologist*, 28, 1-14.
McClelland, D. C. (1998) Identifying competencies with behavioral event interviews. *Psychological Science*, 9, 5, 331-339.
Neisser, U., Winograd, E., Bergman, E. T., Schreiber, C. A., Palmer, S. E. & Weldon, M. (1996) Intelligence : knows and unknowns. *American Psychologist*, 51, 77-101.
Neisser, U. & American Psychological Association (1998) *The rising curve : Long-term gains in IQ and related measures*. Americal Psychological Association.
Spearman, C. (1904) "General Intelligence", objectively determined and measured. *The American Journal of Psychology*, 15, 2, 201-292.

**学習の課題**

(1) 2020年に予定される高大接続改革は何か。学校教育における具体的な変化をあげなさい。また，その社会的背景を説明しなさい。
(2) 現在一般に使用されている IQ は「比率 IQ」ではなく「偏差 IQ」である。両者を比較し，その理由を説明しなさい。
(3) 教育現場でなぜアクティブ・ラーニングが重視されているのか。教育目標や学習観の変化と関連づけて論じなさい。

**【さらに学びたい人のための図書】**

奈須正裕（2017）『「資質・能力」と学びのメカニズム』東洋館出版社。
⇨中教審初等中等教育分科会等で政策づくりに携わる教育学者が学校教育改革の動向と現場事例を詳しく解説。

村上宣寛（2007）『IQ ってホントは何なんだ？——知能をめぐる神話と真実』日経BP 社。
⇨知能心理学の変遷を知能研究に携わっている心理学者が網羅的かつ批判的に，そして簡潔・明快に解説。
ニュートン編集部（2012）「知能と心の科学——知能とは何か？ 意識とは何か？」『Newton 別冊』ニュートンプレス。
⇨脳研究，心理学，行動遺伝学の最先端の成果を基にヒトの知能と意識のメカニズムや進化を明快に解説。

（米谷　淳）

# 第５章　学習の基礎としての情報処理

**この章で学ぶこと**

本章では，全体として，学習は情報処理によって決まるということを学ぶ。第１節では，学習内容の意味が音や形などの情報よりも記憶されやすいこと，学習の際に他の学習内容との違いが明確な差異的情報を付加することが重要であることを学ぶ。第２節では，学習を促進するために一般的な方略や自分の知識を利用した方略等を学ぶ。第３節では，情報処理の結果，情報がどのように貯蔵されているかに注目し，ワーキングメモリ，意味記憶およびエピソード記憶の違いについて学ぶ。第４節では，効果的な学習を導くために復習の重要性，学習者が課題を選択することの効果，ノートの活用および自分に合った学習方法の構築について学ぶ。

## 1　処理される情報の型

### （1）情報の処理水準

クレイクとロックハート（Craik & Lockhart, 1972）は，記憶（学習）内容に対してなされる処理の水準（深さ）によって，記憶成績が異なるという処理水準説を提唱した。学習内容に対する処理が深いほど，その内容の記憶成績が高まるのである。この説がいう浅い水準の処理は形態的処理，中間水準は音韻的処理，そして深い水準が意味的処理に対応する。クレイクとタルヴィング（Tulving, E.）（Craik & Tulving, 1975）は，学習すべき単語（以下，ターゲット）に対して，処理水準に対応する方向づけ質問を設定した（表５-１）。質問に対して，参加者は「はい」か「いいえ」で答えるように求められた。受けた質問ごとのターゲットの記憶成績が，図５-１に示されている。

意味的質問を受けた単語の記憶成績が最もよく，処理水準説を支持する結果

**表５-１　処理水準に対応する方向づけ質問**

| 処理水準 | 方向づけ質問 | ターゲット | |
|---|---|---|---|
| | | 「はい」 | 「いいえ」 |
| 形　態 | この単語は大文字で書かれていますか？ | TABLE | table |
| 音　韻 | この単語は“WEIGHT”と韻をふんでいますか？ | crate | MARKET |
| 意　味 | この単語は“He met a ____ in the street”という文に当てはまりますか？ | FRIEND | cloud |

出典：Craik & Tulving (1975).

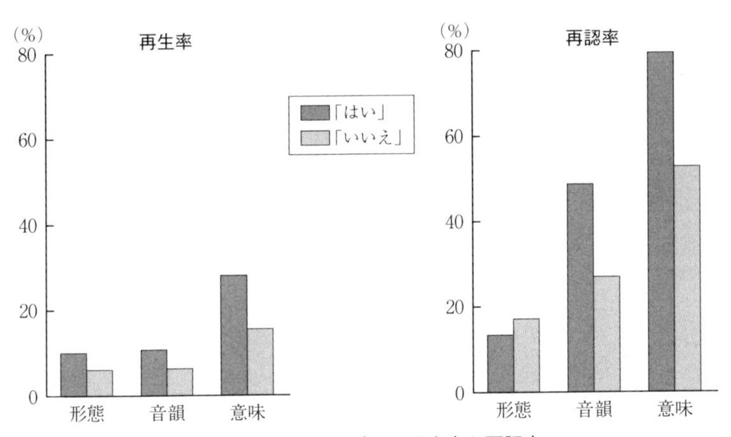


**図５-１　処理水準ごとの再生率と再認率**

出典：表５-１と同じ。

であった。また，「はい」と判断した語のほうが「いいえ」と判断した語よりも記憶成績がよいという現象も認められた。この現象を適合性効果と呼ぶが，同じ水準の質問を受けた場合には，「はい」と答えても，「いいえ」と答えても，同じ水準の処理を受けているので，記憶成績は同じになると予想される。しかし，そこに成績の差があるので，その差を説明するために，精緻化という概念が提唱された。精緻化とはターゲットに情報を付加することである（豊田，1987）。参加者が「はい」と答えると，ターゲットが知識構造に統合され，ターゲットに対して多くの情報が付加される。一方，「いいえ」と答えると，ターゲットは統合されず，情報は付加されない。ターゲットに付加された情報の量，すなわち精緻化量が記憶成績の違いを生じさせているのである。

### （2）情報の量と質

ターゲットに多くの情報が付加されると，なぜターゲットの想起される可能性が高まるのであろうか。記憶内に貯蔵されているターゲットが，情報の出力口から出力されるというモデルで考えてみよう。ターゲットを記憶内から探し出し，出力することを検索と呼ぶ。ターゲットに関連語が多く付加されればされるほど，検索のためのルートが多くなる。つまり，出力口までたどり着くルートが多く確保できる。それゆえ，ターゲットが想起される可能性もそれに伴い高くなるのである。

ただし，どんな情報であっても，上記のようなルートを確保できるかというとそうではない。付加される情報の質が問題になる。ステインら（Stein et al., 1978）は，次頁の表５-２に示したような３種類の枠組み文を作成した。ターゲットに付加される情報量がターゲットの記憶成績を決めるのであれば，基本文が最も短く情報量が少ないので，基本文で提示されたターゲットの成績は悪くなり，情報量の等しい適切精緻化文と不適切精緻化文の間には差がないと予想できる（基本＜適切＝不適切）。しかし，枠組み文を手がかりとしたターゲットの想起率は，不適切＜基本＜適切という関係になったのである。この結果には，付加された情報量よりも，情報の質が反映されている。適切精緻化文はターゲットが“fat”（太った）であることの必然性を明示する情報（「薄い氷について警告している」は，「太った」と関連する）であるのに対して，不適切精緻化文はターゲットの意味とは関係のない情報（「２フィートの高さ」は，「太った」とは関連しない）を提供していた。このように，ターゲットに付加された情報の適切性が重要なのである。

また，豊田弘司（1984）は，ターゲット（例「ながい」）に対して，交換可能文（例「このひもは＿＿」）と交換不可能文（例「きりんのくびは＿＿」）という枠組み文を設けた。交換可能文はターゲットからの連想語（「みじかい」）が，ターゲットと入れ替わった場合でも意味が通る（交換可能である）ので，ターゲットに対する意味的限定性は弱い。一方，交換不可能文ではターゲットと連想語が入れ替わると意味が通らない（交換不可能である）ので，ターゲットに対

表5-2　ステインらの用いた材料

| 文　型 | ターゲット | 枠組み文型 |
| --- | --- | --- |
| 基本文 | fat<br>（太った） | The fat man read the sign.<br>（太った男が掲示板を読んだ） |
| 適切精緻化文 | | The fat man read the sign warning about thin ice.<br>（太った男が薄い氷について警告している掲示板を読んだ） |
| 不適切精緻化文 | | The fat man read the sign that was two feet high.<br>（太った男が2フィートの高さの掲示板を読んだ） |

出典：Stein, et al. (1978).

する意味的限定性は強い。ターゲットを想起させたところ，交換不可能文を枠組み文として提示された場合が交換可能文を枠組み文として提示された場合よりもターゲットがより想起されたのである。これは，ターゲットに付加された情報の意味的限定性の重要性を示している。

### （3）情報の差異性

先に述べた研究からは，ターゲットに対する適切性や意味的限定性の重要性が明らかになった。では，この適切性や意味的限定性に共通する特性は何であろうか。それは，ターゲットをほかの情報から区別し，より際立たせるという特性である。ほかの情報から明確に区別され，より際立たせる特性を情報の差異性もしくは示差性と呼ぶ（Schmidt, 2006）。つまり，ターゲットをほかの情報から目立つようにして，区別しやすくする差異的な情報が提供されれば，ターゲットの想起成績が向上することになる。

差異性の高い情報には，過去の出来事に関する情報がある。過去の出来事は個人ごとに異なっているので差異性は高いといえる。私たちは，過去の多くの経験を記憶に蓄積している。このような個人の過去の出来事の記憶を自伝的記憶と呼んでいる。Toyota（1997）は，参加者にターゲットから連想される過去の出来事の鮮明度を評定させる条件が，連想語の連想される程度を評定させる条件よりもターゲットの想起率が高いことを見出している。これは，過去の出来事が差異性の高い情報であり，これらの出来事がターゲットを想起する際の有効な手がかりとなったことによるものである。過去の出来事に関する情報を付加する精緻化を自伝的精緻化と呼ぶが，この精緻化によってターゲットの差異性が高まるのである。

学校教育において，教師は児童生徒に学習すべき情報の差異性を高める情報を考慮しなくてはならない。自伝的精緻化のように，児童生徒が体験した出来事を学習内容に付加することも有効な方法である。

## 2 情報処理の方略

### （1）一般的な学習・記憶方略

私たちは，学習や記憶のためにどのような情報処理の工夫を用いているのであろうか。学習や記憶のために用いる工夫を学習方略や記憶方略と呼んでいる。最もよく知られている記憶方略はリハーサルである。リハーサルとは，憶えなければならない情報を何度も繰り返すことである。およそ7歳から，リハーサルを自発的に使用するようになることが知られている。これは，学校教育において情報を憶えることの経験が影響していると考えられている。ただし，リハーサルの質も発達とともに向上し，効率よく情報を保持できるようになることが知られている。実験では，ひとつずつ憶えるべき単語を提示していくが，小学校の低学年児は今提示された単語だけを繰り返すリハーサルをしている。このリハーサルであると，先に提示された単語が忘れられてしまう可能性が高い。しかし，学年が上がるにつれて，先に提示された単語と今提示されている単語を併せて累積的にリハーサルをするようになる。このようなリハーサルならば，忘れる可能性を減らすことが可能である。

イメージ方略もよく知られている。鮮明なイメージを描くことによって記憶成績を高めるものである。一般に，絵はイメージを喚起しやすく，言葉よりも記憶成績のよい現象は画像優位性効果と呼ばれている。Paivio（1971）の二重符号化説によれば，絵はイメージによって符号化されるだけでなく，言語によっても符号化される。一方，言葉は主に言語で符号化される。それゆえ，イメージと言語によって二重に符号化される絵のほうがひとつの符号化しかされない言葉よりも記憶成績がよくなるのである。また，Ritchey（1980）は，絵が言葉よりも項目内精緻化される程度が高いとしている。項目内精緻化とは個々の項目を他の項目と区別する処理であり，先に述べた差異性と類似した概念である。絵によって喚起されたイメージが，ほかの情報との差異性を高める情報として機能しているのである。また，Toyota（2002）は，単語（例「ねえさん」）を，奇異イメージが喚起される文（例「ねえさん　は　ひげ　をはやしています」）で提示する場合と普通イメージを喚起させる文（例「ねえさん　は　スカートを　はいています」）で提示する場合の記憶成績を比較した。その結果，奇異イメージ文が普通イメージ文で提示するよりも記憶成績がよかった。これは，奇異性効果と呼ばれている現象であるが，奇異なイメージによって単語の差異性が高まることによるものである。

同時に提示された単語どうしの連合を学習する対連合学習において，よく用いられる方略がある。対連合学習課題では，単語対（例「ネズミ―パン」）が連続的に提示され，その後のテストでは，参加者には，対の一方である刺激項（この場合，「ネズミ」）のみが提示され，この刺激項と一緒に提示されていた反応項（この場合，「パン」）を答えることが求められる。この課題では，たとえば，「ネズミ―パン」という対を含む「ネズミがパンをかじっている」という文をつくる方略（文章化方略）や，ネズミがパンをかじっているイメージを描く方略（イメージ方略）を用いることもできる。これらの方略で学習すると，単に対を繰り返し声に出して憶えるリハーサルを用いた場合よりも学習成績がよくなることが知られている。

### （２）学習者の知識を利用した学習・記憶方略

参加者に対して３つのカテゴリー「動物」「家具」「花」に属するターゲットを１語ずつ提示していく実験を考えてみよう。たとえば，ライオン，イス，ヒマワリ，イヌ，ツクエ，サクラ，ネコといったように提示したとしよう。参加者はどのような順にターゲットを思い出すであろうか。大人の参加者であれば，ライオン，イヌ，ネコといったように，同じカテゴリーに属するターゲットを連続して思い出すに違いない。これは，大人にはカテゴリーという知識構造ができあがっているからである。このようにターゲットがカテゴリーごとにまとまって想起される現象をカテゴリー群化と呼んでいる。このような群化量は，小学中学年以降に発達していくことが知られており（Moely et al., 1969），それは知識構造の発達を反映している。したがって，知識構造にまとまりが形成されているのであれば，カテゴリーに限らず，まとまりを利用して，ターゲットを効率よく憶えることができる。これを意識して利用するのが，体制化方略ということになる。体制化方略を用いると，個々のターゲットを憶えなくても，たとえば，動物で何が提示されたかを考えればよいわけであり，記憶の負荷が軽減される。学校教育においても，個々の学習問題は異なるが，その背景にある解法の共通性が意識できれば，それが体制化方略を使用する基盤となる。

このように，知識は記憶と関連しているが，知識が記憶成績に影響をもつことを明確に示した有名な研究がある。チー（Chi, M. T. H.）は，小学生と大学生に，数列を記憶するように求めた場合と，盤面のチェスの駒の配置を憶えるよう求めた場合における記憶成績を比較した（Chi, 1978）。図５－２はその結果である。数列の記憶においては大学生の記憶成績がよかったが，駒の配置の記憶では小学生のほうがよかった。一般に記憶容量に関しては大学生のほうが小学生よりも大きいことは知られている。数列に関してはその記憶容量を反映して大学生の成績がよかった。しかし，チェスの駒の配置に関しては記憶容量からの予想とは反対に小学生のほうがよかったのである。実は，この実験に参加した小学生は，地域のチェスの大会などで優秀な成績をおさめているチェスの熟達者であり，チェスの駒の配置の定石についてはかなりの知識をもっていた。反対に大学生に関してはその知識がほとんどなかった。この知識の差が記憶成績に反映されたのである。その証拠にチェスの定石からはずれた駒の配置を記憶させた場合には，小学生と大学生の差がなくなったのである。チェスの定石からはずれた駒の配置の記憶には，チェスの定石に関する知識を利用できないので知識の差はなくなり，記憶成績にも差がなくなるのである。

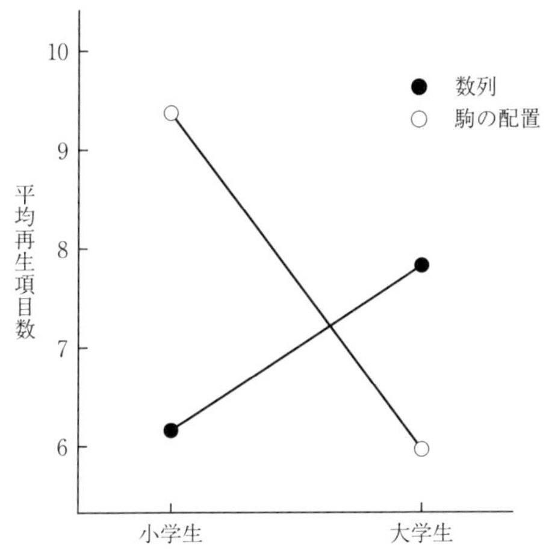


**図５－２　材料による記憶成績の違い**

出典：Chi（1978）.

### （３）学習者の自己を重視した学習・記憶方略

私たちは，自分（自己）に関する知識は他人に関する知識よりも豊富である。ロジャーズら（Rogers et al., 1977）は，ターゲットとして性格特性語を用い，それが自分に当てはまるか否かの判断を求める自己準拠条件と，ターゲットの意味や形態的特徴に関する判断を求める条件とを比較した。その結果，自己準拠条件が他の条件よりもターゲットの記憶成績が高かったのである。これが自己準拠効果であり，さまざまな学習材料を用いて実験を行っても繰り返し確認できる現象であることが知られている。この効果は自己に関する豊富な情報があるので，ターゲットに対する豊富な精緻化がなされたと解釈できる。

## 3　処理された情報の貯蔵庫

### （１）ワーキングメモリ

私たちが本を読む際には，その文中の単語が忘れられる前に瞬時にその単語の意味を自分の知識内にある語彙と照合してその意味を理解し，文全体の意味を理解している。このような一連の認知活動が瞬時に行われているので，私た

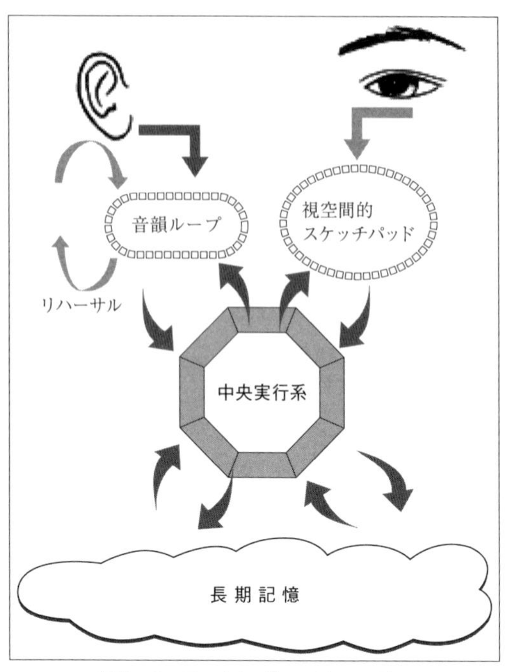


**図5-3　ワークングメモリのモデル**

出典：Baddeley (1992).

ちは情報が保持されて，それが意味理解のために処理されていることを意識しにくい。また，繰り上がりのある足し算をする場合でも，繰り上がりの値をいったん保持して，上位の足し算をし，後でその繰り上がりの値を足すという処理を行っている。このような情報の保持と処理の機能をもつのが，ワークキングメモリ（作動記憶）と呼ばれる記憶のシステムである（第6章参照）。

バッドレー（Baddeley, A. D.）は，図5-3のようなワーキングメモリに関するモデルを示している（Baddeley, 1992）。このモデルの中心には中央実行系があり，この中央実行系が音韻情報を保持する部位である音韻ループや，視空間的情報を保持する部位である視空間的スケッチパッドを管理している。そして，高次の認知活動（言語理解，推論等）に必要な処理を実行し，その処理の実行結果を一時的ではあるが保持するという機能をもっている。したがって，ワーキ

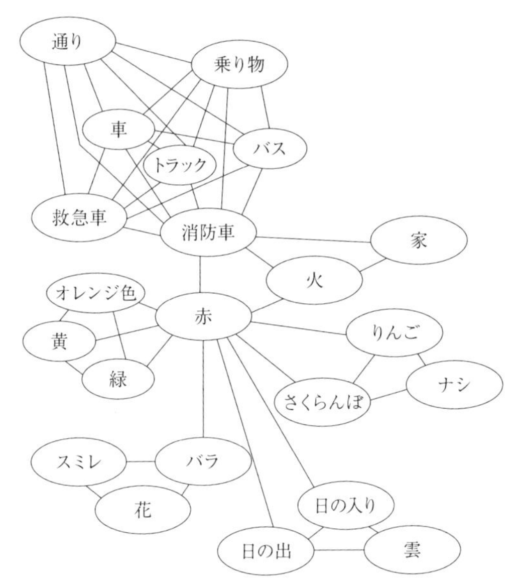


**図5－4　意味記憶のネットワークモデル**
出典：Collins & Loftus (1975).

ングメモリの大きい方が効率のよい認知活動ができることになり，学習活動全般に関するワーキングメモリの影響は大きいと考えられている。

### （2）意味記憶

語彙，常識，教養等の一般に知識と呼ばれる情報は，意味記憶に保持されている。一方，過去の個人的な出来事は，エピソード記憶に保持されている。タルヴィング（Tulving, 1972）は意味記憶とエピソード記憶の区分を最初に提唱したが，コリンズとロフタス（Collins & Loftus, 1975）は，意味記憶のモデルとして，図5－4に示したようなネットワークモデルを考えた。

このモデルでは，2つの概念がお互いに意味的に関連していれば，その間のリンクが短く表現される。そして，このモデルには，ある概念が処理されると，その概念の活性化（意識的にアクセスしやすくなること）がリンクのつながった他の概念へと波及していくという仮定がある。これが活性化拡散という考えであり，ある概念の活性化水準が，ほかの概念から波及してきた活性化のエネルギーによって高まり，学習の閾値に近づく可能性が高くなるというものである。この活性化拡散の考えからすると，学習すべき新しい概念に関連する概念をあらかじめ処理させておくと新しい概念の学習が促進されることになる。

前述したモデルとは別の視点からすると，知識は情報の寄せ集めではなく，経験を積むことによって共通する情報からより抽象化され，構造化されるものである。このような構造化された知識をスキーマ（第6章参照）と呼ぶ。スキーマを利用して，処理の効率を高めることが可能になる。これを熟達化（第3章参照）と呼ぶ。大浦（1996）によれば，熟達者が複数の下位技能を同時に行っても，正確に速く実行できるのは，それらが自動的処理になっているからである。自動的処理は意識してコントロールする統制的処理と異なり，処理資源（注意など心的エネルギー）が少なく済むので，同時に行っても資源が不足することはない。熟達すると学習する際に効率よく情報をまとめて，記憶負荷を軽減でき，学習作業を自動化できる。熟達者に到達するのは長期間の学習を要するが，熟達を目標とした教育のあり方も重要である。

### （3）エピソード記憶

エピソード記憶は，個人的な過去の出来事に関する記憶である。記憶内容が一定の時間や空間と結びついている場合にはエピソード記憶になり，意味記憶は一定の時間や空間とは結びついていない。エピソード記憶が時間や空間と結びついていることを示すのが，符号化特定性原理（Tulving & Thomson, 1973）である。この原理は，簡潔にいえば，憶える際の状況（符号化文脈）と，想起する際の状況（検索文脈）とが一致するほど記憶成績はよくなるというものである。たとえば，ある単語を想起する場合に，憶えたときと同じ部屋と別の部屋では，同じ部屋の方が単語を想起できる可能性は高くなる。というのは，単語を憶えた際の符号化文脈が，想起する時の検索文脈と一致（この例では，部屋が一致）しているからである。児童生徒がテストにおいて学習内容をうまく想起できるか否かは，学習時の符号化文脈がテストにおける検索文脈と一致している程度に左右されている。したがって，検索文脈（たとえば，テストの形式）を考慮した符号化文脈（たとえば，発問の仕方）の設定が学習成績を決める可能性は高い。

## 4　効果的な学習のための情報処理の工夫

### （１）復習の重要性

学習対象を時間的に続けて学習（集中学習）するよりも，一定の間隔をおいて学習（分散学習）する場合のほうが学習成績はよい。この現象を分散効果と呼ぶが，さまざまな学習材料でその効果が確認されている。分散効果に関する説明は多いが，水野（2003）によれば，最初の学習時に活性化水準が高まるが，その活性化が一定時間経過すると低下し，再度学習することによって再活性化が生じる。この再活性化の量が大きいことによって，分散効果の大きさが決まるという。分散効果が大きくなるのは，たとえば，ある内容を学習した場合，もうこれ以上時間が経過すると忘れてしまうというぎりぎりの時間が経過した時に再度学習する場合である。したがって，ある学習内容をすぐに復習するよりも，忘れかけのときに復習するほうがよいということになる。それゆえ，復習のタイミングが重要であり，そのタイミングを児童生徒は自分で学ぶ必要がある。ただし，低学年児の場合には，教師が児童に復習を促す言葉かけを行い，復習することによって学習が促進されることを意識させる働きかけが必要である。

### （２）宿題（課題）の選択

自分で学習すべき内容を選択することで，強制的に指示された学習内容を学習するよりも学習効果の大きいことが知られている。これを自己選択効果と呼ぶ（高橋，1989）。Toyota（2013）は，快語と快語（例「幸福―勝利」），快語と不快語（例「純粋―宿題」），不快語と不快語（例「戦争―苦痛」）を組み合わせて，単語対を作成した。そして，各対を提示していくのであるが，対にされた語のうちの一方の語を選択して憶える条件（自己選択条件）と対の一方の語を指示されて憶える条件（強制選択条件）を設け，記憶成績を比較した。その結果，自己選択条件が強制選択条件よりも記憶成績がよく，自己選択効果が認められた。また，自己選択効果の大きさ（自己選択条件と強制選択条件の記憶成績の差）は，2つの単語の情動の対比が明確な快語と不快語が対になった単語で大きかった。これは，快と不快の情動的な対比が選択規準を明確にした結果，認知構造に統合されやすいことによると考えられた。

学校教育において，児童生徒に自己選択を求める機会は重要であり，自己選択をすることで動機づけが高まることはこれまでも指摘されている。ただし，自己選択効果があるのは，選択の規準が明確であることによる。自分はこういう理由でこちらを選択したという明確な規準があってはじめて認知構造へ統合されるのである。宿題に関しても，児童生徒に自己選択させることは，興味深い試みである。児童生徒は，どちらの宿題が簡単であろうかとか，時間がかからないであろうかとか，さまざまな規準で自己選択する。その自己選択が，宿題の内容や自分の知識に関する明確な理解を反映する。豊田（2008）は，宿題をしっかりとする習慣のある者は，小学1～6年生にかけて，学業成績がよいことを明らかにしている。宿題は，学校での授業内容の復習としての意義が大きく，自己選択によって宿題を習慣として定着させることにもなる。

### （3）ノートの有効性

ノートは，児童生徒の認知構造をそのまま映し出している。一般に，学業成績のよい児童生徒は，教師が板書した以外のメモをノートに記入していることが多い。ノートの機能として最も大切なことは，ノートを見れば授業の内容が想起されるという機能である。したがって，きれいに書く必要はないが，ノートを見れば，学習内容が想起されるものでなくてはならない。児童生徒が自分の認知構造に適合したかたちでノートをとることによって，授業内容が想起されやすくなり，復習の効率が高まり，学習効率も向上する。実際に，中学生の学習習慣の調査においても，ノートの習慣が学力に影響することが示されている（豊田・川﨑，2000）。したがって，ノートの指導が必要になるが，児童生徒の認知構造が異なるので，画一的なノート指導は望ましくない。ただし，低学年に関しては，ノートの取り方を学習する段階であり，一定の見本が必要になる。しかし，学年が上がるにつれて，個人のもつ認知構造の特性も異なってくる。学習内容を図式的にまとめる者や，文章としてまとめる者，あるいはその両方可能な者もいる。したがって，中学生や高校生になると，個人の特性に応じたノートづくりを推奨するのがよいのである。

### （４）自分に合った学習スタイルの構築

児童生徒が自分に適した方略を用いることができれば，学業成績は向上する。豊田と森本（2000）は，小学６年生に対して，学習で困っている児童に関する仮想場面を設定し，その児童にどのような助言をするのかを調べた。その結果，学業成績のよい児童は，多くの方略を記述したのに対して，学業成績の低い児童はその記述数が少なかった。また，ドューマリーら（DeMarie et al., 2004）によれば，学業成績の高い者は，低い者よりも学習方略を多くもち，なおかつ学習課題に応じて柔軟に使用することができる。したがって，教師が学習方略を教えることも必要になるが，協同学習として，児童生徒どうしが教え合うという機会を設けることも重要である。教師が教えるよりも，児童生徒どうしで教え合うほうがお互いの認知構造が類似しており，互いの言葉が理解されやすいため理解の促進につながることもある。近年，グループ学習や協同学習が盛んに行われているが，上記のような意味でも適切な学習機会を提供しているといえる。

ただし，学習方略を教えられても，児童生徒がその方略を試して，実際に学業成績が向上したという経験がなければ，その方略は使用されなくなる。すなわち，自分が学習方略を使用したという努力に，学業成績が向上したという成果が結びつく経験が必要なのである。努力や行動が成果を伴う経験を随伴経験と呼ぶが，牧ら（2003）は，対人関係における随伴経験の多い生徒は自己効力感が高いことを明らかにしている。相手に対する努力が成果となったときに対人関係での自信を高めることがわかる。学習活動においても，児童生徒がその方略の有効性を実感する随伴経験が重要なのである。ただし，児童生徒によっては学習方略を使用する能力がないために，かえって学業成績が低下する場合もある。彼らの能力をアセスメント（評価）することは重要である。できれば，児童生徒が自分の能力をアセスメントして，自分に合った学習方略を柔軟に学習課題に適用できるようになるのが理想である。そのためには，自分の学習の状況をモニタリングできる能力が必要であり，年齢が高くなるにつれて，モニタリングを含むメタ認知（第6章および第8章参照）の重要性が高まるのである。

### 引用・参考文献


大浦容子（1996）「熟達化」波多野誼余夫編著『認知心理学5　学習と発達』東京大学出版会，11～36頁。

高橋雅延（1989）「記憶における自己選択効果」『京都大学教育学部紀要』35，207～217頁。

豊田弘司（1984）「子どもの精緻的学習に及ぼす文脈による意味的限定の効果」『教育心理学研究』32，134～142頁。

豊田弘司（1987）「記憶における精緻化（elaboration）研究の展望」『心理学評論』30，402～422頁。

豊田弘司（2008）「学業成績の規定要因における発達的変化」『奈良教育大学教育実践総合センター研究紀要』17，15～21頁。

豊田弘司・川﨑圭三（2000）「中学生における学習習慣尺度の開発」『奈良教育大学紀要』49，149～156頁。

豊田弘司・森本里香（2000）「子どもの自己生成された学習方略」『奈良教育大学教育実践総合センター研究紀要』９，31～38頁。

牧　郁子・関口由香・山田幸恵・根建金男（2003）「主観的随伴経験が中学生の無気力感に及ぼす影響」『教育心理学研究』51，298～307頁。

水野りか（2003）『学習効果の認知心理学』ナカニシヤ出版。

Baddeley, A. D. (1992) Working Memory. *Science*, 255, 556-559.

Collins, A. M. & Loftus, E. F. (1975) A spreading-activation theory of semantic processing. *Psychological Review*, 82, 407-428.

Chi, M. T. H. (1978) Knowledge structure and memory development. In Siegler, R. S. (Ed.), *Children's thinking: What develops?* Lawrence Erlbaum Associates, 73-96.

Craik, F. I. M. & Lockhart, R. S. (1972) Levels of processing: A framework for memory research. *Journal of Verbal Learning and Verbal Behavior*, 11, 71-684.

Craik, F. I. M. & Tulving, E. (1975) .Depth of processing and the retention of words in episodic memory. *Journal of Experimental Psychology: General*, 104, 268-294.

DeMarie, D., Miller, P.H., Ferron, J. & Cunningham, W. R. (2004) Pathanalysis tests of theoretical models of children's memory performance. *Journal of Cognition and Development*, 5, 461-492.

Moely, B. E., Olsen, F. A., Halwes, T. G. & Flavell, J. H. (1969) Production deficiency in young children's clustered recall. *Developmental Psychology*, 1, 26-34.

Paivio, A. (1971) *Imagery and verbal processes*. Holt, New York.

Ritchey, G. H. (1980) Picture superiority in free recall: The effects of organization and elaboration. *Journal of Experimental Child Psychology*, 29, 460-474.

Rogers, T. B., Kuiper, N. A. & Kirker, W. S. (1977) Self-reference and the encoding of personal information. *Journal of Personality and Social Psychology*, 35, 677-688.

Schmidt, S. R. (2006) Emotion, significance, distinctiveness, and memory. In Hunt, R. R. & Worthen, J. B. (Eds.), *Distinctiveness and Memory*, Oxford University Press.

Stein, B. S., Morris, C. D. & Bransford, J. D. (1978) Constraints on effective elaboration. *Journal of Verbal Learning and Verbal Behavior*, 17, 707-714.

Toyota, H. (1997) Effects of between-item, within-item, and autobiographical elaboration on incidental free recall. *Perceptual and Motor Skills*, 85, 1279-1287.

Toyota, H. (2002) The bizarreness effects and individual differencesin imaging ability *Perceptual and Motor Skills*, 94, 533-540.

Toyota, H. (2013) The self-choice effects on memory and individual differences in emotional intelligence. *Japanese Psychological Research*, 55, 45-57.

Tulving, E. (1972) Episodic and semantic memory. In Tulving, E. & Donaldson, W. (Eds.), *Organization of memory*, Academic Press.

Tulving, E. & Thomson, D. M. (1973) Encoding specificity and retrieval processes in episodic memory. *Psychological Review*, 80, 352-373.

**学習の課題**

(1) この章の内容を考慮して，あなたが実践してみたい教室での授業を考えてみよう。

(2) 学習内容と学習方略を組み合わせて，効果的に学習内容が定着する方法を考えてみよう。

(3) 学業成績を高めるために，児童生徒に随伴経験を提供できる機会を具体的に考えてみよう。

**【さらに学びたい人のための図書】**

高野陽太郎編（1995）『認知心理学2 記憶』東京大学出版会。

⇨記憶理論や具体的な研究例が多く紹介されている。記憶という視点から学習指導を学びたい人には最適である。

苧阪満里子（2002）『脳のメモ帳 ワーキングメモリ』新曜社。

⇨ワーキングメモリは学習にとって重要な機能をもつが，その測定法や機能を丁寧にわかりやすく解説している。

太田信夫・多鹿秀雄編著（2008）『記憶の生涯発達心理学』北大路書房。

⇨発達段階によって学習（記憶）方略は異なる。具体的研究例を紹介しながら，発達概要を解説している。

（豊田弘司）

# 第6章　教科学習における理解と指導

**この章で学ぶこと**

本章では，学校現場で行われている教科の指導のうち，国語科，算数科，そして理科の3つの教科を取り上げて，それぞれの教科を児童生徒がどのように学ぶのか，そして，どのように教えるとよいのかについて概説する。

最初に，学力の基盤となる「ワーキングメモリ」と「メタ認知」が教科の学習においてどのような役割を果たしているのかを説明する。

国語科では読解に焦点化し，テキストを読んで理解するプロセスとはどのようなものかと読解力を高める指導の方策について，算数科では計算技能と文章題を解く力を高める指導の方策について，そして理科では科学的概念の指導の方策について述べる。本章では，児童生徒がそれぞれの教科をどう学ぶかと，どう教えるとよいのかを学ぶ。

## 1　教科学習の認知基盤

### (1) ワーキングメモリ

私たちの認知情報処理，とくに現在行おうとしている課題の処理には，ワーキングメモリ（第5章参照）が利用される。これは学校の教科学習の場面においても同様である。国語科，算数科，理科そのほかの教科を学習する際，情報を処理するためにワーキングメモリの働きが重要となる。たとえば，国語科の読解の場合を考えてみる。文章を読み，その内容を理解するためには，読んだ内容のなかから重要な事柄を頭の中に留めておかなければならない。そして，頭の中に留めた情報を処理し，正しく内容を理解しなければならない。このようにいま必要な情報を保持し，処理するためにワーキングメモリが利用されると考えられている。実際，子どものワーキングメモリ容量と各教科の成績とが関連することが明らかにされており，たとえば，ワーキングメモリ容量が高い子どもほど算数科の成績がよいことが報告されている（Bull & Scerif, 2001；Lee et al., 2004)。つまり，学習面で困難を示す子どもがいた場合，それがワーキングメモリの働きによるものであれば，ワーキングメモリへの負荷が低くなるような指導法を採用することで，教科学習の際の困難を軽減できる可能性がある。

もう１点，注意が必要なのは，ワーキングメモリに起因する困難が，教科学習時に学習そのものではない部分へ影響することである。教師の指示が早口であったり，課題の途中や終了直後である場合，多くの子どもには問題なく聞き取れたとしても，ワーキングメモリに不利を抱える子どもは聞き逃したり，聞くことを放棄してしまうかもしれない。情報が短時間で提示されたり，ほかの情報を処理している間に新しい情報の処理が要求されたりすることは，ワーキングメモリに高い負荷をかけることになる。すなわち，一見指示を聞かないような態度の子どもであっても，ワーキングメモリに負荷が高すぎることが原因であることもある。課題以外の原因による失敗や意欲の減退を，ワーキングメモリに配慮した環境を考えることで改善することができる。

### （2）メタ認知

人は自分の心の中で起こっていることに意識を向け，それについて考えたり評価したりすることができる。このような自分の思考について思考する過程のことをメタ認知と呼ぶ（第８章参照)。メタ認知は学習活動において重要な役割を果たしている。効率的な学習のためには，課題についての自分の理解状態を評価し，それに合わせて学習活動そのものを制御するという技能が必要不可欠であるが，こういった学習過程そのものの評価と制御の技能がメタ認知技能である。このメタ認知技能は学業成績に直接的な影響をもつことが知られている。たとえば，パリンサーとブラウン（Brown, A. L.）（Palincsar & Brown, 1984）は，読書困難児にメタ認知技能を習得させることで，読解成績を大きく向上させることに成功している。メタ認知技能は，学業だけでなく仕事や日常生活でのあらゆる問題解決の能率に影響を与えると考えられている。学校教育では，教科内容の指導だけでなく，このようなメタ認知技能の指導も重要となる。

ワーキングメモリもメタ認知も，どの教科の学習においても重要となる学習の基盤ではあるが，その指導法という点ではまだ明らかではないことも多く今後の研究が期待されている。

## 2　読みの指導

文章を読んで知識を得るという行為は，人の学びにおいて大きな要素を占めている。読解の技能は学校での学びを終えた後も，生涯にわたって使い続ける一般的な学習技能と考えられる。国語教育のひとつの目標は，このような読解技能を生徒に習得させ，その後の人生で触れる書物から自力で知識を獲得できる熟達した読み手にすることである。

ここでは読解時に心の中でどのようなことが起こっているのかを解説した後，音読や語彙の学習が読解においてもつ意味を説明し，最後に生徒により深い読みを促す指導法を紹介する。

### （1）読解のプロセス

熟達した読み手である大人は普段意識することはないが，読解は複数の段階からなる複雑な認知プロセスであると考えられている（Bruer, 1993）。話し言葉を獲得した後の児童にとって，書かれた文字の羅列から自力で意味を引き出し理解するという行為は不慣れで困難な認知活動である。そのため児童生徒に効率よく読解技能を習得させるためには，読解中の認知プロセスについて知っておく必要がある。

図6-1は，ブルーアー（Bruer, J. T.）（Bruer, 1993）の概念に基づいて読解の認知プロセスをフローチャートにしたものである。最初に，小刻みに眼球を動かして次の行に読み進めたり，あるいは凝視といった視線運動を繰り返しながら，テキストに印刷された文字列を視覚表象に符号化する。次に，符号化された視覚表象を心内辞書とマッチングし，意味のある単語として同定する。これ

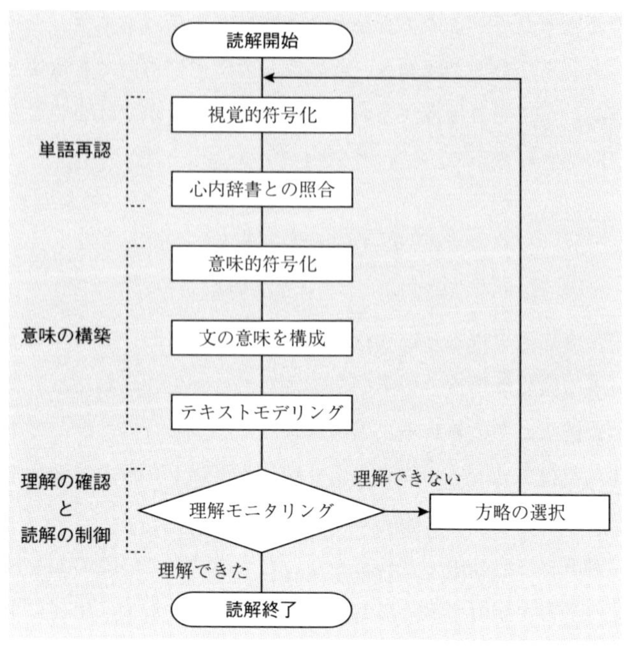


**図 6－1　読解の認知プロセス**

出典：Bruer（1993）をもとに筆者改変。

らのプロセスは単語再認と呼ばれている。次の段階は，同定された単語から単文の意味を構成し，文章全体の主題を構築していく段階である。単語は複数の意味をもつことが多いので，その単語が文中でどのような意味を指しているのかを決定しなければならない。この処理を意味的符号化と呼ぶ。意味的符号化が行われたら，文法や文脈を手掛かりに各文についての意味を構成し，複数の文の意味を統合して文章全体の心的表象をつくるテキストモデリングが行われる。

文章全体の心的表象を構築できれば読みの過程そのものは完了したといえるが，熟達した読み手ではさらなる処理を行っている。それが理解モニタリングである。熟達した読み手は読解プロセスの各段階の処理を基本的に意識することなくスムーズに行うが，同時に自分の理解が正しいかを常に確認しながら読み進めており，ひとたび自分の理解に矛盾や曖昧な点が現れた際には意識的にさまざまな方略を使用し理解を修正しようとする。文章を正しく理解するためには，このようなメタ認知技能を獲得することが必須であると考えられている。まとめると，読解のプロセスはおおまかに単語再認，意味の構築，理解モニタリングという3つの段階に分けることができる。読解に熟達するということは，これらの処理を効率的に行えるようになるということである。

### （2）音読の意義

小学校低学年の国語科では音読の指導が重視される。音読のためには符号化された視覚情報を音声化する必要があるが，このような指導は読解の獲得にどのような意味があるのだろうか。

高橋（2013）は，子どもが話し言葉を理解する段階から文章を黙読によって理解可能になるまでのモデルを提案している。このモデルでは，話し言葉を理解する段階と黙読によって文章を理解する段階の間に音読によって文章を理解する段階が位置づけられている。高橋はこの観点から，児童に音読を行わせることで2つの効果が期待できるとしている。第一に，児童は聴解に親しんでいるために，音声をフィードバックとして得ることで文の理解を容易にするということ，第二に，音読させることで文字に焦点化して逐次的に処理させることで，視覚的符号化や単語再認を確実に行わせることができることである。このように聴解から黙読による読解への移行期においては，音読が児童の文章の理解を促進する。したがって，音読を指導する際は，明瞭な発音や文や文節の区切りを意識させるとよいだろう。

### （3）背景知識と先行オーガナイザー

再認した単語を意味的に符号化し，文の意味を構成し，テキストモデリングする段階で重要となるのが児童生徒がもつ既有知識である。まず，文脈に適切な単語の意味を選ぶ（意味的符号化）ためには，語彙的な知識が必要である。そして，意味的に符号化された単語の語順や助詞との関係から文の意味を構成するためには，文法的な知識も必要である。構成された文の意味を統合していく際にも知識が重要な役割を果たす。たとえば「ラジオが突然鳴り出した。その音に赤ちゃんは驚いた」という文を読んだ読者は，「その音」がラジオの音を指し，それが赤ちゃんを驚かすほどに大きかったのだと推論するだろう。さらに文章全体の主題を理解するためにも，その文章の背景を知っておく必要がある。

たとえば，次の文章を読んでほしい。

> 手順はとても簡単である。まず，いくつかの山に分ける。もちろん量によっては，山は1つでもよい。次に必要な設備がなければ，どこか他の場所へ移動しないといけないが，その必要が無ければ準備完了である。一度にたくさんしすぎないことが肝心である。多すぎるより，少なすぎる方がましだ。

(Bransford & Johnson, 1972より)

単語は平易で，文法も正しいのに，ほとんどの人はまったく理解できなかったと思う。しかし，これが「洗濯の手順」についての文であるとあらかじめ知らされていれば，理解は容易になったはずである。

心理学では，洗濯場面のような知識のまとまりをスキーマ（第5章参照）と呼ぶ。文章理解においては，このスキーマのような知識のまとまりが重要な役割を果たしている。このように読解のプロセスは，知識を使って文章から意味を抽出していくと同時に，それらの意味を自らの知識構造に関連づけていく心的作業だといえる。

オーズベル（Ausubel, D. P.）（Ausubel, 1978）は，学習内容が知識構造に関連づくのを促すために，学習者に先行オーガナイザーを与えることを提案している。先行オーガナイザーとは，学習に入る前に提示される抽象的で一般的な導入課題のことである。たとえば，鋼鉄の性質を学習する前に合金についての用途や性質についての文章を読ませることで，その理解を容易にするといったことがあげられる。読解の場面で考えるならば，課題の文章を読ませる前に，その文章内容と深く関わる日常の経験知などといった情報を事前に与えておくことで文章についての深い理解が生じることが期待できる。

### （4）読解を深める指導

読解指導の目標は，学習者が授業外で出会う新規の文章からも知識を獲得できるようになることである。このような深い読解を促す指導法の代表的なものとして，パリンサーとブラウン（Palincsar & Brown, 1984）の相互教授法を紹介する。彼女らは読書困難児を対象に4つ読解方略を指導することで，この深い読みを達成させることを目指した。以下がその4つの方略である。

① 読んだ文章内容について要約すること
② 読んだ文章内容についての質問を作成すること
③ 読んだ文章内容についての意味が明確になるように言い換えること
④ いま読んだ文章の次の文章にはどのような内容が書かれているか予測すること

これらの方略には，自分の理解をモニタリングするというメタ認知技能に加えて，背景知識を活性化する（第5章参照），重要な部分に注意を向ける，文章内容と一般常識や自分の知識との整合性を吟味する，理解した内容からさまざまな推論を行いそれをテストする，といった深い読みに必要とされる機能が含まれていると考えられていた。

彼女らの研究の特徴的な点はこれらの方略の指導法にある。それ以前の指導法研究の知見から，単に方略を教えるだけでは指導の効果は小さく長続きもせず，他の領域に転移（以前の学習が，以後の別の内容について学習を促進すること）しないことが知られていた。そこで相互教授法では，教師と生徒が1つの文章の内容を理解するという目的のために対話しながら文章を読み進めるという指導法を採用した。まずは教師が読解方略を使うことで方略の使用法を生徒に示し，文章を読み進めるうち生徒が自発的に方略を利用するよう促していく。そのなかで，方略がうまく働いたときにはその有効性を明示的にフィードバックし，それらの方略がなぜ役に立つのか，どういったときに役に立つのかといった具体的な説明も加える。

この指導を約2週間行った結果，訓練前では30～40％の正答率であった読書困難児の成績は70～80％まで向上し，学期の終わりには困難児の98％が普通児のレベルまで達していた。さらに，この効果は指導後８週間経っても維持されており，他の教科の授業における文章理解にも転移した。つまり，相互教授法によって生徒たちは国語の授業以外の文章からも知識を獲得できる熟達した読み手へと成長したのである。

## 3 算数・数学の指導

### （1）数概念の発達と算数技能

私たちは数の概念を発達させていく際に，心的数直線と呼ばれる心の中の数直線を獲得していくと考えられている。心的数直線では，数が小さいほうから大きいほうへ直線上に並んでいると考えられており，たとえば，１から９の数が左から右に等間隔に並んだ直線となっている（図６－２）。この直線を利用することによって私たちは，３は２より右側にあり，２よりも１大きい数であると理解できる。デアンら（Dehaene et al., 1993）は，小さい数字について判断するときに左手での反応が早く，大きな数字について判断するときには右手での反応が早いという結果を報告している。このことは，心的数直線が空間的な感覚と結びついていることを示している。

心的数直線は，一般的に６～７歳ごろに獲得されるといわれている。ただし，初めから数字が等間隔に並んだ心的数直線が獲得されるわけではない。子どもでは，大きな数ほど間隔が狭くなっている対数状の心的数直線となっており，発達にしたがって等間隔の心的数直線が獲得されると考えられている（Siegler & Opfer, 2003）。ここで重要となってくるのは，岡本真彦らによって，精緻な心的数直線が獲得されているのかということと，たし算などの計算技能の獲得との間に関連があると報告されていることである（Okamoto & Wakano, 2008）。すなわち，精緻な心的数直線の獲得は，子どもが数字とその数が意味するものを適切に獲得できていることとつながっている。記号として数字を学習させるだけでなく，就学前後において十分な心的数直線を獲得し，数概念を発達させることが算数の理解を支えていくために重要である。

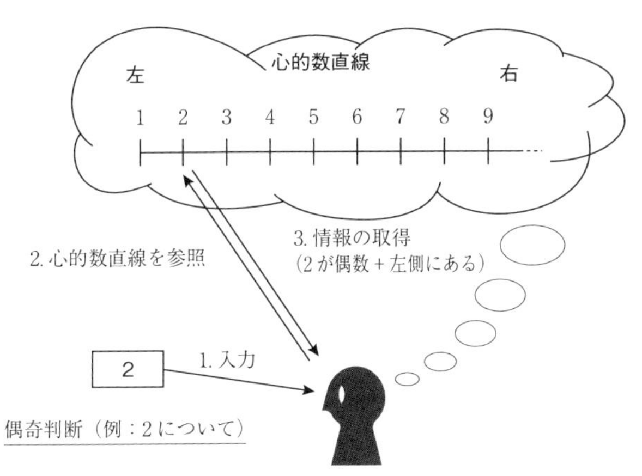


**図6－2　心的数直線と偶奇判断**

出典：筆者作成。

## （2）計算技能の発達と誤答分析

計算の獲得過程においては，さまざまな計算の間違いをおかすことが考えられる。多くの間違いは，ケアレスミスとして片付けられてしまいがちであるが，最近の研究では間違いは一定の規則にしたがって生み出されると考えられている。つまり，手続き的バグと呼ばれる誤答を分析することで，間違いの原因を探ることができる。

図6－3に，筆算におけるバグの例を示している（Brown & Burton, 1978)。たとえば，手続き的バグ(b)は「ゼロから借りる」と呼ばれるものである。0から借りると0が9になることは理解している。しかし，0が上の桁から借りていることを忘れて計算しているために起こる。このように誤答分析によって間違いの規則を見つけることができれば，手続き的バグを取り除く手立てを考えることができる。

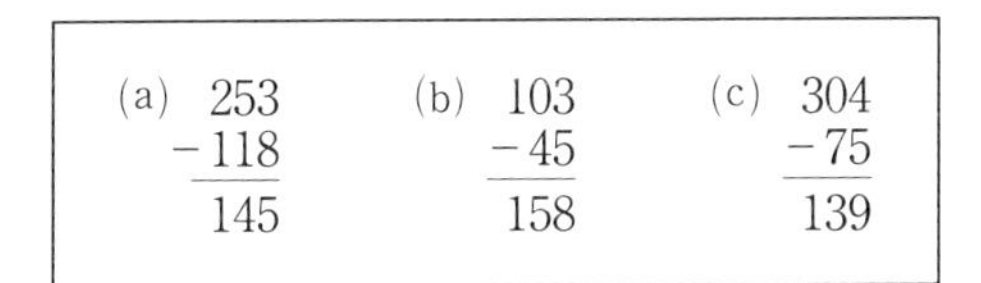


**図6－3　手続き的バグの例**

出典：Brown & Burton（1978）をもとに筆者作成。

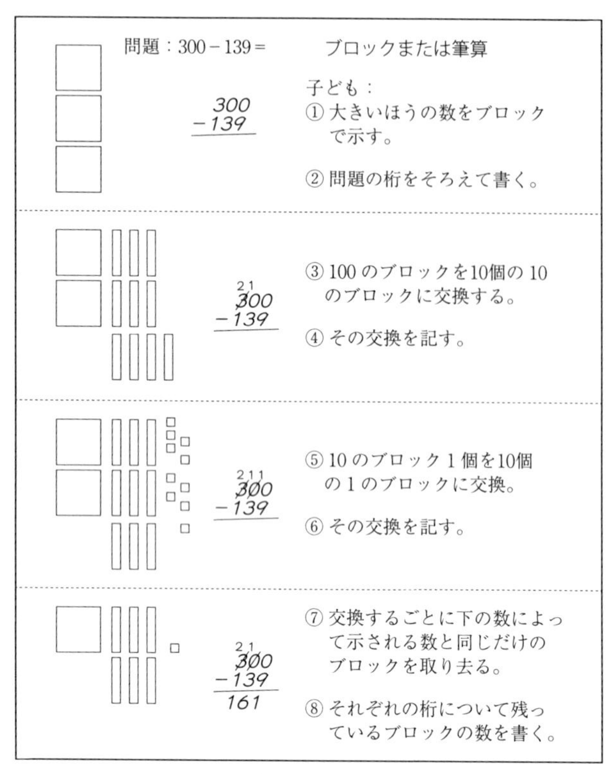


**図6－4　対応づけ教授法**

出典：Resnick（1982）をもとに筆者改変。

こうした手続き的バグは，計算の手続き的技能と数の概念的知識が結びついていないことによって引き起こされると考えられているので，手続き的バグを解消するには，この2つの知識を結びつけるような学習が必要となる。手続き的技能と概念的知識を結びつける教授法として，図6－4に示した対応づけ教授法がある（Resnick, 1982）。対応づけ教授法では，ブロックと筆算を同時に用いて計算問題を解いていく。筆算をする際に，数字と対応するようにブロックを利用する。大きいブロックが大きな桁の数字を表すが，大きいブロックは，小さいブロック（小さな桁の数）によって成り立っていることが理解できる。そうやって，計算についての手続き的技能と数の操作についての概念的知識を

| + | 5 | 8 | 1 | 7 | 4 | 3 | 6 | 5 | 4 | 7 |
|---|---|---|---|---|---|---|---|---|---|---|
| 7 | 12 | 15 | 8 | 14 | 11 | 10 | 13 | 12 | 11 | 14 |
| 8 | 13 | 16 | 9 | 15 | 12 | 11 | 14 | 13 | 12 | 15 |
| 9 | 14 | 17 | 10 | 16 | | | | | | |
| 7 | | | | | | | | | | |
| 1 | | | | | | | | | | |
| 7 | | | | | | | | | | |
| 2 | | | | | | | | | | |
| 3 | | | | | | | | | | |
| 9 | | | | | | | | | | |
| 0 | | | | | | | | | | |

**図6－5　100マス計算**

出典：筆者作成。

結びつけていく。結びついていれば，先述したようなバグ，たとえば，上の桁から借りてこず，上下を入れ替えて単純に大きな数から小さな数を引いてしまうようなバグが起こらなくなる。

計算技能を向上させる方法として，100マス計算と呼ばれる方法が知られている（図6－5）。100マス計算は，計算技能だけでなく学力全般を向上させるものとして期待される場合があるが，その効果は，計算への苦手意識の克服や達成感による学習への動機づけの向上であるという指摘がなされている（北神，2008）。というのも，100マス計算をするだけでは，計算をどう行えばいいのかという基礎的な計算技能や先述したような計算のバグの解消を期待することはできない。同様に，計算以外の問題（文章題）など，練習した問題とは異なる問題を解く力が向上するわけでない（転移が起こらない）。基礎的な計算技能を十分に学習したうえで反復することで，習得した計算技能の向上と，達成感による動機づけの効果が高まるだろう。利用する方法の効果と限界を理解したうえで，適切に運用することが，子どもの学力向上において重要となる。

### （3）文章題解決と統合の困難さ

計算はできるが，文章題を解くことが難しい子どもが3割ほどいるといわれている。計算はできるのに，なぜ文章題を解くのは難しいのだろうか。文章題では，求められている値を導くための式を自分自身で構築することが要求される。式を構築するためには，文章題に何が記述されているのかの理解が必要となる。最近の研究では算数文章題の解決過程は，次の4つの段階からなると考えられている（Mayer & Hegarty, 1996；岡本，1999）。

① 問題文の単文ごとの理解（変換）

② 問題文の統合的理解（統合）

③ 問題の解き方の決定（計画）

④ 計算の実行（実行）

4つの過程のなかでも，文章題を正しく解決するためには文と文の意味内容を関連づけて理解を行う統合段階の困難さが指摘されている。たとえば，「みかんが5つあります。みかんはりんごより3つ多いです。りんごの数はいくつでしょう」という問題では，5つのみかんという理解とみかんと比べて3つ少ないりんごという理解を関係づけることで，「5 − 3」という式を導くことができる。しかし，「5 + 3」という間違った式を立ててしまう子どもが多くいる。この原因は，問題文中の「より〜多い」という言葉にある。「多い」というキーワードは，相対的にたし算と結びついているため，このような間違いを起こしてしまう。このようなキーワードだけを取り出して式にしてしまうやり方を直接変換方略といい（Hegarty et al., 1992；Mayer & Hegarty, 1996），直接変換方略を利用する子どもは，正確に問題内容を関係づけていないため立式で間違えてしまう。

### （4）統合を促進するための指導

最初に述べたようにワーキングメモリは教科学習の基盤であり，国語科や算数・数学科でも重要な学習の基盤として働いている。実際，森ら（Mori & Okamoto, 2017）は，先ほど困難であると指摘した文章題の統合段階に，ワーキングメモリのひとつの機能である更新機能が関わっていることを明らかにしている。ワーキングメモリが文章題の成績に関連するのであれば，ワーキングメモリを訓練することが算数の成績やその他の教科学習の成績を上げることにつながるという発想が出てくる。このような発想に基づいて，ワーキングメモリの訓練が教科学習成績の向上につながるかどうかを調べているいくつかの研究においては，訓練によって教科の成績を上げるような効果はみられず（Melby-Lervåg & Hulme, 2013；Sala & Gobet, 2017），今後の検討が必要である。

文章題の難しさは，問題文の統合的な理解（問題表象）を正確に構築することにあり，問題文中の意味内容を関連づけ，理解することに重点をおいた指導が必要となる。とくに，適切な文章題のタイプの知識（以降，問題スキーマという）を利用し，問題の意味内容を関連づけることが重要となってくる。瀬田ら（2015）は，小学5年生の面積問題単元において，スキーマプライミングテストと呼ばれる問題スキーマの利用を促進するための学習支援アプリを実際の授業に導入して，その効果を検討している。その結果，スキーマプライミングテストの利用回数が多かったクラスでは，算数の苦手な児童であってもほかの生徒と同様の高い得点を示し，一方，利用回数が少ないクラスでは，算数の苦手な児童は単元進行に伴って得点が低下し，授業についていけなくなっていた。この結果は，スキーマプライミングテストのような問題スキーマの形成を促す指導が，文章題の統合を助け，成績の向上をもたらすことを示唆している。

## 4　科学的概念の獲得と指導

### （1）素朴概念から科学的概念へ

ここまでみてきたように，算数の文章題解決や国語科の読解においては，児童生徒がもっている既有知識が重要な役割を果たしている。しかし，主に理科で扱われる科学的概念の指導においては，既有知識があることで学習が妨げられる可能性が指摘されている。

私たちは，小学校に入学する以前に，日常の経験から自然や科学現象につい

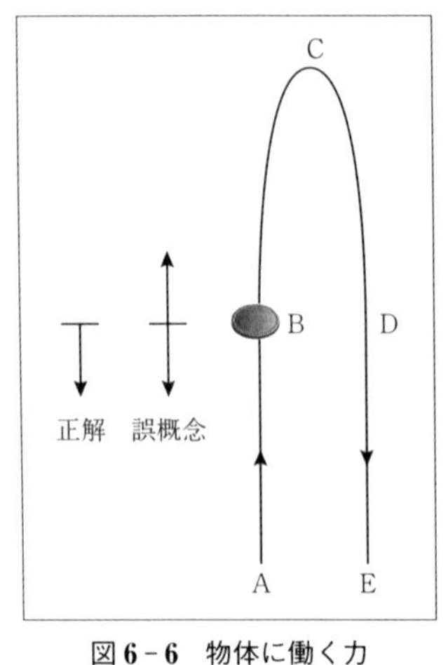


**図6－6　物体に働く力**

出典：Clement (1982) をもとに筆者作成。

てのある種の概念である素朴概念を獲得していると考えられている。生物分野に関して，稲垣佳代子ら（Inagaki & Hatano, 2006）は，子どもは5歳ごろまでに素朴生物学と呼ばれる生物・生命現象に関する知識を獲得するとし，就学前に子どもが素朴生物学を獲得していることは，科学的概念の学習において肯定的にも否定的にも影響するとしている。彼女らは，たとえば，素朴生物学を獲得している子どもは，人に関して獲得した知識を動物だけでなく，植物にも当てはめてしまうことがある一方で，植物は自分自身で栄養分をつくりだすことができるといった動物と植物の本質的な違いを理解できているわけではないと指摘している。このことは，動物との経験のなかで獲得した素朴概念を植物に関する概念にも適応することを意味しており，その知識が動物と植物で類似している場合には理解を促進するが，異なっている場合には誤った知識を獲得することになるという意味で問題となることがある。

素朴生物学のほかにも，心の働きに関する知識のまとまりである素朴心理学（あるいは，心の理論）や，物理現象に関する知識のまとまりである素朴物理学などの特定領域に関する素朴概念を子どもは獲得する。しかも一度獲得した素朴概念はかなり強固で，学校で理科教育を受けたとしてもなかなか消えないことが知られている。クレメント（Clement, 1982）は，図6－6に示したコインの投げ上げの問題において，アメリカの物理学専攻の大学生でも，88％は投げ上げられたコインに上向きの力と下向きの力（重力）の2つの力が働いていると考えることを明らかにしており，私たちが経験によって獲得した素朴概念の強固さを示している。これらのことは，科学的概念の指導においては，科学の世界で正しいとされている知識や概念を一方的に指導していくのではなくて，児童生徒がもつ素朴概念を理解したうえで，素朴概念を科学的概念へと変容させていくような指導が望まれる。

高垣ら（2008）は，コンフリクトマップという教授法を用いて，高校物理で扱われる波動概念の学習過程を実践的に検討している。コンフリクトマップモデルでは，

① 生徒がもっている先行概念とは矛盾する事象を提示し，自分がもっている先行概念（素朴概念）が自分自身の浅い経験から形成されたものであり，適応範囲が狭いことに気づかせる

② 正しい科学的概念は現実世界におけるすべての事象に適応可能であることに気づかせる

などのステップを経て，先行概念から科学的概念への変容を促す。高垣ら（2008）の実践では，授業前には，「水面に浮かんだ物体は波とともに移動する」という先行概念をもっていた生徒が，コンフリクトマップに基づいた授業を受けることで科学的概念である「波は振動であって，媒質である水（そして，そこに浮いている物体）は移動しない」という理解に到達することが報告されている。

### （2）科学的に誤った概念を可視化する指導

先ほど紹介したコンフリクトマップモデルでは，生徒がもっている概念や知識の断片が誤っていることに気づかせることが指導の最初のステップになっている。ところが，科学的概念は，直接観察できない事実であることも多く，誤っていることに気づかせるためには可視化という手法を用いると有効であることが知られている。たとえば，ホワイトとホロビッツ（White & Horwitz, 1988）は，シンカーツールと呼ばれる，移動している物体にどのような力が働いているのかを可視化するコンピュータシミュレーションを用いて，力学を指導する実践報告を行っている。シンカーツールでは，二次元平面を移動する物体に，上下と左右の二次元にどのような力が働いているのかを表示する機能が実装されており，移動する物体とともに力のかかり具合も観察することができる。このシンカーツールを用いることで，ニュートン力学の重要な知識の促進を促すことができる。

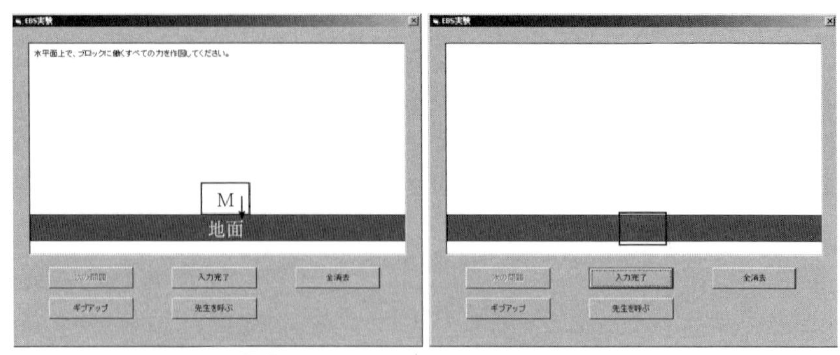


a. EBS の問題画面　　b. EBS のシミュレーション画面

c. EBS を用いた学習の効果

| | EBS | | 統制群 | |
|---|---|---|---|---|
| | 正答 | 誤答 | 正答 | 誤答 |
| 学習前 | 2 | 13 | 4 | 11 |
| 学習後 | 9 | 6 | 4 | 11 |

**図 6－7　Error-Based Simulation のインターフェースと学習の効果**

出典：Horiguchi et al.（2005）をもとに筆者作成。

ここでは，同様の誤概念の可視化に基づく指導例として，堀口ら（Horiguchi et al., 2005）が開発したError-Based Simulation（以降，EBS と言う）を紹介する。このツールもシンカーツールと同様に，高校物理の力学の指導を促進するためのツールであり，誤概念の可視化に焦点化した指導ツールである。EBS では，図 6－7a に示したような画面が学習者に提示され，学習者はブロックMに働く力をマウスを使って作図していく。その後，学習者が図示した力に基づくシミュレーションが表示される。たとえば，ブロックMに，下向きの重力だけを図示したとすると，ブロックMは実際には起こり得ない地面に沈み込んでいくというシミュレーションが表示される。図 6－7b のような現実には起こり得ない，学習者の誤った知識の断片に基づくシミュレーションが提示されることによって，学習者は自分のもっている知識が誤っていることに気づき，それを修正しようと試みる。実際，大学生を対象に EBS の効果を検証したところ，図 6－7c に示したように，EBS を利用しない統制群では力学問題の成績に変化がみられないが，利用する群では正答する者の数が有意に多くなることが明らかになった。

### （3）仮説実験授業と伝え合い・学び合い

概念変化を促すために，可視化と同時に重視される指導が言語的説明を利用した指導である。チー（Chi, M. T. H.）ら（Chi et al., 1994）は，人間の血液循環に関する文章を読むときに，読んだ文章について自己説明を行うグループと読むだけのグループに分けて，読解後のテスト成績を比べている。その結果，テスト内容によって異なるものの，自己説明を行ったグループの成績が読んだだけのグループの成績を10～40％ほど上回ることを報告している。チーらによると，自己説明の機能は，次の3つとなる。

① テキスト内容の直接的，あるいは，推論による理解の構成

② 学習内容の既有知識への統合促進

③ 誤った説明や初期の誤った理解の解決

これらの機能によって学習者の理解や概念変容が促されるとしている。すなわち，学習者に教科書や教師の説明から学んだことを言語的に説明させることは，学習者の理解を促進させるための重要な指導法なのである。

このような言語活動を重視する指導は，教育現場では，「学び合い」や「教え合い」と呼ばれ，従来の一斉授業と相対する指導法として教科を問わず，近年非常に注目されるようになってきている。たとえば，高垣・中島（2004）は，小学4年生を対象として，「力の作用・反作用」に学習内容のひとつを課題として提示し，その課題についての仮説生成，実験・観察・討論および仮説検証を通して，理解がどのように深まっていくのかを実践的に調べている。それによると，子どもたちの間に科学的概念についての解釈の違いが存在していることに加えて，アナロジーや可視化といった道具を用いた教師の介入が，共同的な学びのなかでの概念変化をもたらす重要な要因であることを報告している。

実は，近年の学習科学から得られたこれらの知見は，50年ほど前にわが国の教育学者が指摘していることと同様である。1969年の板倉の講演録（板倉，1979）

によると，仮説実験授業における重要な要素として，「実験の前に生徒一人ひとりに予想や仮説をもたせること，そして自分の考えを他人に知らせ，他人の考えを自分にもってくるために討論をすること」をあげている。これらは，25年以上も後にチーらが指摘したこととほぼ同じであり，板倉による仮説実験授業では，言語活動による練り上げが児童生徒の科学的思考の獲得に重要であることを教えている。

**引用・参考文献**

板倉聖宣（1979）『科学と教育のために』季節社。

岡本真彦（1999）『算数の文章題解決におけるメタ認知の研究』風間書房。

北神慎司（2008）「連合学習と100マス計算」井上智義・岡本真彦・北神慎司編著『教育の方法――心理学をいかした指導のポイント』樹村房，72～73頁。

瀬田和久・島 添彰・森 兼隆・岡本真彦（2015）「スキーマプライミングテストを用いたスキーマの形成と縦断的評価――小学校算数文章題を題材として」『電子情報通信学会論文誌』D, J98-D(1)，94～103頁。

高垣マユミ・中島朋紀（2004）「理科授業の共同学習における発話事例の解釈的分析」『教育心理学研究』52，472～484頁。

高垣マユミ・田爪宏二・降旗節夫・櫻井 修（2008）「コンフリクトマップを用いた教授方略の効果とそのプロセス――実験・観察の提示による波動の概念学習の事例的検討」『教育心理学研究』56(1)，93～103頁。

高橋麻衣子（2013）「人はなぜ音読をするのか――読み能力の発達における音読の役割」『教育心理学研究』61(1)，95～111頁。

Ausubel, D. P. (1978) In defense of advance organizers : A reply to the critics. *Review of Educational Research*, 48(2), 251-257.

Bransford, J. D. & Johnson, M. K. (1972) Contextual prerequisites for understanding : Some investigations of comprehension and recall. *Journal of Verbal Learning and Verbal Behavior*, 11(6), 717-726.

Brown, J. S. & Burton, R. R. (1978) Diagnostic models for procedural bugs in basic mathematical skills. *Cognitive Science*, 2(2), 155-192.

Bruer, J. T. (1993) *Schools for thought*. MIT Press.〔日本語訳版：松田文子・森 敏昭監訳（1997）『授業が変わる』北大路書房〕

Bull, R. & Scerif, G. (2001) Executive functioning as a predictor of children's mathematics ability : Inhibition, switching, and working memory. *Developmental Neuropsychology*, 19(3), 273-293.

Chi, M. T. H., De Leeuw, N., Chiu, M. & LaVancher, C. (1994) Eliciting Self-Explanations Improves Understanding. *Cognitive Science,* 18, 439–477.

Clement, J. (1982) Students' preconceptions in introductory mechanics. *American Journal of Physics,* 50, 66–71.

Dehaene, S., Bossini, S. & Giraux, P. (1993) The mental representation of parity and number magnitude. *Journal of Experimental Psychology : General,* 122(3), 371–396.

Hegarty, M., Mayer, R. E. & Green, C. E. (1992) Comprehension of arithmetic word problems : Evidence from students' eye fixations. *Journal of Educational Psychology,* 84(1), 76–84.

Horiguchi, T., Hirashima, T. & Okamoto, M. (2005) Conceptual changes in learning mechanics by Error-Based Simulation. Proc. of ICCE2005〔Towards sustainable and scalable educational innovations informed by the learning sciences (IOS Press)〕, 138–145.

Inagaki, K. & Hatano, G. (2006) Young children's conception of the biological world. *Current Directions in Psychological Science,* 15, 177–181.

Lee, K., Ng, S. F., Ng, E. L. & Lim, Z. Y. (2004) Working memory and literacy as predictors of performance on algebraic word problems. *Journal of Experimental Child Psychology,* 89(2), 140–158.

Mayer, R. E. & Hegarty, M. (1996) The process of understanding mathematical problems. In Sternberg, R. J., Ben-Zeev, T. (Eds.) *The nature of mathematical thinking,* 29–53 Erlbaum.

Melby-Lervåg, M. & Hulme, C. (2013) Is working memory training effective? A meta-analytic review. *Developmental Psychology,* 49(2), 270–291.

Mori, K. & Okamoto, M. (2017) The role of the updating function in solving arithmetic word problems. *Journal of Educational Psychology,* 109(2), 245–256.

Okamoto, M. & Wakano, H. (2008) The calculation skill and the number representation for first and second graders in Japan. In Yoshizaki, K. & Onishi, H. (Eds.) *Contemporary issues of brain, communication and education in psychology : The science of mind,* Union Press, 275–285.

Palinscar, A. S. & Brown, A. L. (1984) Reciprocal Teaching of Comprehension-Fostering and Comprehension-Monitoring Activities. *Cognition and Instruction,* 1(2), 117–175.

Resnick, L. B. (1982) Syntax and semantics in learning to subtract. In Carpenter, T. P., Moser, J. M. & Romberg, T. A. (Eds.) *Addition and Substraction : A Cognitive Perspective.* Lawrence Erlbaum.

Sala, G. & Gobet, F. (2017) Working memory training in typically developing children : A meta-analysis of the available evidence. *Developmental Psychology,* 53(4),

671-685.
Siegler, R. S. & Opfer, J. E. (2003) The Development of Numerical Estimation: Evidence for Multiple Representations of Numerical Quantity. *Psychological Science*, 14(3), 237-250.
White, B. & Horwitz, P. (1988) Computer microworlds and conceptual change: A new approach to science education. In Ramsden, P. (Ed.) *Improving learning: New perspectives,* Kogan Page, 69-80.

**学習の課題**

(1) 読解の苦手な生徒がいる場合，どのようなところでつまずいている可能性があるだろうか。つまずきのポイントを3つあげ，それぞれに対してどのような指導を行うとよいか考えてみよう。
(2) 分数の割り算を指導する場面において，対応づけ教授法を応用して概念的知識と手続き的知識を結びつけるような指導を考えてみよう。
(3) 理科以外の教科の指導において，言語的説明を用いることが有効な場面を2つあげてみよう。

**【さらに学びたい人のための図書】**

Bruer, J. T. (1993) *Schools for thought.* MIT Press.〔日本語訳版：松田文子・森 敏昭監訳（1997）『授業が変わる』北大路書房〕
⇨読み，算数科，理科，作文などについての学習科学の成果をまとめたものであり，教科の学習プロセスを研究しようとする大学生のバイブル。

佐藤浩一（2013）『学習の支援と教育評価』北大路書房。
⇨学習指導の背景にある認知心理学と教育評価の理論をまとめたうえで，実際の授業事例なども加えて指導のあり方を提案しており，教室の場面で指導に役立つ。

岡本真彦（2016）「教科学習」日本児童研究所監『児童心理学の進歩』55，53～79頁。
⇨日本の研究者が行った教科学習に関する心理学的研究をレビューし，今後の教科学習研究の方向性を示した論文。

（森 兼隆・天野祥吾・岡本真彦）

# 第7章　動機づけ

**この章で学ぶこと**

「やる気」とか「意欲」という言葉は，日常的に使われている言葉であろう。私たちは，さまざまな環境や心理状態によって，「やる気」が出たり「やる気」がなくなったりする。児童生徒もそうである。いくら知識の蓄積があり，思考力があったとしても，「やる気」がなければ，児童生徒は学習を進めることが困難になろう。どのようにすれば，児童生徒の「やる気」を高めることができるのかを考えることは，教師にとって大変重要である。本章では，やる気（専門的には「動機づけ」と呼ぶ）について，さまざまな側面から検討したい。具体的には，知的好奇心をどう高めるか，どのように自ら学ぶ児童生徒に育てるか，ストレスにどのように対処し，やる気を維持すべきか，自信をどう育てるか，無気力になるのはどのような場合かといったことについて学び，教育実践のヒントとしたい。

## 1　内発的動機づけと外発的動機づけ

### （1）動機づけとは

「やる気」は，「意欲」と呼ばれることもあり，とくに学習に関わる場合は「学習意欲」という概念として，教育現場で用いられている。また，「動機づけ」という言葉も，とくに心理学研究では用いられる。どれも英語では“motivation”となるが，「やる気」「意欲」は社会的に価値があると思われる行動（学業，スポーツ，仕事，ボランティアなど）に用いられる。他方，「動機づけ」はそのような行動だけではなく，さまざまな行動（反社会的な行動など）にも用いられるより一般的な言葉である。ここでは心理学の研究にならって，「動機づけ」と呼ぶことにする。動機づけは「行為が起こり，活性化され，維持され，方向づけられ，終結するプロセス」（鹿毛，2013）である。ただ単に行動を開始するだけではなく，持続するプロセスが含まれていることが重要である。

動機づけは，① 特性レベル，② 領域レベル，③ 状態レベルの３水準で捉えることができる（鹿毛，2013）。たとえば，特性レベルでみると動機づけが高い高校生のＡさん，言い換えると，パーソナリティとしての動機づけが高い高校生のＡさんがいるとする。いろいろなことに積極的に行動するＡさんであるが，領域レベルでみると，国語や英語，美術はかなり動機づけが高いが，理科は動機づけが低い。また，状態レベルでみると，ここ数日は友人関係の問題で落ち込んでいて，国語や英語の学習にも身が入らない状況である。このように，Ａさんについて「動機づけが高い」といえるか「動機づけが低い」といえるのかは，どのレベルでＡさんについて考えるかによるのである。

### （２）知的好奇心

子どものころ，あるいは今も，いろいろなことに「なぜ？」「どうして？」「どうなっているんだろう？」という疑問がわいた（わく）ことだろう。「なぜ空は青いのだろう？」「この道の向こうはどうなっているのだろう？」などなど。このような知的好奇心は，乳児期からみられるものである。

乳児を観察していると，対象に働きかけ，その反応を認知し，さらに働きかけようとする姿がみられる。たとえば，おもちゃのガラガラに触れて音が鳴ると，それに興味を示し，さらにガラガラをつかもうとするというような姿である。このような姿は対象を認識するだけではなく，それに働きかけようとする，いわば動機づけを示している姿であるといえる。ホワイト（White, R. W.）は，このような，環境と効果的に相互作用する能力のことをコンピテンスと呼んだ（White，1959）。

私たちは，とくにどのような対象に知的好奇心をくすぐられるであろうか。波多野・稲垣（1973）によると，「既存の枠組を多少修正するもの，既存の知識に「挑戦」するもの，いいかえればそれと適度なずれを持つもの」（p. 49）が好まれるという。つまり，いつも見慣れているもの，あるいは常識からの適度な“ズレ”があると，さらに調べたいなという気持ちが生じる。たとえば，ある地方に旅行をしたとき，自分が住んでいる地域では，見たことがない形をした信号機があったとする。そうすると知的好奇心が生じ，「なぜだろう」と思い，考え，また調べると，「大雪が積もっても信号がよくみえるような形」にしてあることがわかり，満足感を得るだろう。このように，“ズレ”を解消したい，そしてそのために考えたい，学びたいという動機づけが生じる。

知的好奇心を喚起させるような概念的葛藤（認知的葛藤）の種類を，桜井（1991）は杉原（1986）の研究をもとにして，次の６つに分類している。

① 疑い：Ａであろうか，なかろうかと迷っている状態
② 当惑：ＡでもＢでもあるような状態。両方とも肯定できそうであり，しかも否定できそうでもある状態
③ 矛盾：ＡでありＡではないような状態。たとえば，右の図を見てほしい。この形は４本の直線で囲まれているので四角形といえるが，四角形に見えないというような場合

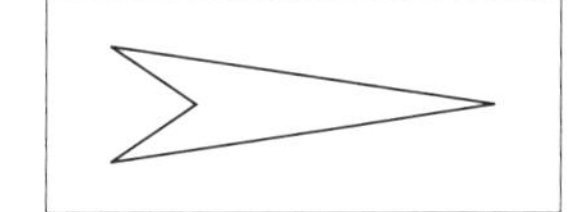

④ 認知的不協和：ＡはＢであるのに，ＡでありながらＢではない状態。たとえば，クジラは海を泳ぐのに魚でないとか，乾いた土の上を歩く魚について知った場合
⑤ 混乱：ＡかＢかＣか，…不明の状態
⑥ 不適切：解決できそうにない状態で，Ａ・Ｂ・Ｃ…いずれでもない状態

このような状態に直面すると，私たちは概念的葛藤を引き起こし，さらに調べよう，学習しようという動機づけがわいてくる。

### （３）内発的動機づけ

ひとくちに「動機づけがある」といっても，その理由はさまざまである。たとえば，数学を勉強している生徒を想定してみよう。持続して勉強を続けているならば動機づけはあると思われる。しかし，その生徒がなぜ勉強しているのかを考えると，「数学が面白いから」「数学の問題を解くのが楽しいから」「数学の成績を上げたいから」「数学ができないと恥ずかしいから」「数学ができな

いと先生に叱られるから」「数学の点数を上げて親からご褒美がほしいから」…さまざまな理由があげられるだろう。これらの理由を大きく分けると，「面白いから」「楽しいから」という理由が典型的なように，活動そのものが目的になっている場合と，「叱られないように」「ご褒美がもらえるように」という理由が典型的なように，活動が外的な報酬を得るための手段となっている場合がある。動機づけのうち，活動そのものが目的になっている場合を内発的動機づけ，活動が外的な報酬を得るための手段となっている場合を外発的動機づけと呼ぶ（第8章参照）。一般的に内発的動機づけによって学習に取り組めているならば望ましい状態であるといえる。前述の知的好奇心によって引き起こされた学びは，内発的動機づけ状態による学びといえる。

内発的動機づけは，外的報酬によって影響を受ける場合がある。デシ（Deci, E. L.）は，大学生にパズルを解いてもらう実験を行った（Deci, 1971）。大学生のうち，パズルに正解すると外的報酬（金銭）をもらえるとの予告を受け，実際に正答への外的報酬をもらった大学生は，その後外的報酬がもらえなくなると，自主的にパズルをしようという内発的動機づけを低めていた。このように，外的報酬によって内発的動機づけが低まる現象をアンダーマイニング現象という。

また，レッパー（Lepper, M. R.）らは，お絵かきをしている幼児に対して，ご褒美（表彰状）を与える予告をし実際に与える場合，予告せずご褒美を与える場合，予告せずご褒美を与えない場合を比較して，ご褒美を与える予告をし実際に与える場合において，内発的動機づけが低まることを示した（Lepper, Greene & Nisbett, 1973）。

このように，内発的動機づけ状態で活動している際になされる，外的報酬の予告は，自己の活動を，自己決定ではなく他者からの報酬によってなされる活動であるという認知に変容させ，内発的動機づけを低減させると思われる。物的な報酬（お金，シール，賞状など）を与える場合は十分留意する必要がある。

鹿毛（2013）は，アンダーマイニング現象の有無に関するメタ分析の研究をまとめ，① 報酬が予期せずに与えられた場合，② 言語的報酬（褒め言葉）の場合，③ 課題がそもそも興味深いものではない場合には，内発的動機づけを低めることはない（むしろ高めることがある），としている。

### （4）連続帯としての動機づけ状態

私たちの活動は，内発的動機づけと外発的動機づけにすっきり分けられるかといえば，必ずしもそうではないだろう。たとえば，純粋に楽しいと思えなくても，自分の将来のためにあるいは社会のためにすすんで数学を勉強している，という場合があるだろう。この場合は，活動そのものが目的ではなく，「活動が外的な報酬を得るための手段となっている」という意味では，外発的動機づけといえるが，「叱られるのがいやだから」あるいは「ご褒美がもらえるから」行っている場合とは，動機づけの質が異なってくるだろう。

また，はじめは外発的動機づけの状態で数学を勉強していたが，だんだん面白くなり，内発的動機づけに変化していった，ということもあるだろう。

そこで，動機づけ状態を，内発的動機づけと外発的動機づけに単に二分するのではなく，自己決定の度合いで，連続帯としてみていこうという試みがある。ライアンとデシ（Ryan & Deci, 2002）は，外発的動機づけを次のように分類している。「外的調整」（外的報酬・罰により活動する），「取り入れ的調整」（恥ずかしさや不安により活動する），「同一化的調整」（自分にとって重要だから活動する），「統合的調整」（自分の価値観や目標と一致するから活動する）である。また，「内的調整」（面白いから活動するなど，活動そのものが目的）を想定している。

表7-1に示したように，「外的調整」「取り入れ的調整」「同一化的調整」「統合的調整」「内的調整」と，この順に徐々に，自己決定の度合いが高くなる。

**表7-1　動機づけのタイプ**

<table>
<tr><td>動機づけのタイプ</td><td>無動機づけ</td><td colspan="4">外発的動機づけ</td><td>内発的動機づけ</td></tr>
<tr><td>調整のタイプ</td><td>無調整</td><td>外的調整</td><td>取り入れ的調整</td><td>同一化的調整</td><td>（統合的調整）</td><td>内的調整</td></tr>
<tr><td>行動の質</td><td colspan="6">←非自己決定　　　　　　　　　　　　　　　　　　自己決定→</td></tr>
</table>

出典：Ryan & Deci（2002）をもとに筆者作成。

なお，西村ら（2011）が指摘するように，統合的調整は同一化的調整と統計的に分別できない傾向にあるので，統合的調整を取り上げていない研究もある。西村ら（2011）は，中学生を対象にして調査を行い，同一化的調整がメタ認知的方略を媒介して，学業成績を高める方向に機能していることを示している。その一方で，内的調整は，メタ認知的方略にも学業成績にも影響を及ぼしていないことが示された。これらの結果をもとに，「同一化的調整に基づく学習指導が有効である」と結論づけている。

## 2　認知と動機づけ

### （1）自己効力感

内発的動機づけの状態で学業やスポーツ活動を行うことができれば，申し分はないが，面白そうだなと思っても，不安や自信のなさによって躊躇してしまうことがあるだろう。また，「大事なのはわかっているけれどとりかかれない」というような状況はよく経験するのではないだろうか。

私たちが何らかの行動をする前提として，その行動がもたらす結果に「価値」があるということと，その行動を起こすとそのような結果が得られるであろうという「期待」があることが必要である。このうち期待については，バンデューラ（Bandura, A.）によると，「その行動がある結果を導くだろう」という「結果期待」だけではなく，「自分はその行動をとれるだろう」という「効力期待」も重要になってくる（Bandura, 1977）（図７－１）。たとえば，「目の前の６段の跳び箱を跳ぶことができれば，満足感も得られるし，友だちからも注目されるな」というように結果期待が十分高かったとしても，「６段の跳び箱を跳ぶなんて自分にはできないな」というように効力期待が低いと，行動に移れないだろう。このような，効力期待の認知，すなわち，自分はこのような行動がここまでできるのだということに関する認知のことを自己効力感（セルフエフィカシー）と呼ぶ（第８章参照）。

では，自己効力感が高まるのはどのような理由によってなのだろうか。バンデューラ（Bandura, 1977）は，自己効力感の情報源として，遂行行動の達成（実際にやってみること），モデリング（他者の行動を観察すること），言語的説得（言語的に説得を受けること），生理的喚起（自分がリラックスしているかどうかを感じること）をあげている。

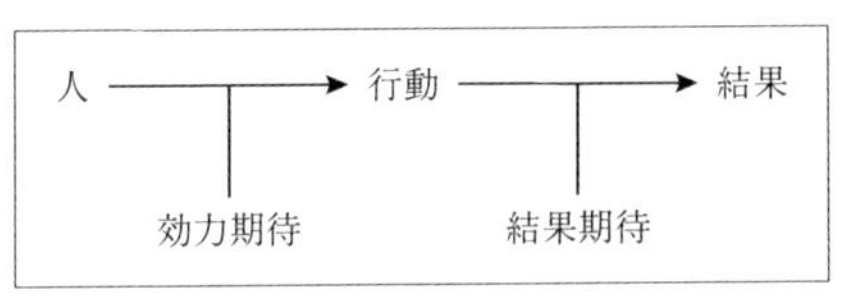


**図7－1　効力期待と結果期待**

出典：Bandura（1977）.

このなかでも，「遂行行動の達成」は重要だが，それにはスモールステップということが必要であり，また見通しをもてる目標の設定が大事になる。バンデューラとシャンク（Bandura & Schunk, 1981）は，算数の苦手な小学生に対し，42ページの問題集を，7回のセッションを設定して勉強させるという実験を行った。その際に，「1セッションに6ページ勉強する」という目標を立てて勉強したグループが，「7セッションで42ページ勉強する」という目標を立てて勉強したグループや，目標を立てなかったグループに比べて，自己効力感，学業成績が高まり，さらに内発的動機づけも高まった。長期的で漠然とした目標ではなく，小さい目標を立てることの有効性が示されたといえる。

自己効力感は，「マグニチュード」（大きさ），「強さ」，「一般性」という3つの次元で捉えることができる。たとえば，ある小学生の「跳び箱を跳ぶ」という行動を考えてみよう。まず一口に「跳び箱を跳ぶ」行動といってもいろいろなレベルがある。10の行動を表7－2に載せているが，このうちこの児童にとっては「跳び箱の前まで走って行って跳び箱にタッチする」が一番やさしい行動であり，「6段の跳び箱の上で1回転して着地する」が一番困難な行動となっている。このように，行動するのがやさしいものから，困難なものまで順に並べたときに，どこまでできそうかを判断する場合，その度合いを「マグニチュード」という（例ではマグニチュード1から10まで設定）。また，それぞれのマグニチュードをもった各行動について，どれくらいできそうか判断する場合，その度合いを「強さ」という。表でいうと，たとえばマグニチュード8の行動は「10」（できる予測が10%）の強さしかもっていない。

また，「跳び箱を跳ぶ」という行動への自己効力感が高まったり低まったり

表7－2　ある小学生の「跳び箱を跳ぶ」行動の自己効力感の構造

| マグニチュード | | 強さ（%） |
|---|---|---|
| 1 | 跳び箱の前まで走って行って跳び箱にタッチする | 100 |
| 2 | 3段の跳び箱に跳び乗る | 80 |
| 3 | 4段の跳び箱に跳び乗る | 70 |
| 4 | 3段の跳び箱を跳ぶ | 50 |
| 5 | 4段の跳び箱を跳ぶ | 40 |
| 6 | 5段の跳び箱を跳ぶ | 30 |
| 7 | 4段の跳び箱の上で1回転して着地する | 20 |
| 8 | 6段の跳び箱を跳ぶ | 10 |
| 9 | 5段の跳び箱の上で1回転して着地する | 0 |
| 10 | 6段の跳び箱の上で1回転して着地する | 0 |

すると，それが「逆上がりをする」「思いっきり声を出して歌う」などというほかの領域の行動の自己効力感にも影響を与えることがある。このような，ほかの行動への般化の度合いを「一般性」という。なお，さらに多くの領域に当てはまる，いわばパーソナリティとしての自己効力感を，一般性自己効力感として扱うことがある。

### （2）原因帰属

学業的達成に関する失敗や成功の原因を何に求めるか，つまり原因帰属がのちの動機づけを規定していることがある。たとえば，定期テストに失敗して思ったような成績がとれなかった場合，その原因を「がんばらなかったからだ」とか「自分はこの科目についてはそもそも能力がないな」などと考えたことはないだろうか。原因の帰属先に関しては，ワイナー（Weiner, B.）が，内的なものか外的なものか，安定的なものか不安定的なものか，統制可能か不可能か，という視点で分類している（Weiner, 1979）（表7－3）。

児童生徒が学習意欲をなくすきっかけになるもののひとつに，定期テストの結果がある。テストで失敗した場合の原因帰属は，その後の動機づけにどのように影響するのだろうか。奈須（1990）は，数学の試験で失敗したと感じている中学1年生を対象に，中間試験の失敗結果についての原因帰属が，どのよう

**表7-3　原因の位置・安定性・統制可能性次元の組み合わせによる成功・失敗の認知の決定因**

| | 統制可能 | | 統制不可能 | |
|---|---|---|---|---|
| | 安　定 | 不安定 | 安　定 | 不安定 |
| 内　的 | ふだんの努力 | 一時的な努力 | 能　力 | 気　分 |
| 外　的 | 教師の偏見 | 他者の日常的でない努力 | 課題の困難度 | 運 |

出典：Weiner（1979）；奈須（1995）。

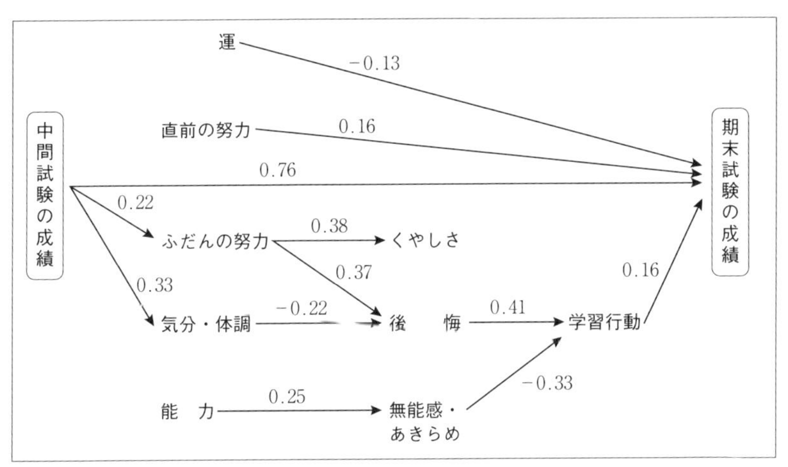


**図7-2　原因帰属が感情と試験の成績に及ぼす影響に関するパスダイアグラム**

注：$p < .05$ で有意なパスのみ図示。
出典：奈須（1990）。

な感情を導き，さらに期末テストの成績にどのような影響を及ぼしているのかを検討した（図7-2）。その結果，「ふだんの努力」に帰属することによって後悔が生まれ，学習行動につながっていることが示された。また，「能力」に帰属することは無能感・あきらめにつながっていた。

なお，市川（1995）が指摘するように，努力帰属を促したとしても努力を重ねて失敗したときは，より深刻な挫折感を味わうことになり，それは能力不足への帰属につながってしまう。市川は，内的で不安定で統制可能な「学習方法」への帰属を提案している。すなわち，学習方法がよくなかったと帰属することにより，後の動機づけを高めることが考えられるのである。

## 3 環境と動機づけ

### （1）学習性無力感

本章で，「その行動がある結果を導くだろう」という「結果期待」について触れたが，もし，ある行動（例：数学の勉強）を行ってみてもどうにもならない経験（例：数学の成績が芳しくない），つまりコントロール不可能な経験を繰り返しすると，その人はどのような状況になるだろうか。その行動を起こすことに関して，無気力になるのではないだろうか。セリグマン（Seligman, M. E. P.）は，イヌに電気ショックを与え続け，逃げようとしても逃げられないような状態を維持すると，後に電気ショックから逃れることができるような場面になっても，イヌは逃れようとしなくなる，という現象を見出し，これを学習性無力感（learned helplessness）と呼んだ（Seligman, 1975）。つまり，無力感が学習されたのである。人間も，自らの行動に環境が応えてくれない状況（随伴性がない環境，コントロール不可能な環境）にある場合，たとえば数学を勉強するという行動をいくら繰り返しても，数学の成績向上につながらなかったとしたら，「どうせ勉強しても無駄だ」という学習性無力感の状態になり，やればできる場面でも勉強しなくなるだろう。牧ら（2003）は，無気力感が高い中学生は，「困っているときに友人に助けを求めたら，力になってくれた」といった随伴性経験が少ないと考えていることを示している。

なお，随伴性がない環境において失敗が続いたとしても，それに関する原因帰属の仕方が異なると，その後の動機づけも異なってくることがある。これは改訂学習性無力感理論で説明される（Abramson, Seligman & Teasdale, 1978）。コントロール不可能なことが続いたとしても，その原因を，内的（自分が原因），安定的（今後もコントロール不可能な事態が続くであろうものが原因），一般的（いろいろな場面でも起こり得るであろう原因）なものに帰属すると（前述したワイナーの原因帰属理論とはやや帰属因の分類の仕方が異なる），無気力感は強くなると考えられる。たとえば，野球の試合で何度がんばっても打撃の成績が振るわない場合

表7-4 野球の試合（とくに打撃場面）で失敗をし続けた場合の原因帰属の例

| | 内的 | | 外的 | |
|---|---|---|---|---|
| | 安定的 | 変動的 | 安定的 | 変動的 |
| 一般的 | スポーツ一般の能力がないから | 全般的な努力不足だったから | 日本の組織というものは自由を拘束する傾向があるから | 運が悪かったから |
| 特殊的 | 野球の打撃の能力がないから | 打撃に関しては練習不足だったから | 自分の所属チームの雰囲気が悪いから | 相手ピッチャーが特殊な技能をもっていたから |

（筆者作成）

を考えると（表7-4），「自分のスポーツ一般の能力のなさ」という原因のせいにすると，無気力感は増大するだろう。「自分のスポーツ一般の能力のなさ」は，「内的」なもの，すなわち自分に関わるものであり，自尊心が低下してしまうし，また「安定的」なもの，すなわち今後も変容しないものであり未来への期待が低下する。さらに「一般的」なもの，すなわち野球だけではなく他のスポーツにおいても当てはまるものであるので，野球のみならず他のスポーツへの動機づけもなくなることになる。

### （2）教師や仲間との関係性と動機づけ

学校では，教師や仲間と過ごす時間が多く，教師や仲間との関係性が，児童生徒の学業への動機づけに影響を及ぼすと考えられる。

まず，教師との関係性については，教師のリーダーシップやビリーフの影響が示されている。三隅・矢守（1989）は，中学校において担任教師のリーダーシップのタイプが「PM 型」（第11章参照）である場合に，生徒の学習意欲が高いことを示している。また，河村・田上（1997）は，小学校教師において，教育実践上のビリーフの強迫性（「～ねばならない」とする絶対的・教義的な信念）が高いほど，その学級の学習意欲が低いことを示している。これらのことから，教師の日常的な指導の姿勢が，児童生徒の学習意欲に影響を及ぼしていることがわかる。

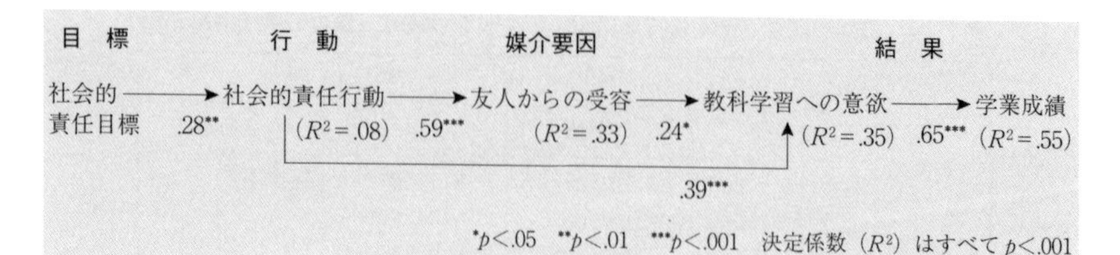


**図7-3　社会的責任目標が学業達成に及ぼす影響——友人からの受容を媒介とした動機づけプロセス**

出典：中谷（2002）。

仲間との関係性も，動機づけに影響を及ぼす。中谷（2002）は，小学校高学年児童において，友人からの受容が教科学習への意欲を介して学習成績に影響を及ぼしていることを示している。また，友人からの受容を得るには，社会的責任目標（向社会的目標や規範遵守目標）をもち，社会的責任行動をとることが重要であることを示している（図7-3）。すなわち，ルールを守ったり，期待された役割を果たすような目標をもち，実際にそれらを実行することによって，友人からの受容を得ることができ，そのことが学習意欲や学業成績につながっていると考えられるのである。また，大谷ら（2016）は，学級や個々の児童（小学校高学年）が，向社会的目標をもつことによって，相互学習が促進され，内発的動機づけや自己効力感を高めていることを示した。児童個人だけではなく，学級としても，そのような目標をもつことが学業への動機づけを高めるためには重要であるといえる。

### （3）ストレスのある環境と動機づけ

無気力や不安，抑うつなど，学業やスポーツへの動機づけが低下する心理状態には，ストレスが関わっていることがある。ストレスについては，ストレスの原因となる出来事や状況（ストレッサー）と，その結果引き起こされる症状（ストレス反応）に分けて，プロセスとして考えることが有用である。なお，ストレッサーには，人生上の重要な出来事（ライフイベント）と，日常的に感じるいら立ち事（デイリーハッスル）があるが，ここではとくに後者を念頭におく。

たとえば，「友人とけんかをした」というストレッサーを経験した結果，「抑

表7-5　中学生の学校ストレッサー評価の例

| | |
|---|---|
| 教師との関係 | •先生のやり方や，ものの言い方が気にいらなかった<br>•自分は悪くないのに，先生からしかられたり注意されたりした<br>•先生がていねいにわかりやすく教えてくれなかった |
| 友人関係 | •自分の性格のことや自分のしたことについて，友だちから悪口を言われた<br>•顔やスタイルのことで，友だちにからかわれたり，ばかにされたりした<br>•友だちとけんかをした |
| 部活動 | •勉強と部活動の両立がむずかしかった<br>•部活動で帰りがおそくなった<br>•部活動の練習がきびしかった |
| 学業 | •試験や成績のことが気になった<br>•試験や通知表の成績が悪かった<br>•先生や両親から期待されるような成績がとれなかった |
| 規則 | •時間をきちんと守るように注意された<br>•校則をやぶってしかられた<br>•服装や髪型について注意された |
| 委員活動 | •いやな仕事や苦手な仕事をやらされた<br>•委員の仕事をやらなければならなかった<br>•委員の仕事をしているのに，人から文句を言われた |

出典：岡安他（1992）より抜粋。

うつ」というストレス反応が生起し，学業に身が入らなくなった，というような状況が考えられる。

ストレス反応には，怒りやイライラ，抑うつ，不安，無気力，ひきこもり，身体症状（頭痛や腹痛）などが考えられるが，重篤な反応に至ることもある。

児童生徒が学校で経験するストレッサーにはどのようなものがあるだろうか。岡安ら（1992）は，まず中学校教員への聞き取り調査を行い，それをもとにして学校ストレッサーに関する質問紙を作成し，中学1・2年生に回答を求めた。因子分析の結果，教師との関係・友人関係・部活動・学業・規則・委員活動の6因子を抽出している。各因子に高い負荷を示した項目例を表7-5に示す。

また，岡安ら（1992）は，中学生の学校におけるストレッサー評価とストレス反応との相関関係を調査している。それによると，「友人関係」に関するストレッサーを経験することが，「抑うつ・不安感情」と結びついていた。さらに「学業」に関するストレッサーを経験することが，「無力的認知・思考」に結びついていた。

では，ストレスになりうる出来事を経験したとしても，重篤なストレス反応に至らないようにするためにはどのような条件が考えられるだろうか。

ラザルス（Lazarus, R. S.）とフォルクマン（Folkman, S.）は，ストレッサーに対する認知的評価（一次的評価と二次的評価に分けられる）がストレス反応に影響することを指摘している（Lazarus & Folkman, 1984）。一次的評価（影響性の評価）は，ストレッサーとなりうる出来事や事態が，どれだけ自分自身にとって害を及ぼすかということに関する判断である。一方，二次的評価（コントロール可能性の評価）とは，その出来事や事態を自分がコントロールできるかどうかに関する判断である。人間は，このような認知的評価を通してストレッサーに対して何らかの対処（コーピング）を行い，その過程がストレス反応の表出に影響する。

コーピングは，大きく，問題中心型コーピングと情動中心型コーピングに分類できる。問題中心型コーピングは，ストレッサーそのものを除去するよう努力するというように，問題となっていること自体に焦点を当てた対処である。一方，情動中心型コーピングは，気を紛らわせてみたり，ストレッサーの価値や重要性を低下させるように認知を変えてみたり，ストレッサーから距離をとってみたりというように，自己の情動に焦点を当てた対処である。

一般的には，問題を解決させストレスを低減させるためには，問題中心型コーピングが望ましいと考えられる（Billing & Moos, 1984；Folkman et al., 1986）。情動中心型コーピングだけでは，本質的な問題が解決できないままになるからである。しかし，問題中心型コーピングと情動中心型コーピングをバランスよく使いわけることが必要である。解決困難な問題に問題中心型コーピングを多用しすぎると，逆に心身が疲弊してくることもある。ストレス対処の過程は，ストレッサーに直接的に関わったり，あるいは自己の心理を安定させたりして，自己と環境の関係を調節してゆこうとする努力の過程であるといえる。

また，近年，レジリエンスという概念が注目されている。レジリエンスとは，精神的回復力のことで，「困難で脅威を与える状況にもかかわらず，うまく適応する過程や能力，および適応の結果」（小塩，2013）である。ストレス状況に強く，ストレッサーに打ち勝つというのではなく，ストレス状況で一時的に落ち込んだとしても，そこから回復していけるような力であると考えられる。

石毛・無藤（2005）は，中学生の高校受験前後のストレスの様子を時系列的に検討している。その結果，ストレス反応の抑制にはレジリエンスのうち，「自己志向性」（失敗したとき自分のどこが悪かったのか考える，など）「楽観性」（何ごともよい方向に考える，など）が影響しているほか，母親，友人，教師のサポートが寄与していた。レジリエンスに加えて，他者からの心理的なサポートが，ストレス対処には重要だといえよう。

## 4　動機づけを高める教育実践

動機づけを高める教育実践を行うには，これまで述べてきたようなさまざまな側面に留意する必要がある。たとえば，知的好奇心，内発―外発的動機づけの状態，原因帰属，自己効力感，ストレスなどの要素について，授業等を計画する際には予め考慮しておく必要がある。

ケラー（Keller, J. M.）は，さまざまな動機づけ研究を踏まえ，学習意欲を高める授業をデザインする際に参照できる「ARCS モデル」を提唱し（Keller, 2009），表7－6のように，「注意」（Attention）「関連性」（Relevance）「自信」（Confidence）「満足感」（Satisfaction）という観点で整理している。たとえば学習指導案を作成する場合に，これらの観点が十分であるかどうかチェックすることによって，児童生徒の動機づけを“デザイン”することが可能となる。

「注意」には，学習者の興味をひくこと，探求の態度を刺激すること，学習者の注意を維持することが含まれる。また，「関連性」には，学習者の目的と教材を関連づけること，学習者の学習スタイルや興味と教材とを関連づけること，学習者の経験と教材とを結びつけることが含まれる。「自信」には，学習者の成功への期待感を形成すること，学習者が自分の能力を信じること，自分の成功が自分の努力や能力の結果であると知ることが含まれる。また，「満足

表7－6　ARCSモデルの主分類枠，定義，および作業質問

| 主分類枠 | 定　義 | 作業質問 |
|---|---|---|
| 注　意（Attention） | 学習者の関心を獲得する。学ぶ好奇心を刺激する | どのようにしたらこの学習体験を刺激的でおもしろくすることができるだろうか |
| 関連性（Relevance） | 学習の肯定的な態度に作用する個人的ニーズやゴールを満たす | どんなやり方で，この学習体験を学習者にとって意義深いものにさせることができるだろうか |
| 自　信（Confidence） | 学習者が成功できること，また，成功は自分たちの工夫次第であることを確信・実感するための助けをする | どのようにしたら学習者が成功するのを助けたり，自分たちの成功に向けて工夫するための手がかりを盛り込めるだろうか |
| 満足感（Satisfaction） | （内的と外的）報奨によって達成を強化する | 学習者がこの経験に満足し，さらに学びつづけたい気持ちになるためには何をしたらよいだろうか |

出典：Keller（2009）.

感」には，内発的に強化すること，外発的な報酬（褒め言葉など）を与えること，公正な評価をすることが含まれる。4つの主分類枠を意識して，児童生徒の動機づけを高める授業を設計する必要があるだろう。

## 引用・参考文献

石毛みどり・無藤 隆（2005）「中学生における精神的健康とレジリエンスおよびソーシャル・サポートとの関連——受験期の学業場面に着目して」『教育心理学研究』53(3) 356～367頁。
市川伸一（1995）『学習と教育の心理学』岩波書店。
大谷和大・岡田涼・中谷素之・伊藤崇達（2016）「学級における社会的目標構造と学習動機づけの関連——友人との相互学習を媒介したモデルの検討」『教育心理学研究』64(4) 477～491頁。
岡安孝弘・嶋田洋徳・丹羽洋子・森俊夫・矢冨直美（1992）「中学生の学校ストレッサーの評価とストレス反応との関係」『心理学研究』63，310～318頁。
小塩真司（2013）「レジリエンス」藤永保監『最新心理学事典』平凡社，743頁。
鹿毛雅治（2013）『学習意欲の理論——動機づけの教育心理学』金子書房。
河村茂雄・田上不二夫（1997）「教師の教育実践に関するビリーフの強迫性と児童のスクール・モラルとの関係」『教育心理学研究』45，213～219頁。
桜井茂男（1991）「内発的動機づけ」『新・児童心理学講座7 情緒と動機づけの発達』金子書房，89～133頁。
杉原一昭（1986）「パズルに挑む子どもたち」高野清純・多田俊文編『児童心理学を

学ぶ〈新版〉』有斐閣，91～119頁。
中谷素之（2002）「児童の社会的責任目標と友人関係，学業達成の関連——友人関係を媒介とした動機づけプロセスの検討」『性格心理学研究』10，110～111頁。
奈須正裕（1990）「学業達成場面における原因帰属，感情，学習行動の関係」『教育心理学研究』38，17～25頁。
奈須正裕（1995）「達成動機づけ理論」宮本美沙子・奈須正裕編『達成動機の理論と展開——続・達成動機の心理学』金子書房，41～71頁。
西村多久磨・河村茂雄・櫻井茂雄（2011）「自律的な学習動機づけとメタ認知的方略が学業成績を予測するプロセス」『教育心理学研究』59，77～87頁。
波多野誼余夫・稲垣佳世子（1973）『知的好奇心』中央公論新社。
牧 郁子・関口由香・山田幸恵・根建金男（2003）「主観的随伴経験が中学生の無気力感に及ぼす影響——尺度の標準化と随伴性認知のメカニズムの検討」『教育心理学研究』51(3) 298～307頁。
三隅二不二・矢守克也（1989）「中学校における学級担任教師のリーダーシップ行動測定尺度の作成とその妥当性に関する研究」『教育心理学研究』37，46～54頁。
Abramson, L. Y., Seligman, M. E. P. & Teasdale, J. (1978) Learned helplessness in humans : Critique and reformulation. *Abnormal Psychology*, 87, 49-74.
Bandura, A. (1977) Self-efficacy : Toward a unifying theory of behavior change. *Psychological Review,* 84, 191-215.
Bandura, A. & Schunk, D. H. (1981) Cultivating competence, self-efficacy, and intrinsic interest through proximal self-motivation. *Journal of Personality and Social Psychology*, 41, 586-598.
Billings, A, G. & Moos, R. H. (1984) Coping, stress, and social resources among adults with unipolar depression. *Journal of Personality and Social Psychology*, 46, 877-891.
Deci, E. L. (1971) Effects of externally mediated rewards on intrinsic motivation. *Journal of Personality and Social Psychology* 18, 105-115.
Folkman, S., Lazarus, R. S., Gruen, R. J., & DeLongis, A. (1986) Appraisal, coping, health status, and psychological symptoms. *Journal of Personality and Social Psychology*, 50, 571-579.
Keller, J. M. (2009) *Motivational design for learning* and performance : The ARCS model approach, Springer.〔日本語訳版：鈴木克明監訳（2010）学習意欲をデザインする——ARCS モデルによるインストラクショナルデザイン，北大路書房〕
Lazarus, R. S. & Folkman., S. (1984) *Stress, appraisal and coping*, Springer.〔日本語訳版：本明寛・春木豊・織田正美監訳（1991）『ストレスの心理学』実務教育出版〕
Lepper, M. R., Greene, D. & Nisbett, R. E. (1973) "Undermining children's intrinsic interest with extrinsic reward : A test of the 'overjustification' hypothesis". *Jour-*

*nal of Personality and Social Psychology,* 28 (1) 129-137.

Ryan, R. M. & Deci, E. L. (2002) Overview of self-determination theory : An organismic dialectical perspective. In Deci, E. L. & Ryan, R. M. (Eds.), *Handbook of self-determination research.* University of Rochester Press, 3-33.

Seligman, M. E. P. (1975) *Helplessness : On depression, development and death,* W. H. Freeman.〔日本語訳版：平井 久・木村駿一監訳（1985）『うつ病の行動学』誠信書房〕

Weiner, B. (1979) A theory of motivation for some classroom experiences. *Journal of Educational Psychology,* 71 (1) 3-25.

White, R. W. (1959) Motivation reconsidered : The concept of competence. *Psychological Review,* 66 (5) 297-333.

**学習の課題**

(1) あなたが将来教えたい校種・教科の任意の単元を想定し，「知的好奇心」を喚起するような授業の「導入」を考え，グループで発表してみよう。

(2) あなたが現在「今一歩踏み込めない課題」(教員採用試験受験準備，英会話，ダイエット等なんでもかまいません）に対して，自己効力感を高め，課題を実行していくプランを立ててみよう。

(3) これまで小学校から高校までに経験した授業のうち，内発的動機づけ（内的調整）や同一化的動機づけ（同一化的調整）が促進された授業について，グループで話し合い，その特徴をまとめてみよう。

**【さらに学びたい人のための図書】**

鹿毛雅治（2013）『学習意欲の理論――動機づけの教育心理学』金子書房。

⇨動機づけに関する，さまざまな理論，さまざまな角度からの研究成果が概観できる。

伊藤崇達編著（2010）『やる気を育む心理学』（改訂版）北樹出版。

⇨動機づけに関して，さまざまな具体的な事例を交えて，わかりやすく書かれている。

J. M. ケラー著，鈴木克明監訳（2010）『学習意欲をデザインする――ARCS モデルによるインストラクショナルデザイン』北大路書房。

⇨ARCS モデルに基づいて，動機づけを高める授業をどのようにつくるかを提示している。

（神藤貴昭）

# 第8章　自己調整学習

**この章で学ぶこと**

本章では，教育心理学においてグローバルに検討が進んでいる「自己調整学習」の理論の概要について学ぶ。自己調整のサイクルを駆動することが深い学びの実現において鍵を握っているが，この理論に基づく具体的な実践例にも触れて，授業の構想につなげる力とする。また，自己調整学習は，教室における学び合いを通じて高められる。学び合いのあり方は，ピア・ラーニングの概念で検討が進められている。仲間との学び合いを通じて，自己調整学習の力は育まれること，すなわち，社会的な文脈において主体的な学びは成立することについて深い理解を得ることを目指す。

## 1　自己調整学習とは何か

### (1) 自己調整とは

日本の学校教育において，生涯学び続ける力の育成が求められている。実践の理念としては，「生きる力」すなわち「自ら学ぶ力」の育成が求められてきた。教育心理学においても同様である。子どもの主体的な学びの様相について，実証的かつ実践的な研究が数多く進められてきた。自ら学び続けるということについて，教育心理学では，学習の「自己調整」，あるいは，「自己調整学習」として概念化が試みられている。

「自己調整学習」の定義づけには，若干の歴史的な変遷がみられるが，おおむね次のような説明が可能である。「自己調整学習」(self-regulated learning) とは，「動機づけ，感情，メタ認知，行動において，自らの学習過程に能動的に関与して進められる学習のこと」を指す (Zimmerman, 1989；Zimmerman &

Schunk, 2011；塚野・伊藤，2014)。「自己調整」とは，自らの力で自らの心のあり方を，状況に応じて整えるプロセスであるが，「自己調整学習」は，教育実践場面における学びの自己調整にとりわけ焦点がある。

2017（平成29）年3月に新学習指導要領が告示され，その総則では，主体的・対話的で深い学びの実現に向けた授業改善を通して，児童生徒の生きる力を育むことを目指す，という新たな教育目標が明記されることとなった。「主体的・対話的で深い学び」は，従前において「アクティブ・ラーニング」と呼ばれてきた新たな教育実践上の理念であるが，「自己調整学習」の考え方と通底するところがある。学習の「自己調整」は，複雑な心のメカニズムとプロセスをなしており，次にその内実についてみていくことにする。

### （2）自己調整のサイクル

自己調整学習の核心は，自らの心を整えていくサイクルをいかに駆動するかにかかっている。複数のステップからなることが考えられ，学習の進行とともに循環的かつ螺旋的なサイクルを形成しながら成立していくものといえる。図8－1にその概念イメージを示しておく（Zimmerman & Schunk, 2011；塚野・伊藤，2014)。

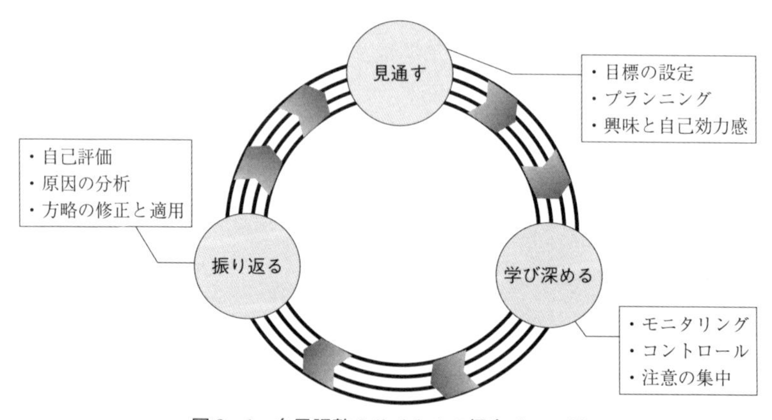


図8－1　自己調整のサイクルの概念イメージ

出典：筆者作成。

ジマーマンとシャンク（Zimmerman & Schunk, 2011）によれば，自己調整の主要なステップとして「予見」（見通し），「遂行コントロール」（学び深める），「自己省察」（振り返り）の3つが中心的な働きをすることが明らかになっている。

ひとつの学習活動に入る事前または初期の心的過程である「予見」では，目標の設定がなされ，学習計画の立案がなされる（プランニングという）。「自分には学ぶ力がある」という確信である自己効力感が求められ，興味がしっかりと喚起されていることが大切になる。

「遂行コントロール」は，学習の進行中の心的過程であり，「メタ認知的モニタリング」と「メタ認知的コントロール」が重要な働きをする。「モニタリング」とは，学習に取り組んでいる自分がいて，この様子をもう1人の自分が点検（モニター）し，チェックをしているような，そのようなメタ認知機能（第6章参照）を指している。「コントロール」のほうは，学習に取り組んでいる自分を，もう1人の自分がコントロールをして，適切な方向づけを行うような，メタ認知機能を指している。学びが深くなるためには，注意の集中や焦点化が必要になることはいうまでもない。

学習活動が一区切りついたところで作用する心的過程である「自己省察」では，自らが学んできた成果について振り返りがなされることになる。うまくいったのか，そうでなかったのかについて自己評価が行われ，それらの原因は何だったのか，分析が行われる。現在，採用している学習方略（学び方）が適切ではなかったと判断されれば，修正が施され，新たな学習場面において適用されていくこととなる。振り返る内容の質によって，次の目標設定やプランニングも異なってくることになり，このように循環的，螺旋的なかたちで自己調整のサイクルは進んでいくことになる。

### （3）他者調整から自己調整へ

自己調整のサイクルは学んでいるまさにその一瞬一瞬の心的過程のありようについて説明をしている。質の高い自己調整は，長期的なスパンで形成されてくる。ジマーマンとシャンク（Zimmerman & Schunk, 2001）によると，観察レベル，模倣レベル，自己制御レベル，自己調整レベルの４つの水準を経て自己調整する力は育ってくるとされている。

最初の段階は，観察レベルである。心理学ではモデリングというが，見て学ぶ，観察を通じて学ぶことからスタートする。学習する内容，そこで求められているやり方を教師から学ぶのである。

学習が進んで，模倣レベルになると，真似ることが可能となる。教師が示すやり方，パフォーマンスが，学ぶ者のパフォーマンスと一致してくる段階にあたる。モデル（お手本）となる活動の様式や型が全体として学ばれる。観察レベルでは，習得のみに留まっている段階であるが，模倣レベルになると，内的，外的なパフォーマンスとして，実行することまで可能な段階に至ることになる。

観察レベルと模倣レベルは，親や教師といった指導者ないし支援者が必要であり，いわば他者調整の段階にあるといってよい。次の自己制御レベルになってはじめて，自己調整が確立し始めるものといえるだろう。自己制御レベルとは，学んだスキルや方略を，他者の助けを得ることなく，実行できる段階である。内潜的なイメージや言語的な意味内容からなる内的表象が，学習者のなかにかたちづくられ，内面化が進んでいくことになる。自らの心内にある内的表象に基づくことができるので，自力でスキルや方略を実行できるのである。ただし，この段階では，学習に柔軟性はなく，モデルをそのまま内面化し，これに従って「自己制御」がなされる。

自己調整レベルに至ると，さらに自ら学習を進めるという側面が強くなる。内的表象とその実行にオリジナリティの要素が加わっていく。たとえば，ピアノの先生のお手本通りに演奏するのではなく，状況に合わせてアレンジができるような段階である。個人的条件と文脈的条件が加味できるようになり，その変化に合わせてスキルや方略が適用できるようになる。自分なりの目標を立てるようにもなり，“自分にはできる”という強い信念，すなわち，自己効力感もより確かなものとなっていく。臨機応変の自己判断や自己修正が可能という意味で「自己調整」という表現が用いられている。

## 2　自己調整学習を支える心理的要素

### （1）動機づけ

自己調整学習は基本的に，数多くの要因が複雑に絡み合うことで成立する。そのなかでも，とりわけ重要な心理的な要因が「動機づけ」「学習方略」「メタ認知」である。

本項では，まず動機づけについて説明する。自己調整学習を進めていくには，エネルギーないしエンジンにあたる心の働きが必要になる。これを担っているのが「動機づけ」である。動機づけには，褒賞を求めたり，叱責を回避したりするなど，外からの働きかけによって意欲が高まる「外発的動機づけ」に加え，興味や関心など，内側から意欲が高まることで学ぼうとする「内発的動機づけ」，そして，学ぶこと自体に価値や意義を認めて学ぼうとする「同一化的動機づけ」などが存在する。同様に動機づけが喚起された状態であっても，自己調整学習が成立するには，内発的動機づけや同一化的動機づけなどの「自律的動機づけ」が重要になる。また，動機づけの規定要因としては，自らの能力についての確信，すなわち「自己効力感」が不可欠な側面となってくる（Zimmerman, 1989）。バンデューラ（Bandura, 1977）によると，「自己効力感」は，ある結果を生み出すために必要な行動をどの程度うまくできるかという個人の信念のことを指す。

### （2）学習方略とメタ認知

自己調整学習を支えているもうひとつの重要な心理的な要因は「学習方略」である。丸暗記したり，単純に繰り返したり，といった学習のやり方では深い学びにはならない。どのような教科であっても，たとえば，すでに学んだ内容と新たに学ぼうとする内容を結びつける，ある事柄を別の視点から捉え直して考えてみる，こういった方法が深い学びをもたらすことになる。心理学では，学習を効果的なものにするための方法や工夫のことを学習方略という。学習内容の単純な反復は「浅い学習方略」と呼ばれ，内容の関連づけや視点の転換のような方法は「深い学習方略」と呼ばれ，区別されている。主体的・対話的かつ深い学びにあたって，深い学習方略が求められることはいうまでもない。

３つ目に重要な心理的要因は，「メタ認知」である。フラベルによると，メタ認知とは，「自らの思考についての思考，自らの認知についての認知のこと」(Flavell, 1979) である。自分自身のことを一段高いところからみつめ直すことができ，自らの思考や認知を適切に方向づけていくことができる力がメタ認知である。目の前の子どもが「何を学んでいるか」について，しっかり見取ることも大切であるが，「どのように学んでいるか」すなわち，学習方略やメタ認知がいかに機能しているかについて見取ることも大切なことといえる。

### （３）動機づけの調整

学習はいつもスムーズに進むとは限らない。注意が散漫になってきたら，集中し直したり，学習への意欲が下がってきたら，自らを鼓舞し直したりするなど，適切な遂行コントロールが必要になる。これは「動機づけの調整」と呼ばれている。教科学習のねらいが，教科の本質に関わる認識を深めていく過程にあることを考慮すれば，認知的な側面を重視した学習方略の習得がまず重要である。これに加えて，学習過程の自己調整ということを考えると，認知的な側面以外の自己調整についても目を向けていく必要がある。自己調整学習の成立にあたっては，自らの情動を含めた「動機づけ」そのものも，適切に自己調整すること，すなわち「動機づけの自己調整」が求められる。この動機づけの自己調整方略は，「動機づけ調整方略」（または「自己動機づけ方略」）と呼ばれ，さまざまなカテゴリーが明らかにされてきている。

ここでは，中学生を対象にした伊藤・神藤 (2003) による調査結果を，表８-１に示しておく。統計解析により７つのカテゴリーが見出され，これらはさらに内発的動機づけに基づく調整と外発的動機づけに基づく調整に分けられている。自己調整学習において，学びに向かおうとする意欲，その心もちを整えるという側面も重要な役割を果たしていることが明らかにされている (e.g., Wolters, 1998)。

表８－１　動機づけ調整方略のカテゴリー

| | | |
|---|---|---|
| 内発的調整方略 | 整理方略 | ノートのまとめ方，部屋や机などの環境を整えることで動機づけを調整する |
| | 想像方略 | 将来のことを考えたり，積極的な思考をしたりすることで動機づけを高める |
| | めりはり方略 | 学習時間の区切りをうまくつけて集中力を高める |
| | 内容方略 | 学習内容を身近なこと，よく知っていることや興味のあることと関係づける |
| | 社会的方略 | 友だちとともに学習をしたり相談をしたりすることで自らを動機づける |
| 外発的調整方略 | 負担軽減方略 | 得意なところや簡単なところをしたり，飽きたら別のことをしたり，休憩をしたりするなど，負担の軽減を図る |
| | 報酬方略 | 飲食や親からのご褒美，すなわち，外的な報酬によって学習へのやる気を高める |

出典：伊藤・神藤（2003）をもとに筆者作成。

## 3　自己調整学習者を育成する授業

### （１）授業過程と自己調整のサイクル

2017（平成29）年に告示された学習指導要領（小学校，中学校）の「総則」では，各教科等の指導にあたっての配慮事項として「児童・生徒が，学習の見通しを立てたり学習したことを振り返ったりする活動を，計画的に取り入れるように工夫すること」とある。この配慮事項は，まさに自己調整のサイクルを促すことを求めているといえる。

実際の授業計画を構想するにあたって，横浜国立大学教育人間科学部附属横浜中学校（2015）の実践をここに紹介しておきたい（図８－２）。附属横浜中学校では，学習意欲とともに思考力・判断力・表現力等の育成を目指して，「結果の見通し」「過程の見通し」「結果の振り返り」「過程の振り返り」を授業の流れの中に明確に位置づける提案を行っている。これは，自己調整のサイクルを確かなかたちで実現する試みとなっている。地理的分野の「世界の諸地域　南アメリカ州」の実践例を示しておく。これは，導入，展開，まとめという授業過程を自己調整のサイクルによって位置づけ直す試みでもある。

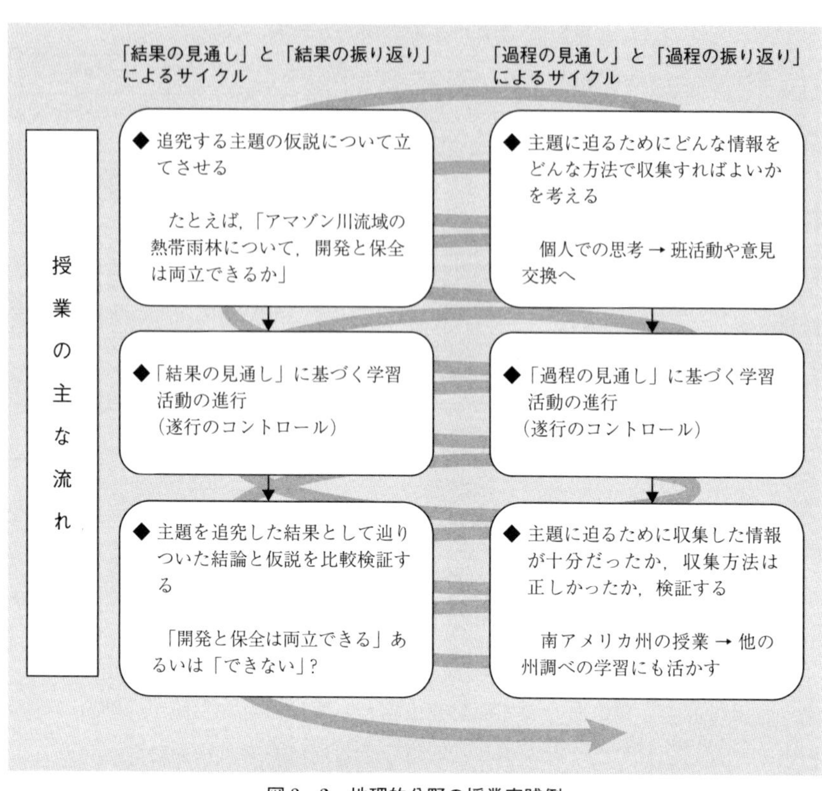


**図 8－2　地理的分野の授業実践例**

注：「結果」と「過程」のデュアル・プロセスには，さらにミクロな自己調整のサイクルが内潜している可能性があることから，らせん状の矢印でこれを表している。
出典：横浜国立大学教育人間科学部附属横浜中学校編（2015）をもとに筆者が作成。

## （2）「見通し」と「振り返り」による学習の深化のメカニズム

先に述べた実践例における「見通し」と「振り返り」による学習の深化のメカニズムは次のように説明できる。まず，「結果の見通し」によって子どもたちに明確な「めあて意識」をもたせている。これに加えて，そうした成果を実現するためにどのような方略で取り組んでいけばよいかという「過程の見通し」までをも，学習者のなかに形成させている。これは，成果とともに具体的な取組みの道筋をつかませることで，自己効力感を確かなかたちで下支えする実践となっている。

一方の「振り返り」に関しても，単に感想を求めるものではない。具体的な学習の結果はもちろん，「どのように学んだか」について捉え直すことになる。「結果」に加えて「過程」の「見通し」をあわせもつことで学習方略についての活性化が促され，これが「振り返り」の質を高める前提をなす。「結果」のみならず「過程」（方法）の「振り返り」を求めることによって，詳細かつ適確な見通しのもと，参照できる目標規準が明確となり，「どのように学んだか」に関する深い自己省察がなされることになる。以上のように学びのプロセスに深く目を向けさせることで，たとえ学びにつまずいたとしても，次にはこうすればよいのではないか，というメタ認知が促され，そして，さらに自ら学びに向かっていこうとする姿勢をも育んでいくことになるだろう。

## 4　他者との関わりで育つ自己調整学習の力

### （1）学び合いとピア・ラーニング

学校教育においては，「学び合い」ということが大事にされてきた。子どもどうしが学び合うことで，お互いを高め合ったり，認め合ったりする実践は，あらゆる学習活動の場において求められるようになってきている。海外の教育や研究の動向をみても，同じような傾向がみてとれるだろう。近年の欧米の教育心理学研究においては，「ピア・ラーニング」（peer learning）という概念が掲げられてきており，その重要性が指摘されている（O'Donnell & King, 1999；中谷・伊藤，2013）。ここでは，ピア・ラーニングについて触れ，学びの自己調整のあり方について改めて考えてみることにしたい。

さまざまな文脈において「仲間」を意味する「ピア」という言葉が用いられ，そして，人の学びや成長を支える「ピア」の存在に目が向けられるようになってきている。現在，学校教育では一人ひとりの子どものニーズに応じた教育ということが重視されてきており，「ピア・ラーニング」は大きな示唆をもたらす可能性をもっている。学習者のニーズを出発点として指導や支援を構想し，学習者の集団がどのようなプロセスとメカニズムによって学びを深めているのかについて明らかにすることが求められている。

### （2）ピア・ラーニングのプロセス

海外の教育心理学研究（Topping & Ehly, 1998）において，ピアとは，立場や地位がほぼ同等である仲間のことをいう。「ピア・ラーニング」とは，同じような立場の仲間（ピア）とともに支え合いながら，ともに関わりをもちながら，知識や技能，考え方を身につけていくことといえる。ここには，教える者と学ぶ者の二項対置の関係を越えたユニークな学びのプロセスが潜んでいる。

ピアがもちうる特質としては「互恵性」「対等性」「自発性」をあげることができる。「互恵性」とは，教える者が学ぶ者に対して一方的に恵みを与えるのとは違い，仲間どうしがお互いに対して恵みを与え合う関係にあることをさしている。「対等性」とは，ピアが同等の立場の人間であるということである。立場が同等であるがゆえに，意見が伝えやすくなったり，お互いのことを受けとめやすくなったりするよさが考えられる。「自発性」とは，学びのイニシアティブがお互いに分かちもたれるということを意味する。ピア・ラーニングでは，自分たちで考えを出し合い，問題解決の過程を自分たちの力で進めていくような学びが実現することになる。

ピア・ラーニングを導いていくうえで，どのような働きかけが求められるだろうか。学校教育場面においてピア・ラーニングの実現にあたっては，教師や支援者による適切な関わりが不可欠であることはいうまでもない。ピア・ラーニングを支えていくうえで，教師や支援者がとりうるアプローチには次の３つのものがあげられる（O'Donnell et al., 2009）。

１つ目の「社会・動機づけアプローチ」（Social-Motivational Approach）とは，集団の中に「報酬」の構造をつくっていくことで「動機づけ」を高めていく方法である。これは「競争」や「協同」によって進められることになる。ネガティブな相互依存の関係である「競争」よりも，ポジティブな相互依存の関係である「協同」が重要となる。ピア・グループのチーム全体に対して報酬や評価が得られるような働きかけを行うことで，ピア・ラーニングの成立を図っていこうとするものである。

2つ目の「社会・凝集アプローチ」(Social-Cohesion Approach) とは，「社会的スキル」の育成に重点をおくものである。クラスの子どもどうしの仲間関係づくりを行い，人付き合いの仕方，すなわち，社会的スキルを育むことから，ピア・ラーニングを支えていこうとするものである。班活動など，仲間のそれぞれに役割を与えることなどが試みられる。お互いに尊重し合い，認め合う姿勢を育てていくことが大切になってくる。

3つ目の「認知・精緻化アプローチ」(Cognitive-Elaboration Approach) とは，一例として，ピア・リーディングのように，お互いで文章を読み合っていくような活動を取り入れるものである。ペアでの読解過程のなかで，間違いを修正したり，読みをより精緻なものにしたりしつつ，学習を深めていくものである。1人では進めるのが難しい課題であっても，仲間との協力（ピア・ラーニング）によって乗り越えていくことが可能となる。ピアの存在が，理解や思考をはじめとした認知的処理を深いものにしていく。

それぞれのアプローチの力点は，動機づけ，社会的関係，認知過程と異なっている。しかしながら，ピアの存在なくしては，学びが成立しないという面では共通している。情動，社会，認知の多様な心理的側面に働きかけを試みながら，実践として目指すべきは，仲間どうしが学び合い高め合う集団となっているかということであるだろう。

### (3) 仲間とともに学びを創造する――社会的調整の視点から

学校において子どもたちが「自ら学ぶ」にあたって，仲間との人間関係が大きな基盤となる。そして，学びの自己調整は，教育の実践としては，教師も含めた他者と「ともに自ら学び合う」活動として実現する。この「主体的な学び合い」については，自己調整学習研究では，「社会的に共有された学習の調整」(socially shared regulation of learning) という概念で検証が進んでいる (Schoor et al., 2015)。個人と社会的文脈の関係で捉えると，自ら学ぶ過程は，「自己調整」(self-regulation)，「共調整」(co-regulation)，「社会的に共有された調整」という

3つの学習モードをとりながら発達することになる。共調整とは，学習者の間で自己調整が一時的に整合し，目標設定，プランニング，モニタリング，コントロール，内省，動機づけといった調整活動が相互に媒介し合うことを表している。社会的に共有された調整は，これらの調整活動が，集団全体として共有されることを表している。クラスやグループの中で学びの目標や価値が共有され，知識や考え方などをお互いに依拠し合い，高め合うプロセスのことを指している。

社会的に共有された調整に関する研究で，これらの3つの調整を "I perspective"，"you perspective"，"we perspective" で位置づけ直す議論がなされている（Schoor et al., 2015）。このエッセンスを筆者なりに解釈すると，次のような説明が可能である。自己調整とは，"私" が，自己の学習過程を適切に見通し，深め，振り返り，次の学びに向かって調整を進めていっているかどうか，ということである。共調整は，"あなた"（学びのパートナー）がよりよく学べるように，必要に応じて手助けをしたり，お互いに評価や方向づけ，励ましたりしながら，学習を深めていくことである。学び合いを通じてリードしたり，あるいは，リードされたりするような状況を指している。最終的に，"私たち" が学びたいゴールがメンバー全員で共有され，コントロールや振り返りが協調してなされるようになれば，社会的に共有された調整のモードということになる。"you perspective" であれ，"we perspective" であれ，これらの視点が作用するにあたっては，自己調整のサイクルとそのプロセスが同じようにそのなかに埋め込まれている。

本来の意味でアクティブ・ラーニングの実践を進めるには，メタ認知に基づく深い思考と確かな自己調整のプロセスが欠かせない。そして，自ら学ぶことともに，自ら学び合うことが同時に達成されなければならない。すべての子どもがクラスの中で "私たち" という見方を内面化し，豊かに学び合うクラス集団として成立することが，いま，実践のなかで求められている。

## 引用・参考文献

伊藤崇達（2009）『自己調整学習の成立過程――学習方略と動機づけの役割』北大路書房。

伊藤崇達・神藤貴昭（2003）「中学生用自己動機づけ方略尺度の作成」『心理学研究』74，209-217頁。

鹿毛雅治（2013）『学習意欲の理論――動機づけの教育心理学』金子書房。

自己調整学習研究会編著（2012）『自己調整学習――理論と実践の新たな展開へ』北大路書房。

B. J. ジマーマン・D. H. シャンク編著，塚野州一編訳（2006）『自己調整学習の理論』北大路書房。〔原著：Zimmerman, B. J. & Schunk, D. H. (Eds.) (2001) *Self-regulated learning and academic achievement: Theoretical perspectives.* Lawrence Erlbaum Associates.〕

B. J. ジマーマン・D. H. シャンク編著，塚野州一・伊藤崇達監訳（2014）『自己調整学習ハンドブック』北大路書房。〔原著：Zimmerman, B. J. & Schunk, D. H. (Eds.) (2011) *Handbook of self-regulation of learning and performance.* Routledge.〕

中谷素之・伊藤崇達編著（2013）『ピア・ラーニング――学びあいの心理学』金子書房。

横浜国立大学教育人間科学部附属横浜中学校編著（2015）『思考力・判断力・表現力等を育成する指導と評価Ⅴ　「見通す・振り返る」学習活動を重視した授業事例集』学事出版。

Bandura, A. (1977) *Social learning theory.* Prentice Hall.

Flavell, J. H. (1979) Metacognition and cognitive monitoring: A new area of cognitive-developmental inquiry. *American Psychologist,* 34, 906-911.

O'Donnell, A. M. & King, A. (Eds.) (1999) *Cognitive perspectives on peer learning.* Lawrence Erlbaum Associates.

O'Donnell, A. M., Reeve, J. & Smith, J. (Eds.) (2009) *Educational psychology: Reflection for action.* John Wiley & Sons.

Schoor, C., Narciss, S. & Körndle, H. (2015) Regulation during cooperative and collaborative learning: A theory-based review of terms and concepts. *Educational Psychologist,* 50, 97-119.

Topping, K. & Ehly, S. (Eds.) (1998) *Peer-assisted learning.* Routledge.

Wolters, C. A. (1998) Self-regulated learning and college students' regulation of motivation. *Journal of Educational Psychology,* 90, 224-235.

Zimmerman, B. J. (1989) A social cognitive view of self-regulated academic learning. *Journal of Educational Psychology,* 81, 329-339.

Zimmerman, B. J. & Schunk, D. H. (Eds.) (2001) *Self-regulated learning and academic achievement: Theoretical perspectives.* Lawrence Erlbaum Associates.

Zimmerman, B. J. & Schunk, D. H. (Eds.) (2011) *Handbook of self-regulation of learning and performance*, Routledge.

**学習の課題**

(1) 自己調整学習の理論を踏まえて，自分なりに授業実践のアイデアを構想してみよう。
(2) 「ともに自ら学び合う」力を育むうえで，今後の学校教育において求められることについて考えてみよう。

**【さらに学びたい人のための図書】**

自己調整学習研究会編著（2012）『自己調整学習——理論と実践の新たな展開へ』北大路書房。

⇨自己調整学習研究の近年の動向をまとめた専門書で，本邦の理論研究および実践研究の様子をつかむことができる。

B. J. ジマーマン・D. H. シャンク編著，塚野州一・伊藤崇達監訳（2014）『自己調整学習ハンドブック』北大路書房。

⇨海外における自己調整学習研究のひとつの到達点を示すハンドブックの訳書であり，今後の研究の可能性と方向性について知ることができる。

（伊藤崇達）

# 第９章　教育評価の意義と方法

**この章で学ぶこと**

「評価」と聞くとテストやレポートを思い浮かべる人が多いと思うが，日常的なコミュニケーションも含めさまざまなかたちで評価の働きが担われている。学習評価の基本的な考え方や方法には歴史的な変遷がみられるが，今日では評価目的に応じて使い分けが行われている。入学試験のような多人数集団からの選抜に際しては，信頼性や妥当性の基準を満たすようテスト項目に検討が加えられ，テスト得点に統計処理を施して個人の集団内への位置づけが行われる。他方，教室学習においては，児童生徒が各教科の学習目標のうち何をどこまで到達できたかを明らかにしておくことが重要である。学習適性やレディネスの把握・学習状況の把握・学習の最終的成果の検討を行い，授業方法やカリキュラムの改善に役立てられることも期待される。さらに，将来の実践の場で活躍するための「高次の学力」をパフォーマンスの文脈に即してそのまま評価しようという試みもみられるようになった。

## 1　教育評価の意義と働き

### （1）教育評価の意義

**【インフォーマルな評価システム】**

試験やレポートなど改まって行われる評価だけでなく，家庭・学校・職場などでの日常的な場面において，人は自分自身の行動について，他者に褒められたり，叱責されたり何らかのかたちで評価を受けている。そして，こういうやり方をすれば人にうまく受け入れられるとか，こうすると周囲の人から注目される，笑われてしまうなどという術を学ぶ。それぞれの社会には人が適応的に生きていくための暗黙のルールのようなものがあり，その規準に照らして適切と評価される行動は繰り返され，不適切とされる行動は行われないようにする仕組みが働いている。つまり，東洋（2001）によると，社会には「行動に引き続いて何が起こるかによって，その行動が適切であったか，適切でなかったか」についての情報を人に提供する，潜在的な評価の仕組みがある。

こうしたインフォーマルな評価の仕組みは歴史・文化的な背景をもちながら，人々の間で習慣化され非意図的に使用されてきており，その働きを制御することは難しい。具体的に細かい行動のどのような点が，どのような場合に正・負の評価を受けているのか，その過程を克明に洗い出すことは不可能に近い。しかし，教育評価という場合には，望ましい児童生徒の成長・発達に照らして，教育活動とその目標に応じた観点を吟味し，基準を明確にしたうえで適切な方法で結果を伝えるという，意識化・顕在化の作業を踏まえなくてはならない。

**【人間形成につながる評価】**

現代社会においては，個人の能力を社会的に認定するというニーズはますます広がりをみせている。英語検定や運転免許試験のように一定の知識・技能のレベルを判定する，入学・就職・昇任試験のように人材を選別するなどさまざまな目的で評価活動が行われている。しかしながら，親や教師をはじめ教育者にとって欠かせないのは，評価はそれを受ける児童生徒の人間形成につながるという視点である。教育評価とは，社会の一員として望ましい成長・発達の観点から，児童生徒の行為・学習成果について意味づけすることである。

教育者が児童生徒を評価するということは，意図的であれ非意図的であれ，ある種のコミュニケーションである。教育者の立場から論じると，コミュニケーションとしての評価にはある種の行為を促進したり抑制したりするという選択的強化の側面，達成の成否やその水準など学習成果を伝える認知的な側面，ある方向への意欲を喚起したり持続させる方向づけの側面，そして，児童生徒の行為や学習成果について教育者が抱いた満足感・不快感など情緒の伝達という側面がある（梶田，1992）。しかしながら，親，教師，友人など重要な他者からの評価は，児童生徒にとって自分自身を好意的に捉えて受容できるか否かの契機となることを見逃してはならない（東，2001）。児童生徒は，周囲から認められたい，無視されたくないという承認欲求や自分なりの成果を上げたいという成就欲求を秘めている。肯定的な評価が得られれば，これらの欲求を満たし心理的な安定を得て自らを好意的に捉える基盤を築くことができるのである。

当然のことながら，特定の評価基準や方法が必ずよい影響をもたらし，他のものは悪影響を及ぼすという割り切った捉え方は危険である。たとえば，ある能力について他者との優劣比較を行うということは，児童生徒自身が得意・不得意を客観視するうえで重要な手がかりを与える。他方，そうした個別の能力評価が総体としての人間の優劣評価として拡大解釈されると，誤った競争意識を煽ることになるかもしれない。どのような基準・方法によって評価を行うにしても，その原則に強く縛られてすべてを律してしまおうとすると，人間形成のあり方にさまざまな歪みが生じかねない。多様な原則に基づく評価を併用し，児童生徒らに自らを多面的に把握することを促すという姿勢が必要である（梶田，1992）。

### （2）目的に応じた教育評価の働き

何のために，どのような仕方で使うのかを明確にしないままでは具体的な評価方法は定まらない。教育評価の方法は一様ではなく，目的に応じて適切な情報収集・資料作成を心がけねばならない。評価が担う働きや目的についてはさまざまな角度からの解説がみられるが，ここでは梶田叡一（1995）と東（2001）の記述に基づいて，児童生徒の側と教師・学校側の立場に分けて指摘しておく。

**【児童生徒にとっての評価】**

**① 学習のペースメーカーとしての働き**

多くの学習は，長期間にわたる積み重ねを必要としており，どこかで復習して知識・技能を定着させる努力をしなくてはならない。一定の学習期間をおいて行われるテスト等による評価が，児童生徒にとって学習の外発的な動機づけとして働いていることは否めない。

② 学習成果等に関するフィードバックの働き

評価は，個々の児童生徒に自らの学習成果をフィードバックする働きを担う。つまり，何が達成できて・できていないのか，他と比べてどのような点が優れており・劣っているのかという情報は，児童生徒に自分自身を捉え直す機会を与えると期待される。そうなるためには，教師からの情報が，児童生徒にとって「今のやり方でよいかどうか」，「これからどういうことをやっていかねばならないか」など，具体的な学習活動やその見通しに焦点を当てたかたちで提供されなくてはならない。また，当の児童生徒が，その情報についてどのような受け止め方をするのかを考えて伝えることも重要である。とくに，他と比べて相対的に劣っているという情報は，劣等感や無力感を誘うことも十分にあり得る。それぞれの児童生徒の進度に応じて手の届きそうな目標を設定し，「目標まであと何歩」というような到達度評価のかたちで伝えることが望ましい。

③ 社会的な価値観の示唆

教師が出題するテスト問題・配点やレポート課題の内容，投げかける注意や褒め言葉などは，どのような観点・基準で児童生徒たちを見ているのか，つまり当の教師の教育観を示唆する。それは，学校という組織において，児童生徒としてどのような態度・行動を期待されているのかという社会的な価値観を学ぶことを促している。

【教師・学校にとっての評価】

① 児童生徒の実態把握

児童生徒の顔や振る舞いだけで判断しようとしても，実際のところわかっているのか，できるようになったのか，その実態は教師にはつかめない。テストの得点結果を統計的に分析する，答案やワークシート・感想文の記述に目を通す，発言内容に耳を傾けることで，彼らの知識や力量，感じ方や考え方を的確に把握することができる。

② 教育活動へのフィードバックの働き

教師は，児童生徒にこんな知識・技能や力を身につけて欲しいという「願い」や「ねらい」をもって教育活動を行う。教える側にとっては，彼らの実態は，どの目標がどの程度達成されているのかを示す指標でもある。まだ達成していない部分が明らかになれば，新たにどのような手立てを講じたらよいか，授業を含めた教育指導のあり方を工夫・修正していかねばならない。ただし，教師自身が，児童生徒に本当に身につけてもらいたいもの，本当に教えたかったものは何かを問い直すことにより，目標そのものを明確にしておかなくてならない。また，それぞれの目標に応じた評価方法，たとえばテストやワークシート，振り返り課題などのつくり込みが必要であろう。

③ 学校管理・運営の点検

学校は，学級の編成の仕方，採用した指導方法，教育機器の導入などの効果の検討，学校全体の目標に沿った向上がみられるか，クラスごとの指導結果にばらつきはないか，などを点検し，その結果を開示して保護者や地域の方々など外部からの評価を受けることによって社会的な責任を果たす。児童生徒らの学業成績の集計だけでなく，さまざまな教育場面を偏りなく取り上げたアンケート結果など，できるだけ全体的な傾向を効率的に示す統計データが必要である。また，作品展示会，運動会・体育祭，音楽会・学芸会・文化祭など，学校行事についての児童生徒らや教員のコメントなども意義ある資料となる。

### （3）評価の歪みの要因

教師は評価すべき領域に関して，テスト・観察記録・ワークシートや作品などを何らかの評価基準に基づいて評価し，その結果によってさまざまな措置をとったり判断したりする。このような過程を適切なかたちで進行していくためには，いくつかの重大な“落とし穴”が潜んでいることに十分注意しておかねばならない。ここでは，梶田（1992）の指摘を踏まえて，大学教育の場合を例に解説していく。

第一に，授業において学習目標とされているところと，実際に評価されているところが対応しているかという問題がある。たとえば，ある教員は授業の目標として創造性や主体性の育成を掲げ，評価の目安として基礎的知識の習得に4割，知識の活用や新たな知識の探究力などに4割，興味・関心・意欲に2割の比重をおくとシラバスに記したとする。しかし，実際には，基礎的知識の習得しかチェックできない穴埋め式の期末テストの点数で７割，授業中の態度や提出物の有無などいわゆる平常点で３割の評価を行ったとすればどうだろう。これでは，評価は授業からかい離したものになっており，いかに授業に工夫が凝らしてあったとしても，創造的・主体的な学習の効果は検証できない。

第二に，評価結果に主観的な歪みが大きく入り込んでいないかという点。収集した資料をもとに何らかの判断・評価を加える際，評価者の主観がある程度入り込むことは避けることができない。その主観のなかには，学習の具体的にどのような側面を重視し，どの程度であれば優れている（劣っている）と判定するかについての差異に由来するものがある。たとえば，大学教育において重視されるべき創造性や主体性といっても，教師によってイメージしている具体的な学習行動・態度は異なり，受講生の現状把握に基づいて判定基準を調整したほうがよいこともあるだろう。

評価者の対人認識に由来する主観が，評価に大いに影響する可能性もある。“礼儀正しい（礼儀知らず）”のように何かよく目立つ・表面的に良い（悪い）特徴がみられるとすると，その学生のあらゆる特徴について実態よりも良く（悪く）判断してしまう傾向もある（光背効果）。また，教師が学生に抱く感情によって評価が左右されることがある。好感がもてる学生に対する評価は甘く，気に入らない学生への評価は厳しくなりがちである（正・負の寛容効果）。とくに，教師の児童生徒に対する期待が学業成績に影響を与える可能性にも留意しておくべきだろう。教師がいくら公平に振る舞おうとしても，期待されている子は期待されていない子より，授業中などで好意的な扱い方を受けて学習意欲を高めることがある（教師期待効果）。

## 2　客観テストと集団準拠評価

### （1）客観テストの作成

19世紀末までの筆記試験の多くは論述形式であり，その採点結果は採点者の

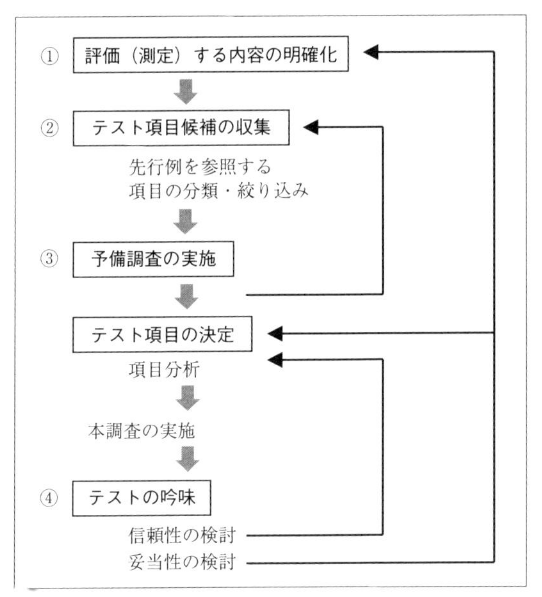


**図9-1　客観テスト作成の流れ**

出典：東條（2006）143頁をもとに筆者改変。

主観により左右され，ばらつきがみられた。それを克服するために，誰が評価しても常に同じ結果が得られるという客観性（採点の信頼性）を担保するために考案されたテスト形式を客観テストと称している。今日では客観テストのみによって学力を評価することには批判があるが，授業内での確認テストから大学入試に至るまで，さまざまな目的に応じて実施され利用されている。ここでは，心理学における尺度（検査）づくり（東條，2006）に倣って客観テストの作成手続きを解説する（図9-1）。以下，テストを構成する個々の質問を項目，項目ごとの解答を項目反応，それを得点化（たとえば，正答を1，誤答を0とする）したデータを項目得点と称する。

**【客観テストの作成手続き】**

**① 評価（測定）する内容の明確化**

学力テストでは，採点結果が評価対象と想定する学力を正しく反映しているかについて検証しておく必要がある。テスト作成にあたってまず重要なのは，何をどのような目的で評価するのかを意識して，単元ごとの目標分析表など明確な基準に沿って内容を具体的に絞り込んでいくことである。この手順を怠るとテストで何を評価しているのか曖昧になり，テストの意味が失われてしまうことになる。

② テスト項目候補の収集

具体的にどのような質問を投げかけるのか，その内容と形式を熟慮して一連の項目群を決定する。指導要領・市販のテストなどから項目を拾い集めてくることもできるが，授業内容を端的に表す教科書や板書の記述を振り返ったり，児童生徒の自由記述を参照したりして項目を作成することも必要となるかもしれない。

単純再生形式（既習事項の名称や漢字の読み書き問題・計算問題のように，自ら解答をつくり出すよう求める）や空所補充形式（まとまった内容や考えを表す文章，計算，式，図などのなかのいくつかの空所を語や数字で埋めるよう求める）は，問題作成が容易で，偶然的中する可能性はほとんどないので確実な知識・技能の有無を確認するのに適しているかもしれない。しかし，これらを多用すると，断片的な知識の機械的な暗記を中心とした学習を強いることになりかねない（長澤，2006）。他方，多肢選択形式（既習内容に関する複数の記述から，真・偽いずれかの記述を指定数だけ選択を求める）については，以下に述べるように，質問の立て方，選択肢の数や正答以外の選択肢の質を適切に設定することにより，判断力・思考力・推理力などをある程度確認することができる（池田，2007）。

何段もの長い思考プロセスを要する問題（たとえば，数学の問題）の解答を求める場合，一足飛びに結論だけを問うのではなく，途中の思考ステップや関連事項をおさえる質問を立てていく工夫をすべきである。また，さまざまな角度からの質問を設定してはじめて，各教科において基礎概念の理解や特有の思考方法の習得を確かめたり，児童生徒の典型的な判断ミスや思考過程にみられるつまずきをチェックしたりすることができる。ただし，多肢選択形式テストの本来のねらいは，「ある一つの次元（枠組み）に関して拮抗するいくつかの比較材料を判断させて最適なものを選ばせようとする」（池田，2007，86頁）にある。

その判断次元とは異なる別次元の条件を考慮させるような選択肢を混入すると，解答者はいたずらに思考を混乱させてしまい，設題が本来求めている知識・能力を発揮できずに終わる可能性が高くなる（池田，2007）。

③ 予備調査とテスト項目の決定

上述の手続きにしたがって，作成しようとしているテストの基準に照らして適切と考えられた項目を，本調査で予定されている項目数の５～10倍程度準備し予備調査を実施する。そして，準備した各項目の得点傾向を吟味し，項目を精選する。その際，個々の項目が全体に共通と想定している学力を測定しているか，解答者の学力の大きさの相違を適切に識別できているか，など項目のよしあしについて統計的手法を用いて評価する作業が行われることが多い。この作業を「項目分析」という（服部，2006）。

この作業でとくに問題とされるのが，各項目が解答者間の学力差を適切に検出しているか（項目識別力）である。たとえば，明確な基準はないが，得点の平均値が極端に高い・低い項目や標準偏差の小さい項目（反応分布の検討），当該項目の得点と項目全体の得点合計との相関係数が小さい項目（Ｉ－Ｔ相関分析）は解答者間の差を反映できていないので，削除あるいは改訂する必要がある。また，より詳細に項目識別力を検証する方法として，Ｓ－Ｐ表と GP 分析がある。前者は，各項目得点を正答１・誤答０と得点化して，ある項目は他の項目より難しいという順位が明確になっているかを検討する。後者は，テスト成績全体の上位群と下位群とで当該項目の正答率や解答パターンを比較して検討する方法である。上位群と下位群との正答率の差が大きいほど，項目識別力が高いと判断できる。また，解答パターンの“理想的な形”（上位群の多くは正答を選択し，下位群では正答選択率が低く，すべての選択肢をほぼ均等に選択している）から大きくはずれていないかを検討する（池田，2007）。

④ テストの吟味

上述のような項目を精選する作業を経た後，本調査を実施するわけだが，さらにその結果得られた得点データに基づいて，以下の信頼性と妥当性の２つの観点から吟味が必要である。

〈信頼性〉

私たちはテストや資格試験などをあまり疑うことなく数多く経験してきているが，その結果は本当に当てになるものなのだろうか。つまり，同じ対象に対して同じ状況で同じ手続きの測定を実施すれば同様の測定値が得られるという保障があってこそ，結果が当てになる・信頼できるものだといえよう。「同一の集団に対して，同様の条件のもとで測定を繰り返すとき，一貫した結果が得られる程度」（東，2001，66頁）を信頼性という。

テストについて信頼性を厳密に考えてみるとき，留意しなくてはならない点がいくつかある。まず，テストの採点がどの程度一貫して行われるかに留意しなくてはならない。同じ採点者が繰り返し採点する際，前後の答案の印象が影響したり，採点基準がぶれたりするようではいけない。また，同じテスト問題であっても採点者が異なれば結果が異なるというのではまずい。すでに客観テストではこうした採点者側の要因の影響を排除するために，一問一答となるよう問題が設定されている。しかしながら，テストそのものが学力評価の道具として信頼できるものなのかという問題は残る。

信頼性が高いテストというためには，テストで測定した値が安定し一貫している，言い換えれば，繰り返し実施されたテスト得点のばらつき（測定誤差）が小さいことが求められる。その程度をチェックする一般的な方法として，もとのテスト項目を均質な２群（たとえば，偶数番号と奇数番号の問題）に分けて実施したり（折半法），同じ種類と想定されるテスト項目群の中から別々の項目を選んでテストを２回実施したりする方法が実施される。そして，２回のテストの得点結果が相互の間でどれだけ共通性があるかをもって信頼性の指標（内部均一性信頼性係数）とされている（東，2001）。この信頼性係数が高いということは，テストＡで受験してもそれと似たテストＢで受験しても点数はほぼ同じような値が期待できることを意味する。

〈妥当性〉

さて，テストが信頼できるものであるとして，そのテスト成績が評価したい学力の内容を実際に測ったものかどうか，テストの妥当性についても検討しなくてはならない。このとき，あらかじめ以下の２点を認識しておけねばならない。１つは，たとえば，テストを受験生の選抜のために使うのか，児童生徒自身の自己評価のために使うのか，評価の目的によって望ましいテストのあり方が変わってくること。もう１つは，そのテスト結果について，たとえば知識量を測っているものとするか，思考力を測っているものとするか，解釈によって，テストの適切さの考え方は変わってくることである（南風原，2006）。それゆえ，評価（測定）しようとする内容をあらかじめ明確化しておかねばならない。

では，どのようなテストが妥当だといえるのだろうか。まず，テストの質問が評価しようとしている学力の内容をどの程度カバーしているか（内容的妥当性）を検討しなくてはならない。たとえば，単元テスト・期末テスト・入試テストで試される学力の内容・範囲は異なるが，それぞれに相応しい学習目標にしたがって内容を偏りなく盛り込んでテスト項目を作成することが望まれる。また，テスト得点が他のより確かな基準とどの程度の相関をもつか（基準関連妥当性），たとえば，大学入試テストの得点と高校時代の調査書の得点や入学後の授業成績との相関について査定する場合もある。さらに，テストが測定したい学力とは何かということが，心理学の理論に沿って説明されなければならない（構成概念妥当性）。“学力が高い”ということは，日常的にいう“頭がよい”というのとは意味が異なるはずだが，どこがどのように異なるのか心理学の研究成果を照合して明らかにせねばならない（多鹿，2001）。これらは相互に関連するものであって，３種類の個別の妥当性があるというのではなく，妥当性という単一のものを査定する際の証拠のタイプの違いであると捉えられている（南風原，2006）。

### （２）集団準拠評価

さて，テストの結果は最終的に数値で表現されることになる。たとえば，期末テストの得点（素点）が，数学50点，国語70点だったとしよう。この生徒は数学のテストに失敗し，国語はうまくいったと簡単にいえるだろうか。このとき，教師が考えた合格基準がいずれも60点だというのなら，数学の得点は基準に到達していないからもっと努力が必要と判定されるかもしれない。だが，実際に同じテストを受けた生徒たちがどれくらいの点数を得たかによって評価は変わるという考え方もできる。たとえば，受験者全体の平均得点が数学40点，国語80点というのなら，数学のほうがテストは難しかったから50点でも頑張ったと納得できよう。集団準拠評価（相対評価）とは，評価の対象となる児童生徒の集団の中において設定された基準（前述の例では平均得点）と比較して，個々の児童生徒の学習成果の水準を評価するものである。

**【偏差値と正規分布】**

ところで，同じ平均点との比較であっても，受験者全体の得点の散らばり程度が異なれば個人の得点の位置づけが異なってくる。たとえば，数学・国語ともに得点が80点，その平均点がともに60点であっても，標準偏差（平均からの散らばりの程度）が数学20点．国語10点であれば，数学の80点というのは相対的な位置づけが高い。それゆえ，いくつかの異なった内容のテスト得点を比較したり，合計したりする場合には，原則として相互の平均値だけでなく標準偏差も等しくなるように調整しておくことが望ましい。受験者数が圧倒的に多い入学試験や模擬テストの結果を表す偏差値とは，受験した科目の得点それぞれを平均点50点，標準偏差10点となるよう調整して示しており，およそ20～80の範囲の値をとる。

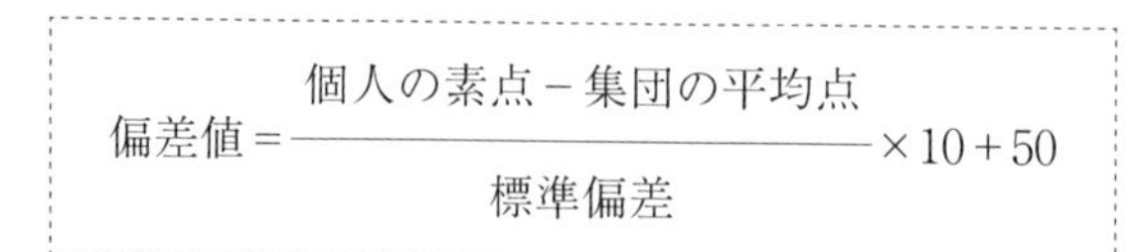

$$\text{偏差値} = \frac{\text{個人の素点} - \text{集団の平均点}}{\text{標準偏差}} \times 10 + 50$$

ただし，この得点変換では偏差値と順位との大まかな目安はつくものの，厳密にいうと１対１対応がつけられるというわけではない。偏差値は素点の目盛の位置と刻み幅を変えただけのものだからである。同じ偏差値であっても分布形が異なれば，順位は完全には一致しない。そこで，いかなるデータであっても，ある特定の分布型に近似するという仮定が必要となる。その分布型こそが，富士山のように中央（平均値）付近の頻度が高く，左右に裾野が広がるように

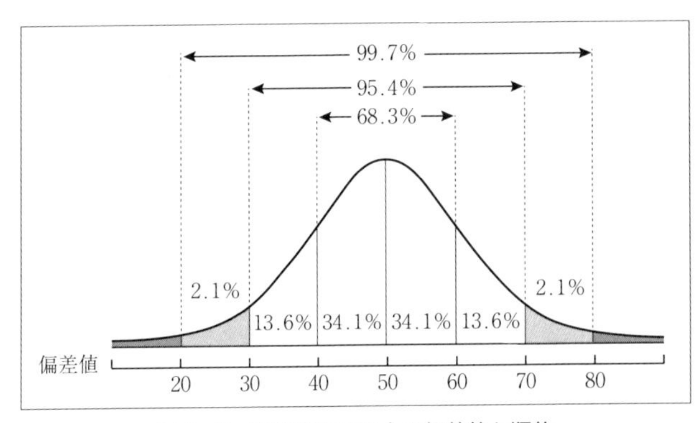


**図９－２　正規分布の場合の偏差値と順位**

頻度が低くなっていく，正規分布と呼ばれるものである（第４章参照）。図９－２にみられるように，正規分布の場合，順位と偏差値の間に一定の対応関係が認められる。たとえば，偏差値60であれば成績上位からほぼ16％の位置にあることがわかる。

**【集団準拠評価の効用と限界】**

集団準拠評価は選抜等を目的とし，統計的に適切な集団基準が設定できれば有効な評価法といえる。評価者の主観的判断を排し，評価者間の基準のズレを防ぐことができる。教師のように体系的に学習目標を意識できていない児童生徒や保護者にとっては，評価の表示がわかりやすいという面もある。また，達成基準が明確でない観点や領域については，基準作成の予備的な資料を提供するであろう。しかしながら，今日では実際の教育場面においては，集団準拠評価は忌避される傾向にある。まず，クラスのように少人数集団や選抜された集団のテスト得点は，授業内容やテスト設題次第で高（低）得点層に偏ることが多く，正規分布を仮定した統計処理になじまない。また，集団準拠評価結果は，あくまで集団内の他者との差異を示すにすぎず，どんな学習目標をどの程度達成できたのかという情報は含まれていない。さらに，このような個人差の弁別という性質があるゆえ，少人数集団においては排他的な競争を強いるおそれを否定できない。競争すべてが非教育的であるとはいえないが，相対的な優劣だけに目が向くようでは学習環境が阻害されてしまう（北尾，2006）。

## 3 目標準拠評価

戦前日本の多くの学校に行われていた段階評価が，教師独自の内的基準満足度による認定評価であったため，何らかの目標・基準にしたがった評価（絶対評価）は，評価者の主観に大きく影響されてしまうおそれが強いと考えられてきた。たとえば，国語の学力評価といっても，ある教師は漢字の書き取りテストの得点を，別の教師は作文の得点を重視するというのでは，主観的で偏りのある評価だといわざるを得ない。それゆえ，評価者による変動のないよう，学習内容ごとに外的・客観的な形で評価の目標・基準が提供されなくてはならない。今日の学習指導要領や指導書には，単元ごとに評価基準となる到達目標が体系的に示され，到達規準に準拠したテスト例も紹介されている。その意味では，学習目標として掲げられた内容のうち，各児童生徒が何をどこまで到達できたかを明らかにする目標準拠評価（到達度評価）はごく一般的に行われているが，その先駆的な研究を行ったブルームの業績を中心に解説する。

### （1）教育目標の分類体系（タキソノミー）と到達目標の設定条件

ブルーム（Bloom, B.S.）をはじめとするアメリカの教育心理学者らが長い年月をかけて検討し，まとめあげた「教育目標の分類体系」（表9－1）は，指導と評価の目標を具体的，しかも体系的で明確に設定するための理論的枠組みを提供している。教育において追求されるべき目標全体を，認知的領域・情意的領域・精神運動的領域の３つに大別し，それぞれの領域ごとに最終的な目標を達成するまでの行動・認知過程をたどって順次達成していくべき高次な目標を系列的に明らかにしようとしている。

表９-１　ブルームらによる教育目標の分類体系

| 認知的領域：記憶と知的能力・技能 | |
|---|---|
| 知　識 | 心の中に学習内容に即した適切な材料を思い浮かべる |
| 理　解 | （教師によって）伝えられたことがわかり，伝えられた素材や観念を利用する |
| 応　用 | 観念や規則・方法など抽象概念を特定の具体的な状況において活用する |
| 分　析 | 伝えられたことを構成要素あるいは部分に分解し，さまざまな観念との相互関係や階層的関係などを明らかにする |
| 総　合 | （知識の）要素や部分を結合して１つのまとまったかたちをつくる |
| 評　価 | 素材や方法の価値を目標に照らして判断する |
| 情意的領域：態度・価値観の形成 | |
| 受入れ | 特定の現象などに感受性をもち，注意を払う |
| 反　応 | 現象などに対して，積極的に注意を向け反応を示す |
| 価値づけ | 自ら抱いている価値観に気づき，一貫して適切な態度・行動をとる |
| 組織化 | 複数の価値を組織化，相互関係を明確化，自分なりの価値体系を確立する |
| 価値あるいは価値複合体による個性化 | 個々の価値を一貫した体系に位置づけ，それに従って一貫した行動をとる。さらに，さまざまな信念・態度などを統合して，独自の哲学や世界観を構築する |
| 精神運動的領域：手先の技能や運動技能に関する神経系と筋肉系との協応 | |
| 模　倣 | 筋肉系の反復練習を通して，ある一連の行動を繰り返し行える |
| 操　作 | 指示通りに行ってみるうちに，特定の操作が定着する |
| 精確化 | 一応できるようになった行為を速く正確に，洗練されたかたちで行える |
| 分節化 | 多くの行為を調和したかたちで順序よくリズミカルに行える |
| 自然化 | 行為が自動化・習慣化して，とくに意識することなくスムーズに行える |

出典：梶田（1992）129～148頁をもとに筆者作成。

さて，到達基準にしたがった授業と評価を行うためには，このような分類体系の枠に沿って重要と思われる到達目標を明確にし，体系的に示す必要がある。では，どのような目標が到達目標として相応しいのだろうか。梶田（1992）は，到達目標設定における基本的な条件として3点指摘しているが，その記述の要約を以下に示す。

(a) すべての児童生徒に身につけて欲しいと願う最低限の期待内容を表したもの，逆にいうと，学校が責任をもって保障すべき共通の学力基盤を具体的なかたちで示したものであること。

(b) 長期間にわたって一貫した教育を施すためには，児童生徒の心身の発達過程と学校教育のカリキュラム構造を的確に反映した目標設定が必要である。そのためには，各発達段階において，すべての児童生徒に達成を求めるものを明確にしなければならない。

(c)「学校教育のめざしているところの総体を適切なかたちで代表するよう」（梶田，1992，125頁）目標設定がなされなくてはならない。たとえば，認知領域において，行動目標のかたちで最も明確に表現しやすい知識，理解に偏った目標設定となると，論理的思考力や創造性など高次の認知的目標は見過ごされてしまう。いつどのような観点・方法で到達を確認するかを考慮して，できる限り広範囲な目標を含むようにしなくてはならない。

### （2）評価の3タイプと授業

**【評価の3タイプ】**

ブルームは，授業と評価を相互往還的に捉える視点（授業と評価の一体化）から，一定期間の教育活動を念頭に目的・時期が異なる3タイプの評価を提唱した。ここでは，二宮（2015）の記述を参考に解説を施す。また，表9-2には，実際の教育活動において，それぞれの評価がどのようなかたちで具体的に実践されていくのか，概略が示されている。

**表9-2　ブルームらによる診断的評価・形成的評価・総括的評価**

| | 評価のタイプ | | |
|---|---|---|---|
| | 診断的 | 形成的 | 総括的 |
| 機能 | クラス分け：<br>•必要とされる技能があるかないかの確認<br>•あらかじめ習得されているレベルの確認<br>•各種の教授方式に関係があると思われる様々な特性による生徒の分類<br><br>持続的な学習上の問題点の底にある原因の確認 | 生徒の学習の進展に関する教師と生徒へのフィードバック<br><br>治療的な指導の方針をはっきりさせることができるよう単元の構造の中で誤りを位置づけること | 単元，学期，課程の終りに，単位を認定したり成績をつけたりすること |
| 実施時期 | クラス分けのためには，単元，学期，学年が始まるとき<br><br>通常の教授によっては十分学習できないことが一貫して明らかな場合には教授活動の進行中 | 教授活動の進行中 | 単元，学期，学年の終了時 |
| 評価の中で強調される点 | 認知的，情意的及び精神運動的能力<br>身体的，心理的，環境的要因 | 認知的能力 | 一般的には認知的能力，教科によっては精神運動的能力や情意的能力も |
| 評価手段のタイプ | 予備テスト用の形成的テストと総括的テスト<br>標準学力テスト<br>標準診断テスト<br>教師形成のテスト<br>観察とチェックリスト | 特別に作られた形成的テスト | 期末試験，あるいは総括的テスト |

出典：Bloom, et.al.（1971）日本語版130頁。

### ① 診断的評価

学習の出発点において，個々の児童生徒の学習適性やレディネスを把握することによって，彼らに学習上の難点がないか，その原因の見通しをつけておくことが目的である。もともと，個々の素質やパーソナリティなど不変の性質を捉えようとしたもので，学習の制約や限界をおさえておくものと考えることもできた。今日では，新しい内容（単元）の授業に入る前に必要となる学力（たとえば，割り算を教える前に，かけ算の意味や計算ができるかを確かめる）や生活経験・知識（たとえば，昆虫の生態を教える前に，どんな昆虫を見たり捕まえたりしたことがあるかを問う）を確認することにより，補充学習や授業計画・方法の工夫に役立てようと試みられている。

② 形成的評価

あるまとまった学習内容の指導過程において，形成的テストと呼ばれる基礎的な内容についての理解度をチェックすることにより，現在の児童生徒の学習状況を把握する。しかし，それは単に授業のなかで小テストを繰り返すことを意味しない。その評価結果が思わしくなければ，教材を差し替えたり予定を変更して補修を行ったり，学習方法・授業方法さらにはカリキュラムの修正へとつながらなければならない。したがって，形成的テストは，当該単元のポイントや児童生徒がつまずきやすい内容に焦点を当て，単元の学習目標に一致した評価基準にしたがった目標準拠型のテストでなくてはならない。

③ 総括的評価

一定の教育活動（単元ごとの授業）の有効性・学習の最終的成果について検討するための評価である。評価の対象は，分析力・応用力・総合力など発展的な高次の学力とされる。したがって，定期試験と称されるテストのみならず，後述するパフォーマンスに基づく評価を利用することもありうる。また，形成的評価の情報が即座に授業改善に反映されるのに対し，総括的評価は教師自身が自らの指導を反省する契機と情報を提供するものと捉えられている。たとえば，定期試験の結果が教師の予想を下回れば，次学期の学習目標や授業方法の修正を考えたほうがよいだろう。

【マスタリー・ラーニング】

さらに，ブルームは，学習目的がはっきり伝えられ，教師からの適切な指導を受けて繰返し学習する機会を十分に与えられたなら，ほとんどの児童生徒は学校で教えられる基本的な知識や技能を習得することができるのではないかと想定した。ただし，このように考えると，全員が一定水準の成績をとらなければならない，実際には全員が到達し得る最低限の成績水準に落ち着くのではないかという懸念がでてくる。しかし，学習内容に応じてさまざまな水準の学習目標を設定することによって，この問題を解決することができる（岩脇，1996）。

このような考え方に基づいて，ブルームは，次のような段階を踏んで展開されるマスタリー・ラーニングという授業方法を提唱した（梶田，1992；二宮，2015）。

① 教科の特定のまとまりをもった学習内容（単元）において達成されるべき目標を体系的に明らかにし（目標分析表を作成し），すべての児童・生徒が達成すべき最低到達水準を設定する。

② 児童・生徒の学習適性やレディネスを考慮しつつ，最適な授業方法や教材を選択する。

③ 形成的テストを実施し，児童生徒個々の目標の達成度合いやつまずき箇所を明らかにする。

④ つまずきが認められた児童生徒には，それを克服するための補充的・治療的指導を行う。

それは斬新な教材や授業形態を求めているわけではなく，一般的な一斉授業において，評価を学習指導の改善と結びつけることをねらったものである。

## 4　パフォーマンスに基づく評価

### （1）「真正の評価」とその考え方に基づく評価法

学校の教室授業において，児童生徒が教師の指示や質問に答えたりさまざまな設定のもとでの問題を解いたりするようになるためには，教師の意図や問題の意味を理解しておかねばならない。だが，学校の教室場面における談話（言葉のやりとりの流れ）は，日常的な談話とは違った暗黙のルールのもとに進行する。児童生徒にとっては，学校独特の「言語ゲーム」に慣れ親しむことが学習の条件となっている（上野，1992）。しかしながら，本来，教育とは，彼らが将来の生活で直面するだろう現実の活動場面において活躍する力を育成するものではないか。ウィギンズ（Wiggins, G.）は，テストのように日常生活経験からかけ離れた特殊な課題・場面ではなく，現実の実践活動の文脈に即した場面を設定し，思考する必然性が感じられる課題を与えて，生み出されるパフォーマンスを直接的に評価するという学習評価，「真正の評価」を提唱した（石井，2015)。こうした学習評価の考え方は，PISA が測定しようとする「現実の世界，実際の生活の中で実際に活きて働くような学力」というリテラシーの概念に反映されている。

さて，特定の職務を効果的に行うために必要な個人の能力・才能（コンピテンシー）（第４章参照）は，活動の文脈のなかに埋め込まれた経験の積み重ねのうちに獲得されるものである（第３章参照)。それゆえ，学校において真正の評価の考え方に基づいた学習評価を行うためには，学習目標とされた知識・技能を生かせるような実践活動に類する場面，あるいは専門家が知や技を探求する過程を追体験する場面におけるパフォーマンスを直接的に捉える（石井，2015）だけでなく，その最終的な結果のみならず，そこに至るまでの過程にも注目して多角的・多面的に検討する必要がある（遠藤，2015)。

西岡加名恵（2003）は真正の評価の考え方に基づいた具体的な学習評価の方法を「パフォーマンスに基づく評価」と称し，「筆記による評価」と対比させるかたちで位置づけている（表９-３)。パフォーマンスに基づく評価には，教師が児童生徒の学習活動それ自体を観察したり，彼らと対話したりすることに基づく評価と，定型化された課題を設定して完成作品や実演を評価する「パフォーマンス課題による評価」がある。ただし，筆記による記述も一種のパフォーマンスと捉えることができ，近年さまざまな新しい筆記問題が開発されてきたため，筆記による評価とパフォーマンスに基づく評価の区分は曖昧になっているという。また，前述のような将来の実践の場で活躍するための「高次の学力」を評価するためには，さまざまな評価方法を組み合わせる必要がある。ポートフォリオ評価では，いかなる高次の学力を評価しようとするのか，その目的に応じてパフォーマンスに基づく評価の対象となる材料のみならず，客観テストやワークシートなどの自由記述をも選択して対象とする。以下本節では，パフォーマンス課題（主に筆記問題）による評価，ポートフォリオ評価

表９－３　パフォーマンスに基づく評価

| 筆記による評価<br>（筆記試験，ワークシートなど） | | パフォーマンスに基づく評価 | | |
|---|---|---|---|---|
| | | パフォーマンス課題による評価 | | 観察や対話による評価 |
| 選択回答式<br>（「客観テスト」） | 自由記述式 | 完成作品の評価 | 実演の評価<br>（実技試験） | プロセスに焦点を当てる評価 |
| □多岐選択問題<br>□正誤問題<br>□順序問題<br>□組み合わせ問題<br>□穴埋め問題<br>・単語<br>・句 | □短答問題<br>・文章<br>・段落<br>・図表　など<br><br>作問の工夫<br>□知識を与えて推論させる方法<br>□作問法<br>□認知的葛藤法<br>□予測－観察－説明（POE）法<br>□概念マップ法<br>□ベン図法 | □エッセイ，小論文<br>□研究レポート，研究論文<br>□物語，脚本，誌<br>□絵，図表<br>□芸術作品<br>□実験レポート<br>□数学原理のモデル<br>□ソフトウェアのデザイン<br>□ビデオ，録音テープ<br>（■ポートフォリオ） | □朗読<br>□口頭発表<br>□ディベート<br>□演技<br>□ダンス，動作<br>□素材の使い方<br>□音楽演奏<br>□実験器具の操作<br>□運動スキルの実演<br>□コンピューターの操作<br>□実習授業<br>□チームワーク | □活動の観察<br>□発問<br>□討論<br>□検討会<br>□面接<br>□口頭試問<br>□ノート・日誌・日記<br>Cf. カルテ，座席表 |
| | □KJ 法<br>□運勢ライン法<br>□描画法 | □プロジェクト<br>（■ポートフォリオ） | | |
| ■ポートフォリオ評価法 | | | | |

出典：西岡（2003）65頁。

の考え方と手続きについて解説していくが，両者に評価対象の範囲に差はあっても，別個の独立した方法論をさすものではないことに留意してもらいたい。

### （２）パフォーマンス課題による評価

**【定義と基本的な考え方】**

パフォーマンスに基づく評価とは，松下佳代（2007）によると，広義には「ある特定の文脈のもとで，様々な知識や技能などを用いて行われる人のふるまいや作品を，直接的に評価する方法」（６頁）をいう。ここでは，児童生徒の学力の状態を把握するために，定型的な「パフォーマンス課題」を与えて解決・遂行してもらい，そのパフォーマンスを複数の評価者が「ルーブリック」

と呼ばれる評価基準表を用いながら評価することを扱う。

パフォーマンス課題と呼ばれるものは広範囲にわたる。研究（実験）レポート，エッセイ・物語などのように筆記作品の場合もあれば，朗読・演劇，実験，討論のように実演が求められることもある。課題作成の手順として，まず，誰が何のために何を評価するのか，さらに評価の利用について明確な見解をもたねばならない。次に，評価の対象となるパフォーマンスのタイプを定める。活動の過程を観察するのか，その結果（作品）を評価するのかだけでなく，個人かグループか，活動場面が日常的なものかテスト場面のように構造化されたものかにも留意する必要がある。また，どのような質のパフォーマンスを期待し，実際に想定されるか素描しておくべきであろう。そして，パフォーマンス課題の設定にあたっては，評価しようとする学力の質を考慮する。ここで重要なのが次の２点である。１つには，評価しようとする学力ができるだけ直接的なパフォーマンスとして表れるよう設定すること。もう１つは，パフォーマンスからの学力の推論を主観的であっても恣意的・独断的にならないようにするため，ルーブリックを丁寧に作成しモデレーション（176頁参照）を含む評価手続きを慎重に運ぶことである。

学力がパフォーマンスにできるだけ直接的に反映されるようにするためには，児童生徒が有するさまざまな知識・技能をスムーズに発揮できるよう課題設定に工夫が必要となる。この要件を満たすためには，まず，どんな課題であれ現実生活における何らかの問題や場面にかかわるものでなくてはならないが，場合によっては架空の場面設定が必要となる（渡辺，2015）。また，現実生活において遭遇する問題は，さまざまな知識・技能を駆使しなければ対処できないものが多い。それゆえ，パフォーマンス課題も知識・技能を複合的に利用することでしか十分な解決に至らないものが相応しい。さらに，解決にあたって，教えられたやり方を思い出して当てはめるのでは本当の学力を発揮したとはいえない。既存の知識や技能を統合したり，独自の考え方や表現のしかたをつくり出したりすることで，新しいものを自分でつくり出すことが求められる（鈴木，2006）。

表9-4　口頭発表パフォーマンスのルーブリック

| | |
|---|---|
| 5－<br>すばらしい | 生徒は，探究した課題を明瞭に述べ，その重要性について確かな理由を提示する。導き出され，提示された結論を支持する具体的な情報が提示される。話し方は人をひきつけるものであり，文章の構成は常に正しい。アイ・コンタクトがなされ，発表の間中維持される。準備をしたこと，組織立てたこと，トピックに熱心に取り込んだことについての強い証拠が見られる。視覚的な補助資料が，発表を最も効果的にするように用いられる。聞き手からの質問には，具体的で適切な情報で，明瞭に返答する。 |
| 4－<br>とても良い | 生徒は，探究した課題とその重要性を述べる。導き出され，提示された結論を支持する適切な量の情報が与えられる。話し方や文章の構成は，ほぼ正しい。準備をし，組織立てたという証拠，および熱心にトピックに取り組んだという証拠が見られる。視覚的な補助資料に言及し，用いる。聞き手からの質問には，明瞭に答える。 |
| 3－<br>良い | 生徒は，探究した課題と結論を述べるが，それを支持する情報は4や5ほど説得力のあるものではない。話し方や文章の構成は，ほぼ正しい。準備したり組織立てたりしたという証拠がいくつか見受けられる。視覚的な補助資料についての言及がある。聞き手からの質問に返答する。 |
| 2－<br>さらに努力を要する | 生徒は，探究した課題を述べるが，完全ではない。課題に答える結論は与えられない。話し方や文章は理解できるものの，いくつかの間違いがある。準備したり組織立てたりしたという証拠が見られない。視覚的な補助資料に言及したりしなかったりする。聞き手からの質問には，最も基本的な返答しか返ってこない。 |
| 1－<br>不十分 | 生徒は，課題やその重要性を提示することなしに発表する。トピックは不明瞭で，適切な結論も述べられない。話し方はわかりにくい。準備をした様子はなく，組織立ってもいない。聞き手からの質問に対して，最も基本的な返答しか与えないか，全く返答しない。 |
| 0 | 口頭発表は行われなかった。 |

出典：西岡（2003）145頁。

**【ルーブリックの作成と評価の手続き】**

ルーブリックとは，「成功の度合いを示す数値的な尺度と，それぞれの尺度に見られるパフォーマンスの特徴を示した記述語からなる評価基準表」（田中，2003，205頁）をいう。パフォーマンスにどんな特徴が認められればどの段階にあると評価するのか，その基準を明示した表といえる。表9-4に掲げられているルーブリックは，口頭発表というパフォーマンス全体についての評価基準を一般的な記述語で記し，0～5の6段階で評価する単一尺度である。ここでいう記述語がパフォーマンスの質のレベルを規定する基準を示すわけだが，場合によっては一般的な表記にとどまらず指標（当該段階にあると評価されるパフォーマンスに典型的な具体的徴候）を含む。記述の仕方や評価の段階数には規定はなく，対象となるパフォーマンスを適切に把握できるよう，また採点のしやすさを考慮して確定していくこととなる。

同じルーブリックを用いても，採点者によって評価結果が異なることはよくある。個々の採点者による評価結果を比較・検討することで，評価基準についての解釈・評価結果の調整を図り，ルーブリックの加筆・修正を行っていく。こうした作業はモデレーションと呼ばれ，恣意的・独断的な採点を回避して評価の信頼性を高めるために不可欠である。また，採点事例を抽出しておくことは，評価基準のもつ言語的な説明では伝わりにくい側面の共通理解を促進するだけでなく，より多くの事例を集めておけばルーブリック再検討のための有用な資料となる。このようなパフォーマンスの情報とルーブリックと評価結果の間の往還のうちに，より客観的で妥当な評価基準を得ることができる（松下，2007）。さらに，ルーブリックによる評価は，到達目標を明確に設定しつつ個人内評価を織り込んだ形式になっている（西岡，2003）。ルーブリックと評価結果を参照することにより，児童生徒それぞれが自らの習熟度を認識し，ルーブリックに示された次の段階（ワンランク上）を目指すことが期待される。

### （3）ポートフォリオ評価

**【ポートフォリオの定義】**

ポートフォリオとは，ただ児童生徒が書いたノートや資料を綴じただけのものではない。ある一定の学習期間中に，彼らが作成した作品，自己評価の記録，教師の指導と評価の記録などを，どのような力を育てたいか，その評価の観点にそって系統的に蓄積していくものである。ここでいう作品とは，完成されたワークシート，レポート，絵や資料だけでなく，メモや下書き，DVD や CD など活動そのものの記録を残しておくことも考えられる。また，自己評価の記録は，漠然と「おもしろかったか」「がんばったか」などをたずねるのではなく，児童生徒に身につけさせたい力を念頭に，「集めた資料を自分なりにまとめることができたか」「友だちの意見をよく聴こうとしたか」など評価観点を明確に絞った問いに基づくものが望ましい。さらに，児童生徒の学習過程における教師の働きかけの記録として，ワークシートなどへのコメントを残しておくべきであろう。グループワークの際の，子どもどうしの相互評価などの記録を入れておくことも有用であろう（西岡，2003）。

**【ポートフォリオづくり】**

西岡（2003）は，前述のようなポートフォリオづくりを進める際の留意すべきポイントを指摘しているが，その記述を要約すると以下のようになる。

① 教師は児童生徒に対して，ポートフォリオの容れものに何を残すのか，それをどこに置くのかなど具体的な手続きだけでなく，ポートフォリオづくりの目的や意義をあらかじめ説明しておく。そして，活用して目的・意義を確認しながら，彼らがより主体的にポートフォリオづくりに取り組んでいくよう支援することが求められる。

② 児童生徒と教師が評価の目的に沿って，様々な材料を出し合って蓄積していく。たとえば，児童生徒の主体的な学習過程に着目するのなら，走り書きのようなメモや設計図のような下書き，利用した資料や保護者等からの意見などに至るまで，細かな材料を集めていくことが重要となる。

③ 日常的に集めて材料をためておいたもの（ワーキング・ポートフォリオ）は，一定期間が経過すれば，たとえば，編集し直して冊子にする，材料を選択して別のファイルなどに綴じることで，長期保存のためのもの（パーマネント・ポートフォリオ）を作成する。このような作業を通して，児童生徒が自らの学習過程を俯瞰する力を養うことができる。

**【ポートフォリオ検討会】**

ポートフォリオ評価においては，児童生徒が自分のつくったポートフォリオについて教師や仲間たちと語り合う場面，ポートフォリオ検討会を設定することが不可欠である。以下，西岡（2003）の記述に基づいて，検討会の設定時期や進め方について解説する。

教師がある単元の学習目標に準拠してポートフォリオ評価を行う場合，診断的評価・形成的評価・総括的評価に対応した目的をもって，単元学習の初め，途中，締めくくりにおいて設定するのが一般的である。初めの検討会では，児童生徒にポートフォリオの目的や意義を説明し，彼らの学習状況を把握することが目的となる。途中の検討会において，目標に照らして学習の進展に不都合が明らかになれば，学習活動やポートフォリオづくりの計画を修正していくことになる。最後に，学習成果と残された課題を確認して締めくくりとする。

検討会においては，教師が児童生徒の学習状況についてコメントすることよりも，彼ら自身にポートフォリオをどのように捉え考えているかを語ってもらい，お互いの評価をつき合わせることに重点をおくべきである。児童生徒は，教師や仲間の発言から「どんな材料がどのように評価されるのか」「ポートフォリオをどのようにしてつくっていけばよいのか」など評価の観点について認識を深め，自らの学習活動を振り返りつつ意見を形成していく機会を得る。また，教師とともに納得できる次の課題を設定していくことで，ポートフォリオづくりだけでなく単元学習の方向性について展望を得ることができる。つまり，ポートフォリオ検討会を通して，児童生徒の学習に関するメタ認知を育むことが期待される。

**引用・参考文献**

東 洋（2001）『子どもの能力と教育評価 第２版』東京大学出版会。
池田 央（2007）『テストの科学――試験にかかわるすべての人に』（オンデマンド版）教育測定研究所。
石井英真（2015）「教育評価の立場」西岡加名恵・石井英真・田中耕治編『新しい教育評価入門――人を育てる評価のために』有斐閣，22～49頁。
岩脇三良（1996）『教育心理学への招待――児童・生徒への理解を深めるために』サイエンス社。
上野直樹（1992）「『言語ゲーム』としての学校文化」佐伯 胖・汐見稔幸・佐藤学編『学校の再生をめざして１――学校を問う』東京大学出版会。
遠藤貴広（2015）「学力評価の方法――１ 評価方法を設計・検討する視点」西岡加名恵・石井英真・田中耕治編『新しい教育評価入門――人を育てる評価のために』有

斐閣，114～122頁。
梶田叡一（1992）『教育評価 第２版』有斐閣。
梶田叡一（1995）「教育評価ということ」梶田叡一編著『教育心理学への招待』ミネルヴァ書房。
北尾倫彦（2006）「集団に準拠した評価」辰野千壽・石田恒好・北尾倫彦監『教育評価辞典』図書文化社，83～84頁。
鈴木秀幸（2006）「パフォーマンス評価」辰野千壽・石田恒好・北尾倫彦監『教育評価辞典』図書文化社，175頁。
多鹿秀雄（2001）『教育心理学――生きる力を身につけるために』サイエンス社。
田中耕治編著（2003）『教育評価の未来を拓く――目標に準拠した評価の現状・課題・展望』ミネルヴァ書房，205頁。
東條光彦（2006）「尺度づくり」辰野千壽・石田恒好・北尾倫彦監『教育評価辞典』図書文化社，143～144頁。
長澤俊幸（2006）「客観テスト」辰野千壽・石田恒好・北尾倫彦監『教育評価辞典』図書文化社，156頁。
西岡加名恵（2003）『教科と総合に活かすポートフォリオ評価法――新たな評価基準の創出に向けて』図書文化社。
二宮衆一（2015）「教育評価の機能」西岡加名恵・石井英真・田中耕治編『新しい教育評価入門――人を育てる評価のために』有斐閣，51～75頁。
服部 環（2006）「客観テスト」辰野千壽・石田恒好・北尾倫彦監『教育評価辞典』図書文化社，536頁。
松下佳代（2007）『パフォーマンス評価――子どもの思考と表現を評価する』日本標準。
南風原朝和（2006）「妥当性」辰野千壽・石田恒好・北尾倫彦監修『教育評価辞典』図書文化社，541頁。
渡辺貴裕（2015）「学力評価の方法：２ 学力を把握するための方法」西岡加名恵・石井英真・田中耕治編『新しい教育評価――人を育てる評価のために』有斐閣，122～141頁。
Bloom, B. S., Hastings, J. T. & Madaus, G. F.（1971）*Handbook on Formative and Summative Evaluation of Student Learning*. McGraw-Hill.〔日本語版：梶田叡一・渋谷憲一・藤田恵璽訳（1973）『教育評価法ハンドブック――教科学習の形成的評価と総括的評価』第一法規〕

**学習の課題**

(1) サイコロを100回振った時の出た目の平均の期待値は正規分布を描くが，多肢選択問題６題（１題１点）の合計点の100人平均の期待値はどうだろうか，その理由も考えてみよう。

(2) 実習授業を予定している教科の任意の単元を選択し，目標分析表を参照しながら，診断的評価・形成的評価・総括的評価における評価観点を整理しよう。
(3) あなたが教員採用試験の面接担当者なら，どのような基準で評価するかなど，単一の評価観点に基づくルーブリックを作成してみよう。

**【さらに学びたい人のための図書】**

東 洋（2001）『子どもの能力と教育評価 第2版』東京大学出版会。

⇨教育評価とは何かということを，日常生活感覚に基づき専門家の所見を相対化してわかりやすく説いている。評価という作業も文化的営みであることを認識させられる。

池田 央（2007）『テストの科学――試験にかかわるすべての人に』（オンデマンド版）教育測定研究所。

⇨適正な社会的選別機能を果たすための合理的なテスト設計について，大学入試を例に丁寧に解説している。ただし，筆者は普段の学習活動を反映した評価方法を模索している点に注目してほしい。

西岡加名恵・石井英真・田中耕治編（2015）『新しい教育評価入門――人を育てる評価のために』有斐閣。

⇨教育評価の手法や実践だけでなく，それらの背景にある歴史的背景や理論について幅広く学ぶことができる。ひとつの学問体系としての教育評価論を実感させられる。

（橋本憲尚）

# 第10章　仲間関係・学級集団

**この章で学ぶこと**

学校教育は学級集団という仲間関係のなかで行われるため，教育が円滑に進むためには学級集団内の仲間関係が適切に機能している必要がある。また，学級集団は教科教育の行われる場としての機能を有するだけでなく，学級集団の仲間関係自体から人はさまざまなことを学び，仲間関係は児童生徒の社会性獲得のための教材そのものであるともいえよう。本章では，1. 仲間関係の様相の発達による変化，2. 学校，地域，インターネットにおける仲間関係，3. 代表的な学級集団の理解法とそれらの長所・短所，4. 仲間関係の諸問題，5. よりよい仲間関係の構築に寄与する教育法　について学習する。

## 1　仲間関係の様相と発達

### （1）幼児期の仲間関係

乳児期は家の中で親や兄弟姉妹と遊ぶのが中心であるが，幼児期以降では外での活動が増えて子どもどうしの遊びも増えていく。ほかの子どもとの協調した遊びはすぐにできるものではなく，段階を経てできるようになるものである。パーテン（Parten, 1932）は，幼児期の遊びの観察をもとに，遊びの発達に関する６つの発達段階を提案している。

第１段階は，まだ遊びとはいえない段階とされ，何か興味のあることをしたりはするが，何かに専念して遊ぶことはできていない段階である。第２段階のひとり遊び段階になると，自分のおもちゃを使ってひとりで遊べるようになるが，ほかの子どもが近くにいてもそれに興味を示さない。第３段階は傍観的行動の段階であり，ほかの子どもの遊びを見て過ごし，その遊びについて話しかけたりすることはあるが一緒になって遊ぶことはなく，部外者としての関わりしかない段階である。第４段階になると並行遊びの段階に入り，子どもはそれぞれ独立して遊んではいるが，ほかの子どもの邪魔をしたり干渉したりはしない。第５段階は連合遊びの段階と呼ばれ，おもちゃの貸し借りや話し合いなどの共行動がみられるようになる。第６段階は協同もしくは組織化された遊びの段階であり，リーダーとフォロアーの関係がみられたり，目的達成に向けた役割分担などが存在した組織的な遊びができたりするようになる。

### （２）児童期の仲間関係

児童期に入ると遊びの場は拡大していき，家や学校から離れた大人の目の届かない場所での遊びができるようになる。そのような場所での遊びは，ギャング集団と呼ばれる仲間関係のなかで行われることが指摘されており，ギャング集団を形成して遊ぶ時期をギャングエイジと呼ぶ。中村（1995）によるとギャング集団の特徴として次の７点をあげることができる。

① 同性からなる

② 人数は５・６名程度であることが多い

③ 高度に組織化されている

④ 親や教師などの成人からの監視や干渉を避けて仲間内だけの秘密の場所をもつ

⑤ 宝物などの共有財産をもち，仲間内だけで通用する合い言葉や隠語・約束・ルールの遵守が求められ，集団への所属と，それに対する誇りや忠誠心が存在する

⑥ 仲間以外に対しては，閉鎖的，排他的，抵抗的であり，ときに他の集団との競争などが生じる

⑦ 集団内に固有の価値・文化体系をもち，その価値・文化は大人の既成文化に対立することが少なくないため，単独ではしないような非行・乱暴・破壊的行動をとることがある

これらの特徴には暴力的な要素が含まれるためネガティブなイメージをもた

れることもある。しかし，いずれの特徴も仲間集団への帰属意識や凝集性を高める要因であり，仲間集団の内での適応や地位評価を得るための工夫を通じて社会性を獲得する機能や，大人からの分離による自主性や自立心の育成などのポジティブな効果もあることが指摘されている。

### （3）青年期の仲間関係

児童期までの仲間関係は遊びの共有を主な目的とした同性の友人との関係が主であるとすると，青年期以降の仲間関係には遊び以外の活動も増え，また異性との関係も有した仲間関係に移行していく。ギャング集団に続き青年期に現れる仲間関係として，チャムおよびピアが存在する（保坂・岡村，1986）。チャムとは中学生の頃に現れる少人数からなる集団で，お互いを親友として認識し合っているのが特徴である。ギャング集団では，同じ行動をするという外面的な共通性が一体感の主な要因であったが，チャムでは言葉でお互いの共通点を確認することで同じであるという感覚を得ることが重要な要因となり，内面的な共通性がより重視されるようになる。ピアは高校生の頃に現れる仲間関係であり，内面的にも外面的にも自立した者どうしが，お互いの違いを認めつつも共存していくことが可能な結びつきである。基本的には１対１の関係性をとるが集団の形態をとることもある。ギャング，チャム，ピアと発達していくにつれて具体的なものによる同調圧力は低下し，お互いの価値観や立場を尊重した相互的な関係性を維持することができるようになる。

また，ダンフィー（Dunphy，1963）によると，青年期の仲間関係の形態はクリークという６名程度からなる密接な仲間関係とクラウドと呼ばれる20名程度のゆるやかな仲間関係が存在し，それらの分化・結合によって次のような５つの発達段階に分けられる（図10－1）。

第１段階　クラウドはまだ形成されておらず，同性のみのクリークが孤立して存在している

第２段階　クリークの構成メンバーはまだ同性どうしであるが，クリーク間に相互作用が生じている

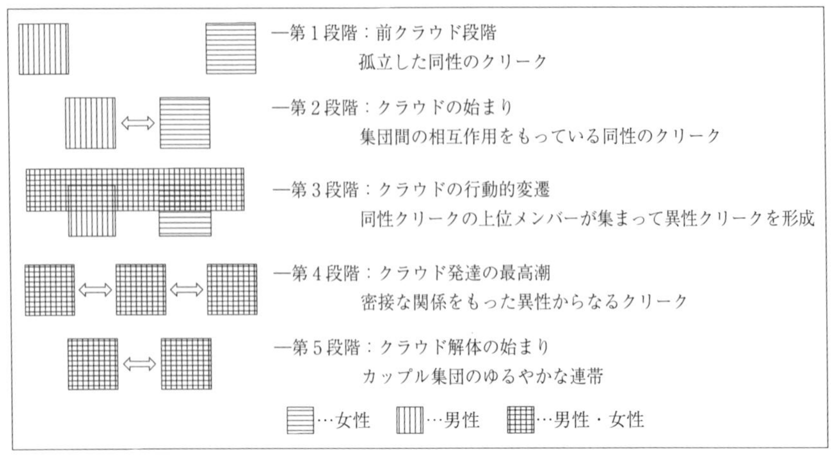


**図10－1　ダンフィーによる青年期の仲間関係の形態のモデル**

出典：Dunphy（1963）.

第3段階　同性クリーク内での分化が起き，上位メンバーが集まって異性クリークを形成する

第4段階　クリークは異性からなるものとなり，複数のクリークは密接に関係してクラウドを形成する

第5段階　クラウドの解体が始まり，カップルどうしがゆるやかに結びついた形態になっていく

## 2　学校，地域，インターネットにおける仲間関係

### （1）学校種別の移行にともなう仲間関係の変化

環境移行時にはさまざまな心理的問題が生じるが，とくに小学校入学時に起きる問題を総称して小1プロブレムと呼ぶ。生徒指導提要（文部科学省，2011）によると，小1プロブレムとは小学校に入学したばかりの児童が落ちついて教員の話を聞けなかったり，教室を歩き回ったりして授業が成立せず，いわゆる学級崩壊状態になることを意味する。これらの問題には自己制御能力の発達が関連することが指摘されている。自己制御能力は，自分の要求を主張したり実行

したりできる自己主張・実現的側面と他者のために自分の意志・願望・感情を抑える自己制御的側面から成り立ち，ほかの子どもとの仲間関係のなかで上記２側面のバランスのとれた発達ができることが求められる。しかし，家庭内でのしつけの問題などのため上記の発達が不十分であることなどより，遊びが中心だった幼稚園・保育園では表面化しなかった問題が，学習が中心の小学校への大きな環境の変化によって表面化することで小１プロブレムにつながり得る。

また，小学校から中学校への環境移行においても問題行動が起きることがあり，それらを総称して中１ギャップと呼ぶことがある。校区も狭く規模も小さい学校のなかで，学級担任制で担任との身近な接触が可能であった小学校より，学区も規模も拡大し，教科担任制による担任との接触時間の減少や生徒指導の厳格化が起こる中学校への入学によって非行・いじめ・不登校などの問題行動の発生率が高まるとも指摘されている。

### （２）インターネット上の仲間関係の問題

近年，塾・習い事・ゲームなどの活動に従事する時間が増えるなかで，仲間との遊びの時間の減少が問題視されてきていた。現在ではインターネットの普及とともに，インターネットを経由したさまざまなサービスへの従事時間を得たことにより，ますます仲間との遊びの時間は減少している。しかし，SNS（ソーシャル・ネットワーキング・サービス）などの利用によりインターネットを通じた人との交流は容易になり，ネット上にグループや仲間関係が拡大したとも考えられる。

内閣府による2016（平成28）年度青少年のインターネット利用環境実態調査によると，2016年度のインターネット利用率は小学生61.8%，中学生82.2%，高校生96.6%であり，スマートフォンによるインターネット利用率も小学生22.3%，中学生47.3%，高校生92.9%となっている。表10-1はスマートフォンやスマートフォン以外も含む情報端末の１日あたりの平均利用時間を示しているが，2014年度の段階で高校生の平均利用時間は１日２時間半を越えており，2016年度においてはさらにその利用時間が増えている。

表10-1　スマートフォンなどの平均利用時間（1日あたり）

| | | 2014年度 | | 2015年度 | | 2016年度 | |
|---|---|---|---|---|---|---|---|
| | | 平均利用時間(分) | 2時間以上(%) | 平均利用時間(分) | 2時間以上(%) | 平均利用時間(分) | 2時間以上(%) |
| スマートフォン | 小学生 | 63.0 | 18.4 | 63.3 | 17.4 | 69.7 | 24.8 |
| | 中学生 | 123.4 | 49.3 | 118.3 | 48.1 | 124.2 | 52.1 |
| | 高校生 | 154.6 | 63.3 | 157.7 | 66.8 | 170.3 | 72.1 |
| | 総数 | 140.7 | 56.0 | 136.0 | 56.0 | 145.8 | 60.7 |
| スマートフォン以外も含む | 小学生 | 83.3 | 24.1 | 84.8 | 27.2 | 93.4 | 32.5 |
| | 中学生 | 130.2 | 47.4 | 127.3 | 46.1 | 138.3 | 51.7 |
| | 高校生 | 185.1 | 67.3 | 192.4 | 70.3 | 207.3 | 76.7 |
| | 総数 | 142.6 | 49.9 | 141.8 | 50.5 | 154.3 | 56.3 |

出典：内閣府（2017）。

学級での仲間関係は，基本的にはランダムに割り振られるクラス編成によるため，学級集団の成員の選択に児童生徒の意志は反映されない。しかし，インターネット上の仲間関係は，児童生徒自身の意志による選択が反映されることが多く，そのため幅広い多様な仲間関係の経験が阻害されがちであるという問題が存在する。

ただ，インターネットを通じたいじめなどの問題により，児童生徒のインターネット利用を避けるだけではさまざまな機会の損失につながることもまた確かである。これまで，心の問題を抱えているが学校の教員やスクールカウンセラーなどへの相談が対面では難しい児童生徒の受け皿として電話相談などの手段が存在した。しかし，現在ではスマートフォンの普及により，コミュニケーションの主な手段がSNSであるという児童生徒も多く存在する。そのような児童生徒に向けて，SNSやアプリから相談できる窓口を設けている組織も増えてきている。また，学校での仲間関係によって生じた心の問題を，インターネット上の仲間関係のなかで解消することで，学校での適応状態を維持できるなどの可能性も十分考えられる。

## 3　代表的な学級集団の理解法

### （1）学級集団の理解法の概要

学級集団の中で仲間関係に問題を生じている児童生徒を理解する方法は，報告の主体で分けると自己報告・教師報告・仲間報告の３つに分かれる。自己報告は，問題を生じた児童生徒本人より報告を受ける方法であるが，児童生徒が自身で自分の問題について報告してくれることはまれである。その理由として，教員との良好な関係性が確立していないため相談できないなどの理由もあるが，それ以外にも，たとえば，いじめの問題が発生していた場合，被害者がいじめられていることを周囲に知られたくないと露見を恐れることや，自身のしていることが問題行動であるという自覚が加害者側にできていないという問題も存在する。また，引っ込み思案の児童に比べ，攻撃的な児童は自己の行動を向社会的に解釈しがちであることが見出されている。

教師報告は教師自身が日々の児童生徒との関係のなかで問題に気づく方法である。日々の熟達によって教師は学級の問題に敏感に気づけるようになるものであり，気づけない教師は努力不足であると考えられる向きもあるが，教師の学級内の問題行動の認知には基本的なバイアスが存在することも示されている。たとえば，これまで仲間関係上の問題として攻撃性や引っ込み思案が検討されてきているが，教師は攻撃的な児童生徒の認知については正確である一方，引っ込み思案な児童生徒が問題を抱えていることに気づけないこと（アッシャー・クーイ，1996）や，教師によるいじめの認知件数が仲間によるいじめの認知件数を下回ることなどが示されている（森田・清永，1986）。

仲間報告は，学級の成員へのアンケートなどを通じて本人以外の情報から問題を理解する方法であり，代表的なものとしてソシオメトリック・テストが存在する。仲間報告は，問題を生じている本人が気づけない点や，教師の観察が不可能な放課後以降の仲間との活動なども反映した仲間との活動を把握可能であるという長所が存在するが，児童生徒への心理的な負担や倫理的な問題の存

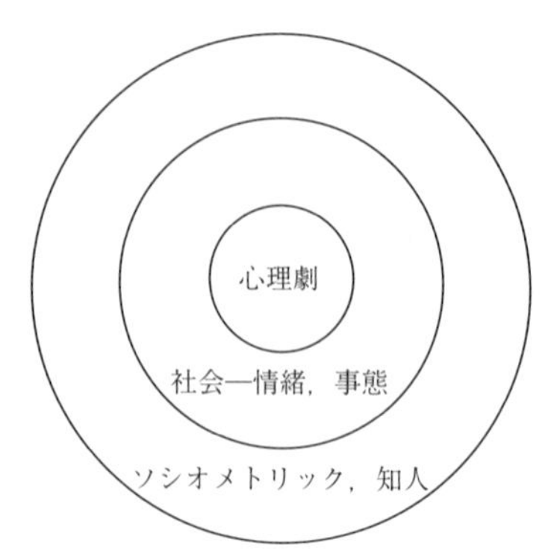


**図 10－2　ソシオメトリック・テストと心理劇の階層関係**
出典：田中（1964）をもとに筆者作成。

在が指摘されているため，実施には慎重を期す必要がある。

### （2）仲間報告による理解法

仲間報告による学級集団の理解法の代表例として，モレノ（Moreno, J. L.）によるソシオメトリック・テストが存在する。モレノは，心理劇（サイコドラマ）の開発者としても有名であるが，それらはいずれもモレノの提唱した小集団分析の手法に当てはまり，ソシオメトリック・テストがより周辺的かつ外面的なものであるとすると，心理劇はより中心的かつ内面的なものとされる（図 10－2）。そのため，ソシオメトリック・テストはスクリーニング的な使用法が多いのに対し，心理劇は治療的な使用法が多くなっている。なお，モレノは，目的をはっきり確認し配慮を払ったうえで行ったものを温かいソシオメトリー，学術目的のみによる使い方を冷たいソシオメトリーと呼び，冷たいソシオメトリーの使用は望ましくないと指摘している。

田中（1964）は，ソシオメトリック・テストの目的として次の10点をあげている。

① 学級内の適切な小集団編成
② 学級の心理学的構造の分析
③ 学級の集団凝集性の測定

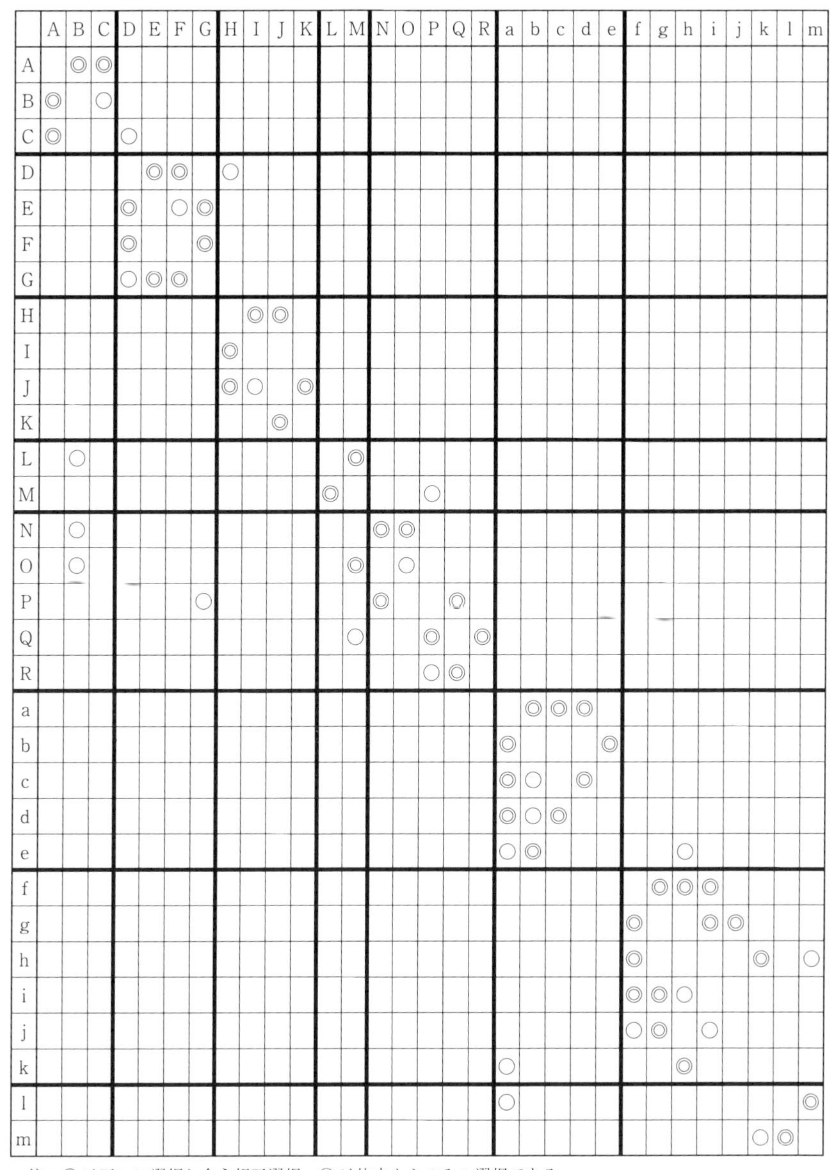

| | A | B | C | D | E | F | G | H | I | J | K | L | M | N | O | P | Q | R | a | b | c | d | e | f | g | h | i | j | k | l | m |
|---|---|---|---|---|---|---|---|---|---|---|---|---|---|---|---|---|---|---|---|---|---|---|---|---|---|---|---|---|---|---|---|
| A | | ◎ | ◎ | | | | | | | | | | | | | | | | | | | | | | | | | | | | |
| B | ◎ | | ○ | | | | | | | | | | | | | | | | | | | | | | | | | | | | |
| C | ◎ | | | ○ | | | | | | | | | | | | | | | | | | | | | | | | | | | |
| D | | | | | ◎ | ◎ | | ○ | | | | | | | | | | | | | | | | | | | | | | | |
| E | | | | ◎ | | ○ | ◎ | | | | | | | | | | | | | | | | | | | | | | | | |
| F | | | | ◎ | | | ◎ | | | | | | | | | | | | | | | | | | | | | | | | |
| G | | | | ○ | ◎ | ◎ | | | | | | | | | | | | | | | | | | | | | | | | | |
| H | | | | | | | | | ◎ | ◎ | | | | | | | | | | | | | | | | | | | | | |
| I | | | | | | | | ◎ | | | | | | | | | | | | | | | | | | | | | | | |
| J | | | | | | | | ◎ | ○ | | ◎ | | | | | | | | | | | | | | | | | | | | |
| K | | | | | | | | | | ◎ | | | | | | | | | | | | | | | | | | | | | |
| L | | ○ | | | | | | | | | | | ◎ | | | | | | | | | | | | | | | | | | |
| M | | | | | | | | | | | | ◎ | | | | ○ | | | | | | | | | | | | | | | |
| N | | ○ | | | | | | | | | | | | ◎ | ◎ | | | | | | | | | | | | | | | | |
| O | | ○ | | | | | | | | | | | ◎ | | ○ | | | | | | | | | | | | | | | | |
| P | | | | | | | ○ | | | | | | | ◎ | | | ◎ | | | | | | | | | | | | | | |
| Q | | | | | | | | | | | | | ○ | | | ◎ | | ◎ | | | | | | | | | | | | | |
| R | | | | | | | | | | | | | | | | ○ | ◎ | | | | | | | | | | | | | | |
| a | | | | | | | | | | | | | | | | | | | | ◎ | ◎ | ◎ | | | | | | | | | |
| b | | | | | | | | | | | | | | | | | | | ◎ | | | | ◎ | | | | | | | | |
| c | | | | | | | | | | | | | | | | | | | ◎ | ○ | | ◎ | | | | | | | | | |
| d | | | | | | | | | | | | | | | | | | | ◎ | ○ | ◎ | | | | | | | | | | |
| e | | | | | | | | | | | | | | | | | | | ○ | ◎ | | | | | | ○ | | | | | |
| f | | | | | | | | | | | | | | | | | | | | | | | | | ◎ | ◎ | ◎ | | | | |
| g | | | | | | | | | | | | | | | | | | | | | | | | ◎ | | | ◎ | ◎ | | | |
| h | | | | | | | | | | | | | | | | | | | | | | | | ◎ | | | | | ◎ | | ○ |
| i | | | | | | | | | | | | | | | | | | | | | | | | ◎ | ◎ | ○ | | | | | |
| j | | | | | | | | | | | | | | | | | | | | | | | | ○ | ◎ | | ○ | | | | |
| k | | | | | | | | | | | | | | | | | | | ○ | | | | | | | ◎ | | | | | |
| l | | | | | | | | | | | | | | | | | | | ○ | | | | | | | | | | | | ◎ |
| m | | | | | | | | | | | | | | | | | | | | | | | | | | | | | ○ | ◎ | |

注：◎は互いに選択し合う相互選択，○は片方からのみの選択である。

**図10－3　ソシオメトリック・テストによる構造マトリックスの例**

出典：久木山（2017）112頁。

④ 友人関係の研究

⑤ コミュニケーションのネットワーク分析

⑥ リーダーとフォロアーの関係，支配者と屈従者の関係の分析

⑦ 社会的不適応の診断

⑧ 成員の社会的態度の検討

⑨ 社会的原子構造の理解と子どものパーソナリティの発達の診断

⑩ 同一学級での結果比較による教育効果の検討や異なる学級による学年差や地域差の理解

ソシオメトリック・テストで測定されるのは，選択と排斥の関係であり，「一緒に遊びたい人はだれですか（選択）」「一緒に遊びたくない人はだれですか（排斥）」といった質問項目で仲間の名前をあげさせる。ただし，倫理的な問題や回答者の心理的負担の存在などより，現在では排斥関係の採集はなされないことがほとんどである。指名による回答をもとに，「選択―被選択」の対応関係を表にまとめたものを構造マトリックスと呼び（図10－3），構造マトリックスをもとに成員どうしの選択―被選択の関係を矢印で図示して整理したものをソシオグラムと呼ぶ（図10－4）。

ソシオメトリック・テストを行い，ソシオグラムを描くことでわかるのは学級内の集団構造や選択の数が主である。多くの成員より選択を受けている者が

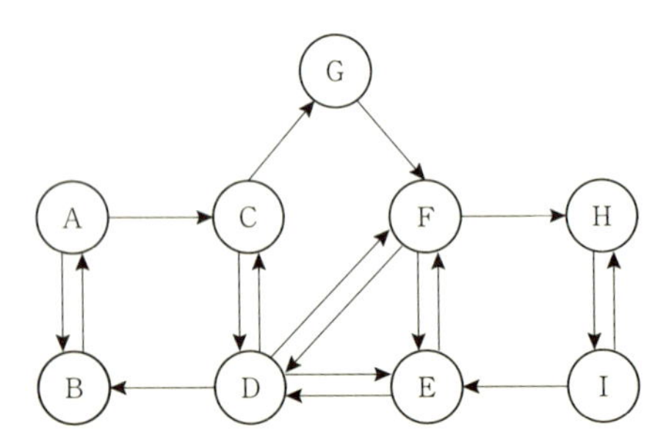


**図10－4　ソシオグラムの例**

出典：久木山（2017）113頁。

誰であるかがわかっても，その選択の理由までは理解することができない。そうした問題点を補いうる手法としてゲス・フー・テストが存在する。肥田野(1993)によるとゲス・フー・テストはハーツホーン（Hartshorne, H）とメイ（May, M. A.）によって初めて考案された手法であり，「この学級の中で，誰とでもよく協力する子は誰ですか？」などの質問への指名を求める方法とされる。ソシオメトリック・テストと同様に，児童生徒相互間の評定によって行動・態度などを評価する相反評価法の一種とされるが，ソシオメトリック・テストの主眼が学級内の対人関係の構造にあるとすれば，ゲス・フー・テストでは性格・行動面の特徴の理解が可能であり，また，教師が平素見落としがちな目立たない児童生徒の理解にも役立つことが指摘されている。これらのテストを併用することで，より深い学級集団の構造の理解が可能となる。

## 4　仲間関係の諸問題

### （1）いじめの定義

いじめの様相は時代によって変化しており，それによって文部科学省によるいじめの定義も変化してきている。たとえば2006年時の定義は，

> 「いじめ」とは，「当該児童生徒が，一定の人間関係のある者から，心理的，物理的な攻撃を受けたことにより，精神的な苦痛を感じているもの」とする。

であったが，2013年のいじめ防止対策推進法の施行に伴い，

> 「いじめ」とは，児童等に対して，当該児童等が在籍する学校に在籍している等当該児童等と一定の人的関係にある他の児童等が行う心理的又は物理的な影響を与える行為（インターネットを通じて行われるものを含む）であって，当該行為の対象となった児童等が心身の苦痛を感じているものをいう。

と変化している。この定義の変化は，児童生徒が在籍している学校以外の場やインターネットなどにいじめの起こる場が拡大していることを反映している。

文部科学省が毎年継続して行っている「児童生徒の問題行動・不登校等生徒指導上の諸課題に関する調査」では，これまでいじめの形態として，「冷やかしやからかい，悪口や脅し文句，嫌なことを言われる」「仲間はずれ，集団による無視をされる」「軽くぶつかられたり，遊ぶふりをして叩かれたり，けられたりする」などの対面で行われるいじめを中心に調査してきた。しかし2013年のいじめ防止対策推進法の施行後より，「パソコンや携帯電話等で，ひぼう・中傷や嫌なことをされる」という態様についての項目も追加され，2016（平成28）年度の速報値では，小学校で1.1%，中学校で8.0%，高等学校で17.4%の認知件数が報告されている。

### （2）いじめの集団構造

いじめが通常の攻撃行動と異なるのは，攻撃の加害者—被害者という単純な二者関係に留まらず，それを取りまく周りの集団の影響が大きい点にある。森田・清永（1986）は，いじめの集団構造を集団の中で果たす役割に基づいて分類している。いじめの加害者の周りには，直接的にいじめに参加しないが，はやしたり，面白がって見ていたりする観衆が存在し，加害者のいじめ行動を明示的に促進する役割になっている。また，観衆の周りには見て見ないふりをする傍観者が存在するが，いじめを止めないことが暗黙的ないじめの支持となっている（図10-5）。

インターネット上でのいじめの場合も，いじめの集団構造自体は変化しない。しかし，インターネットの場合，加害の現場をおさえることが対面のいじめに比べてさらに難しくなる，加害者が匿名でわからない，観衆や傍観者が学校の範囲を超えて拡散する，検索サービスなどに記録が残ることでいじめの痕跡が永久に残り予想外の被害が継続するなどの新たな問題も存在している。

### （3）学級崩壊

学級崩壊という言葉は1990年代後半から使用されるようになり，現在では多くの人が知っている用語である。しかし，文部科学省の文章などでは，「いわ

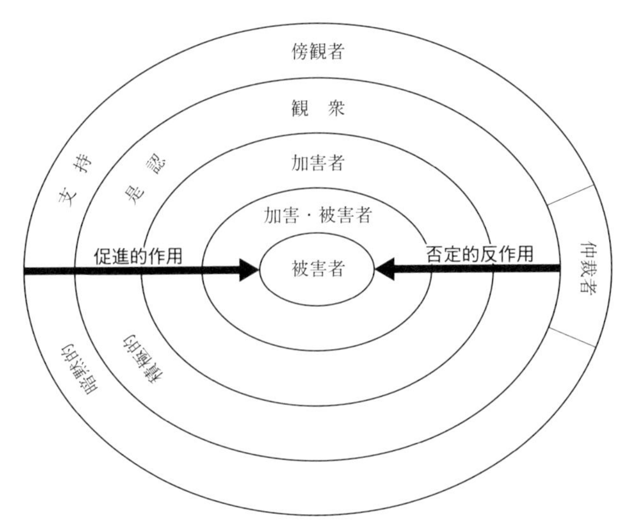


**図 10 − 5　いじめの集団構造**

出典：森田・清永（1986）をもとに筆者作成。

ゆる学級崩壊」という表現が使用されており，いじめや不登校とは異なり明確な定義も存在していない。そのため，全国的な実態調査や対策法の開発などが行われていないことをまず理解しておく必要がある。

文部科学省（2011）による『学級経営に関する調査研究』（中間まとめ）では，学級崩壊を「学級がうまく機能しない状況」とし，子どもが教師の指導に従わず，教室内で勝手な行動をして授業が成立しないなど，集団教育という学校の機能が成立しない学級の状態が一定期間継続し，学級担任による通常の方法では問題解決ができない状態に立ち至っている場合についての調査がなされている。その結果，学級がうまく機能しない状況の原因として，学級担任の指導力不足，学校の対応の問題，子どもの生活や人間関係の変化，家庭・地域社会の教育力の低下が考えられるとしている。また，学級がうまく機能しない状況について次のような10のケースに類型化も行っている。

① 就学前教育との連携・協力が不足している

② 特別な教育的配慮や支援を必要とする子どもがいる

③ 必要な養育を家庭で受けていない子どもがいる

④ 授業の内容と方法に不満をもつ子どもがいる
⑤ いじめなどの問題行動への適切な対応の遅れ
⑥ 校長のリーダーシップや校内の連携・協力が確立していない
⑦ 教師の学級経営が柔軟性を欠いている
⑧ 学校と家庭などとの対話が不十分で信頼関係が築けず対応が遅れた
⑨ 校内での研究や実践の成果が学校全体で生かされなかった
⑩ 家庭のしつけや学校の対応に問題

学級崩壊に関しては，教師の指導力不足への注目が多くなされがちであるが，「荒れた学級」ではなく「学級崩壊」のレベルにまで悪化するのは教師の指導能力以外のさまざまな要因が複雑に絡み合ってこそといえる。そのためその解決には学級崩壊が起きている学級の担任だけではない，チーム学校としての取り組みが必要となる。

## 5 よりよい仲間関係を育てる教育

2011年の『生徒指導提要』（文部科学省）では，児童生徒の問題行動の背景として社会的能力の未学習が指摘されており，社会的能力の例として，自己表現力，自己コントロール力，状況判断力，問題解決力，親和的能力（人と親しく交わる力），思いやりなどがあげられている。社会的能力は，家庭，学校，地域社会の人々との関係のなかで育まれるが，保護者の長時間労働などによる家族の時間の減少，遊びの時間・場所の減少，地域社会のつながりの減少などにより社会的能力の学習の機会が減少している。それらを補うことやよりよい学級での仲間関係を育てる目的でさまざまな取り組みがなされている（表10－2）。

主に行動面に着目した手法としては，ソーシャルスキルトレーニング（SST），アサーショントレーニング，ライフスキルトレーニングが存在する。基本的には，学習理論に基づいて仲間関係に有効とされる行動を身につける活動が主になっている。たとえば，友達づくりが難しい児童生徒に，上手なあいさつの仕方を教えたり，自分を抑えて主張できない児童生徒に上手な意思の伝え方を教

**表 10－2　学級における仲間関係を育てる方法**

| | | |
|---|---|---|
| 主に行動面に着目した手法 | ソーシャルスキルトレーニング | さまざまな社会的技能をトレーニングにより，育てる方法である。「相手を理解する」「自分の思いや考えを適切に伝える」「人間関係を円滑にする」「問題を解決する」「集団行動に参加する」などがトレーニングの目標となる。障害のない児童生徒だけでなく発達障害のある児童生徒の社会性獲得にも活用される。 |
| | アサーショントレーニング | 「主張訓練」と訳される。対人場面で自分の伝えたいことをしっかり伝えるためのトレーニングである。「断る」「要求する」といった葛藤場面での自己表現や，「褒める」「感謝する」「うれしい気持ちを表す」「援助を申し出る」といった他者との関わりをより円滑にする社会的行動の獲得を目指す。 |
| | ライフスキルトレーニング | 自分の身体や心，命を守り，健康に生きるためのトレーニングである。「セルフエスティーム（自尊心）の維持」「意思決定スキル」「自己主張コミュニケーション」「目標設定スキル」などの獲得を目指す。喫煙，飲酒，薬物，性などの課題に対処する方法である。 |
| 主に感情面に着目した手法 | アンガーマネジメント | 自分の中に生じた怒りの対処法を段階的に学ぶ方法である。「キレる」行動に対して「キレる前の身体感覚に焦点を当てる」「身体感覚を外在化しコントロールの対象とする」「感情のコントロールについて会話する」などの段階を踏んで怒りなどの否定的感情をコントロール可能なかたちに変える。また，呼吸法，動作法などリラックスする方法を学ぶ方法も存在する。 |
| | ストレスマネジメント教育 | さまざまなストレスに対する対処法を学ぶ手法である。はじめにストレスについての知識を学び，その後「リラクゼーション」「コーピング（対処法）」を学習する。危機対応などによく活用される。 |
| 主に関係形成面に着目した手法 | グループエンカウンター | 「エンカウンター」とは「出会う」という意味である。グループ体験を通して他者に出会い，自分に出会う。人間関係つくりや相互理解，協力して問題解決する力などが育成される。集団のもつプラスの力を最大限に引き出す方法といえる。学級づくりや保護者会などに活用できる。 |
| | ピア・サポート活動 | 「ピア」とは児童生徒「どうし」という意味である。児童生徒の社会的スキルを段階的に育て，児童生徒どうしが互いに支え合う関係をつくるためのプログラムである。「ウォーミングアップ」「主活動」「振り返り」という流れを一単位として，段階的に積み重ねる。 |

出典：文部科学省（2011）をもとに筆者改変。

えたりする活動などが存在する。

主に感情面に着目した手法としては，アンガーマネジメントやストレスマネジメント教育が存在し，怒りやストレスといったネガティブな感情状態への対処法を学ぶことが中心となっている。「怒りの温度計」を使って自分の怒りの度合いを客観視することで怒りのコントロール法を学ぶ活動や，ストレスの捉え方や上手な対処法を学ぶ活動などが存在する。

アンガーマネジメントとストレスマネジメント教育の2つは主に個人の行動や感情の変容を目指した手法であるが，仲間関係自体に働きかける手法もある。代表的な例としてはグループエンカウンターやピア・サポート活動があげられ，集団活動のなかでお互いを認め合ったり助け合ったりする活動などが存在する。

これらの仲間関係を育てる教育法については，教員養成課程での習得の機会が少ないため実施できる教員は少なく，スクールカウンセラーなどの専門家による実施に留まることが多い。しかし，学級の集団構造についてよく理解し，児童生徒との継続的な関わりが可能な学級担任の存在なくしては，仲間関係を育てる教育の効果は上がりにくいため，今後の理解促進が求められているといえよう。

### 引用・参考文献

S. R. アッシャー・J. D. クーイ著，山崎 晃・中澤潤訳（1996）『子どもと仲間の心理学——友だちを拒否するこころ』北大路書房。

久木山健一（2017）「仲間関係」神藤貴昭・久木山健一編著『ようこそ教育心理学の世界へ（改訂版）』北樹出版，112～113頁。

田中熊次郎（1964）『ソシオメトリーの理論と方法——人間教育の社会学的基礎技術の研究』明治図書出版。

内閣府（2017）「平成28年度青少年のインターネット利用環境実態調査調査結果（速報）」。（http://www8.cao.go.jp/youth/youth-harm/chousa/h28/net-jittai/pdf/sokuhou.pdf）

中村雅彦（1995）「教師と子どもの関係」小石寛文編『児童期の人間関係』人間関係の発達心理学3，培風館，43～64頁。

肥田野直（1993）「ゲス・フー・テスト」『日本大百科全書』小学館，195頁。

保坂 亨・岡村達也（1986）「キャンパス・エンカウンター・グループの発達的・治療的意義の検討——ある事例を通して」『心理臨床学研究』日本心理臨床学会，4(1)，15～26頁。

森田洋司・清永賢治（1986）『いじめ・教室の病』金子書房。

文部科学省（2011）「学級経営に関する調査研究（中間まとめ）」。（http://www.mext.go.jp/component/a_menu/education/detail/__icsFiles/afieldfile/2015/08/25/1222198_014.pdf）

文部科学省（2011）『生徒指導提要』109頁。

Dunphy, D. C. (1963) The Social Structure of Urban Adolescent Peer Groups. *Socio-*

*metry,* 26, 230-246.
Parten, M. B. (1932) Social participation among pre-school children. *Journal of Abnormal and Social Psychology,* 27, 243-269.

**学習の課題**

(1) 自分が所属した学級の仲間について，雰囲気が一番よかった学級とそうでなかった学級をそれぞれ選び，学級の集団構造やリーダー的存在の特徴などから考察せよ。
(2) 現在の高校生のインターネットの使用状況について調べ，自身が高校生の頃との違いについて媒介するネットサービスの変化に基づいて考察せよ。
(3) 帰りの会や SHR などで，「上手なあいさつの仕方を児童生徒に教える」という場面を考え，友人とロールプレイをしてみよう。

**【さらに学びたい人のための図書】**

小石寛文編（1996）『児童期の人間関係』人間関係の発達心理学３，培風館。
⇨人間関係の発達について，個人内の特性の変化ではなく人間関係自体の変化に着目した説明がなされている。

齊藤誠一編（1996）『青年期の人間関係』人間関係の発達心理学４，培風館。
⇨青年の人間関係の発達について，身体，家庭，結婚，社会参加などの多彩な要因と関連づけて検討している。

J. B. クーパーシュミット・K. A. ダッジ編，中澤潤訳（2013）『子どもの仲間関係』北大路書房。
⇨子どもの仲間関係の発達やその障害，援助方法について最新の研究を多く取り入れて包括的に解説している。

（久木山健一）

# 第11章 教師と児童生徒のコミュニケーション

**この章で学ぶこと**

コミュニケーションの重要性は，今日さまざまな場において高まっており，学校教育の場においても例外ではない。本章では，コミュニケーションという視点から学校教育を捉え，児童生徒に対する理解を深めていくこととする。児童生徒のコミュニケーション能力はどのように発達し，それに伴い教師は児童生徒とどのようにコミュニケーションをとっていかなければならないのか，現代の子どもをとりまく環境や彼らの多様性に触れながら，学校教育に関わるコミュニケーションについて概説していく。また，児童生徒のコミュニケーション能力を育てる環境についても検討する。

## 1 児童生徒のコミュニケーション能力

### （1）児童生徒のコミュニケーション能力の発達

私たちは日常においてどのような意味でコミュニケーションという表現を使っているのだろうか。コミュニケーションという言葉は，一般的には「情報やメッセージの伝達およびその解読の過程の総称」（小川，2004，94頁）であると定義されるが，日常におけるコミュニケーションは，他者との相互作用を含むすべての活動を含むため，その言葉のイメージは非常に広範なものである。阿部（2000）はコミュニケーションを「単に情報が伝達されるだけでなく，それを通じて“何かを分かち持つこと”」と理解することが適切ではないかと述べている（15-25頁）。児童生徒と教師との間でさまざまな相互作用が働くことから，教育現場におけるコミュニケーションとは，まさに，子どもと教師が互いにさまざまな情報を発信・受信するなかで，“何かを分かち持つこと”すなわち“共有”することであると考えることができるだろう。

言語を介して何かを共有するには，まず，その言語技能を問題としなければならない。子どもは，小学校入学までにおよそ3000語を習得するといわれているが，小学校入学と同時に学校という新しい環境のなかで，さらに豊富な表現力を身につけていくことになる。当然のことながら，小学校低学年のうちは，まだ言語による伝達能力には拙さがうかがえ個人差も大きい。児童期においては二次的ことばの習得が期待されるが，今，目の前にない物事・事象について他者にわかるように言語を用いて説明する作業は，小学校低学年における大きな課題となり得ることを理解しておく必要がある。

児童期から青年期前期におけるコミュニケーション能力の発達は，非常に高度に展開するものと考えられる。語彙力は高まり，表現の幅も広がってくる。児童期中期を過ぎると，子どもの認知発達は形式的思考段階に入り，三次的ことばを獲得する。“伝え合い”“説明する”ために使う段階から“主張し”“説得する”ために使う段階に移行し，伝え合う言葉と考える手段としての言葉が重層的に発達する（清水，2010）。その一方で，伝えた表現が必ずしも他者と共通の認識を有する表現ではないという問題も出てくる。その際，重要になってくるのが，他者の言葉が意味することを想像したり推測したり，積極的に理解しようとするなかで得られる共感の態度である。澤田（2002）は，共感という用語について，「相手の感情を理解すること」という心理学一般における定義と，「他者の感情の代理的経験，あるいは，その共有」とする発達研究における捉え方を合わせ，「相手の感情を相手の身になって共に感じること」と定義している（45頁）。他者に共感するコミュニケーション能力は，他者との良好な関係を築くうえで非常に重要であると考えられる。児童期における他者の感情理解と共感性については，小学３年生まで向上した後，前者は６年生にかけてさらに向上する一方，後者は低下する傾向が報告されている（浅川・松岡，1987）。澤田（2002）は，青年期になると“自己への関心”が急速に高まることから，「不安や自我防衛の機制が高まりやすくなり，そのような機制によって共感的態度が一時的に停滞ないしは下降する可能性」を指摘している（55頁）。

共感性が減少する時期の子どもどうしのコミュニケーションには，自己と他者との間に距離が生まれることによって，相互理解において困難な側面を孕む可能性があることを考える必要があるだろう。

### （2）児童生徒をとりまく環境とコミュニケーション能力

現代の日本には，テレビ，インターネット，携帯電話，雑誌など，子どもたちが情報を得るためのさまざまなツールが存在する。小学生1012人，中学生1279人，高校生987人を調査対象とした内閣府の「インターネット接続機器の利用率」（文部科学省，2016）によると，インターネット接続機器（スマートフォン，パソコン，携帯電話，携帯ゲーム機，インターネット接続テレビなど）の利用率は小学生84.2%，中学生91.9%，高校生98.2%であり，インターネットへの接続率も小学生61.8%，中学生82.2%，高校生96.6%と学校種別が上がるにつれ高くなっている。利用内容はメールのやりとりや SNS など他者とのコミュニケーションツールやゲーム，情報検索，音楽視聴や動画視聴など多岐にわたっている。なかでもメールやメッセージアプリ，ソーシャルメディアなどコミュニケーションとしての利用率は全体の67.4%と高く，インターネット利用が身近になっている子どもたちにとって，友達とのやりとりはメッセージアプリやソーシャルメディアなどを介して行われることが当たり前になってきているようである。学校で友達と直接触れ合う機会があるとはいえ，目の前の相手と直接話すよりも IT 環境を利用した友達とのやりとりのほうが優先されるというのでは，生身の人間とのコミュニケーションがうまくできなくなってしまう危険性も否めない。インターネットやメール利用を中心とした IT 利用の進行は，バーチャリズムを加速させるともいわれている（古屋，2007）。インターネットの利用時間の問題も含め，これらのツールが子どもたちの生活に影響を与えていることは容易に推測される。

その一方で，教育の現場においては ICT（Information & Communication Technology：情報通信技術）教育が導入され，メディアを利用したわかりやすい授業ややりとりも増えてきていることから，教師は児童生徒が ICT とポジティブな関係を築けるよう試行錯誤しなければならない。そして，幼いときからデジタル機器に慣れ親しんでいる“デジタルネイティブ”な子どもたちとのコミュニケーションは，従来とは異なるものになっていく可能性を認識しておく必要がある。

### (3) 児童生徒の多様性の理解

高い学力の定着度や集団活動の成果が得られ，なおかつ，児童生徒が楽しい学校生活を送れることは学級としての理想である。そして，その理想の実現には「学級に集まった子どもたちが，ものの考え方・価値観，行動の仕方につながる生活習慣，似たような感情にいたるような生活体験を，ある程度同じように共有している」(河村，2010，100頁) ことが必要となる。日本の学級集団では「みんなで一緒に勉強する，みんなで一緒に活動する，みんなで協力する」ことが共通理解され，教師も理想とする学級をイメージして学級成員である児童生徒に接する。しかし，実際は異なる家庭環境で育ち，ものの考え方・捉え方，価値観も異なる子どもたちによって学級は構成されているため，一元的な方法でコミュニケーションを試みても，教師が理想とするような関係性は築けないことがある。日本では，「みんなと一緒であることがひとつの価値」になりやすく，「人とちがったり異質であることは，異端者として排除」されることにつながる傾向があるが (小牧，2001，138頁)，グローバル化が進むなか，人と違うことに価値を認め人間としての独自性を肯定的に捉える姿勢をもって，児童生徒一人ひとりに接する意識が教師には必要となるであろう。

## 2　学校における対人関係

### (1) 教師と児童生徒間のコミュニケーション

相手の気持ちや内面的世界を感じ，相手にフィードバックする共感的コミュニケーション態度は，教師と児童生徒間のコミュニケーションにおいて重要であると考えられている。ただし，年齢も立場も異なる教師が児童生徒に共感を示すことは，時として容易とは限らない。また，教育活動の中心となる学級は，人為的に構成されたひとつの組織であり，公的に定められた行動様式をとることが要求される（フォーマル・グループ（第2次集団））。その一方で，親密で私的な関係から自然発生的にできる集団（インフォーマル・グループ（第1次集団））を多く含む集団でもある。このように複雑な構造をもつ学級集団において教師と児童生徒関係は非対等であり，教師は児童生徒を指導するリーダーでなければならない。

授業内における児童生徒とのコミュニケーションは，発話という側面から捉えた場合，とかく形式的になりやすい。そのコミュニケーションの場には，教師が何かについて説明や質問をし，児童生徒がそれについて考えたり自分なりの意見を述べたりする構図が存在する。まず，教室内には授業を円滑に進めていくうえでの規範やマナーがある。たとえば，「（椅子に）きちんと座る」という指示があるが，この「きちんと」という表現は非常に抽象的で曖昧である。この場合，「背筋をのばし，足裏を床につけ，手は膝に置き，前を見る」というように，子どもにとって具体的でわかりやすい表現の工夫をすることによって，指示内容はより浸透しやすくなり，具体的な行動を起こしやすくなることが期待できる。

また，授業内では，児童生徒がグループあるいは個人でさまざまな作業に取り組むことがある。この場合も，児童生徒の自主性を促進するような具体的指示が有効であるが，それと同時に，教師は作業に取り組んでいる児童生徒が発信している非言語的メッセージを読み取る必要がある。子どもたちの表情や姿勢，友達の意見をメモする様子などから，作業が円滑に進んでいるか，指示を理解できているか，積極的に楽しんで授業に参加できているかといったことを推し測らねばならない。また，教師は活動的で表現豊かな話し方を心がけるだけでなく，発言中には児童生徒とのアイコンタクトを維持したり，微笑んだり，生き生きとしたジェスチャーを用いたり，教室内を歩いたりすることも重要である。こうしたコミュニケーション方略には，認知的感情的な学習の利益があることも示されている（リッチモンド・マクロスキー，2013）。

授業内外を問わず，コミュニケーションにおいては，発話者に対しての傾聴と受容的聴き方が重要となる。指導する立場である教師は，主張する児童生徒に対して思わず口を挟みたくなったり，高圧的な態度で制御したくなったりすることもあるだろう。しかし，それでは彼らは心を閉ざし萎縮してしまうだけで，教師として本当に伝えたいことを伝えられなくなってしまう。児童生徒と直接話をする機会は，彼らのことを知る絶好の機会である。話の腰を折ることなく，彼らの言葉に丁寧に耳を傾ける姿勢をわかりやすく示すことが必要である。それによって児童生徒は安心し，教師を信頼し，積極的に伝えようとする姿勢を形成する。たとえば，児童生徒が「～がわからない」と話した後に，教師がその言葉を否定することなく「～がわからないんだね」と受けとめて，まとめ直したり繰り返したりすることによって，彼らの考えや気づきが深まったり，理解されているという意識が芽生えたりすることもある。随所に“頷き”や“相槌”を入れることも効果的であろう。児童生徒とのコミュニケーションにおいて重要なのは，彼らが“話を聞いてもらえている”という実感をもつことである。さらに，彼らが話をしているときの表情や音調，身体動作，目の動き，話のしかたや間合いなど，非言語的コミュニケーションにおける諸要素にも注意が必要である。そこには，言語では表現しきれない繊細な感情をみてとることができるはずである。

他者とのコミュニケーションには浄化作用ともいうべきカタルシスの機能があり，他者とのコミュニケーションを通じ，頭の中の「悩み」なども解消される場合が多いとされる（成毛，1996）。したがって，まずは，児童生徒が教師と“話したい”“伝えたい”“話してみよう”と思える関係性を，日々の学校生活の中で築き上げていくことが期待される。

多様なコミュニケーション状況では，相手が何を伝えようとしているのか，その伝えようとしている意味を完全に理解することは不可能であるといっても過言ではない。したがって，教師にはその意味を推測すると同時に，その背後にある児童生徒の感情をも理解しようとすることが求められる。言語報告の内容にばかり気を取られることなく，“言い分”に目を向け，時に共感的態度を示しつつ受け止める態度が，教師が児童生徒との信頼関係を築くためのコミュニケーションの一歩となりうるといえるだろう。

### （2）教師間のコミュニケーション

教師どうしの良好な相互関係は，児童生徒がよりよい環境で学習や活動を行ううえで重要である。担任によって課題の量に差があり過ぎたり，指導方針や指示内容に違いがあり過ぎたりして，児童生徒から不満が出たり，保護者からクレームが入るといった事態は避けたいものである。そのような事態は情報交換・情報共有不足から起こり得るものであり，教師間のコミュニケーション不足のうえで行われる指導は，児童生徒の混乱と不信を招くことになる。また，日々接することの多い学級担任であるがゆえに見落としている児童生徒の個性や人間関係などが，ほかの教師の授業で現れていることもある。したがって，授業内の困りごとやトラブルについてのみならず，積極的な授業態度，友達や教師との微笑ましいやりとりなどについてもできるだけ教師間で報告し合い情報として共有することが，教師と児童生徒の関係を良好なものにするうえでも，また，教師どうしの関係を良好なものにするうえでも重要である。

教師が個々の児童生徒に対するより多くの情報を得ておくことは，児童生徒への理解を深めると同時に，彼ら自身が教師に認められているという気持ちを抱くことにつながる。たとえば，学級担任以外が担当する音楽科や図画工作科などでの取り組み姿勢について，学級担任から「○○の先生がよく頑張っていたと褒めていたよ」などと声をかけてもらうと，その子どもは評価をしてもらえたことで自信をもち，“○○の先生”“○○の授業”に対しても，学級担任に対しても，ポジティブな感情を抱くはずである。また，教師どうしの報告によって，小さな出来事や問題が大きな問題に発展することを防ぐことも可能である。1人では手に負えないような問題に発展してからほかの教師に相談するのではなく，問題が小さいうちに援助を求めたり情報を共有したりすることで，それぞれが早期に対処することが可能となる。したがって，教師どうしはできる限り連携し合い，児童生徒についての情報交換と共有を行うことが重要である。

教師の仕事は「教師各自で個別にこなせる個業性の高い職務といわれてきたが，近年，協働的な教師集団の形成が，教師の児童・生徒への理解変化と学級経営改善を促す」といわれている（弓削，2010，195頁）。ほかの職場同様，教師間においても，そのキャリアや年齢，価値観や性格傾向の違いなどによって，必ずしも円滑なコミュニケーションが約束されるわけではない。教師どうしの積極的な情報交換と情報共有は，より円滑な学校・学級運営，授業運営，児童生徒との良好な関係に影響を与えるものであるとの認識をもったうえで，教師間のコミュニケーションに対する積極的態度の形成が必要である。

## 3　教師が学級に及ぼす影響力

### （1）教師の勢力資源

担任教師や教科担任が変わった途端，勉強が好きになったり，成績が上がったり，クラスの雰囲気が変わったりということはよく耳にする。このような背景には，教師がもつ特定の“勢力”の影響があり，児童生徒が教師の指示や指導に従ったり，注意に耳を傾けたり，学級活動や授業に意欲的に取り組んだりする理由を教師の勢力資源という。主な教師の勢力資源には，次の７つがあげられている（狩野・田崎，1990，118-119頁）。

① 親近・受容：親近感や被受容感に基づく勢力資源
② 外見性：教師の外見的容姿のポジティブな評価に基づく勢力資源
③ 正当性：教師の行動を当然とすることに基づく勢力資源
④ 明朗性：教師の性格上の明るさに基づく勢力資源
⑤ 罰：教師に対する畏怖の感情に基づく勢力資源
⑥ 熟練性：教師のもつ熟練度に基づく勢力資源
⑦ 準拠性：自分にとって好ましい人物への同化に基づく勢力資源

また，河村茂雄（2010）は，① 準拠性，② 親近・受容性，③ 熟練性，④ 明朗性，⑤ 正当性，⑥ 罰・強制性の６つをあげ，小学生，中学生，それぞれ特有の目安となる捉え方を提唱している。河村は，小学生の場合，教師の人間的な魅力と教え方などの役割の部分を識別しておらず，どんなに教え方がうまくても，明るさや親近感がなく悩みなどを受け入れてくれる対応や雰囲気がなければ，その教師に対して魅力を感じず授業にものってこない傾向をあげている。一方，中学生になると，教師の人間的魅力と役割に対する魅力は，分化した捉え方のなかで影響力をもつという。“罰・強制性”は，罰や成績への影響を恐れて教師の指導に従うというものであるが，中学生では，この勢力資源に対して，反発や反抗，攻撃的になるという傾向も指摘されている。

教師は自らがもつ勢力資源を知り，児童生徒との関わりにおいて，より効果的な教育的アプローチの方法やリーダーシップのとり方を見出すことが大切である。

### （2）垂直・水平方向へのコミュニケーション

職場の人間関係は，地位や役割などから垂直的関係（上司と部下の関係）と水平的関係（仕事仲間や同僚関係）の２種類に分けることができる（小牧，2001）。これを学級における人間関係に置き換えると，教師と児童生徒の関係は垂直的関係，児童生徒どうしにみられる関係は水平的関係ということになる。垂直的関係は，上から下―下から上というコミュニケーションの流れがあり，水平的関係では横へと流れるコミュニケーションとして捉えることができる。上から下へのコミュニケーションは教師から児童生徒に与えられる指示や指導であるが，なぜその指示に従う必要があるのか，なぜそうしなければならないのかという疑問が，児童生徒に湧き上がることがある。教師はその立場上，児童生徒は教師の指示に従って当然であるという感覚をもつことがあるかもしれないが，双方の意味の取り違えによって，本来の指示ではない内容が伝わっている可能性を考え，誠実にコミュニケーションを行わなければならない。下から上へのコミュニケーションでは，基本的に教師が児童生徒からのアプローチを待たなければならない。また，都合の悪いことは報告がなく，意図的・選択的になりやすい傾向があるという問題点があることもおさえておく必要がある（小牧，2001）。

### （3）教師の自己開示と自己呈示

他者とのコミュニケーションにおいて，自己開示と自己呈示は，対人関係の親密度や他者からの評価に影響を与えるものとして非常に重要である。自己開示とは「意図的に自分に関する情報を言語的に伝達する行為」（小川，2004，107頁）と定義されており，それは自己の欠点や弱点を他者にさらすことをも含む。対人関係構築において，自己のネガティブな側面を他者に知られることはリスクを伴うが，あるがままの自己を受容してもらうことは心理的安定にもつながる。その一方で，すべてを曝けだすばかりでは社会における自身への評価を下げることにもなるため，ポジティブな自己を他者に認めてもらいたいという思いも出現する。そこで，人は「他者から良い印象を得るために自己を歪めて示す行為」（小川，2004，111-112頁）である自己呈示を行う。

では，教師は児童生徒に対して，自己開示，自己呈示のいずれの行為を重視すべきなのだろうか。教師の教職経験の蓄積によって児童生徒との接し方には変化が現れることが報告されており，その入門期において「初めはやや防衛的だが，だんだんとありのままの自分をさらけ出せるようになる（中略）授業中は教師として振る舞っても，授業時間外はむしろ対等に接するなど，対応を切り替える方が効果的である」ことがあげられている（藤澤，2003，9頁）。自己開示には返報性の現象があり，受け手は相手の開示した情報と同程度の情報を開示することも知られている（高田，2005）。通常，自己開示はよりよい人間関係を築くうえで非常に効果的な手法であるとされるが，教師と子どもたちの関係を考えるうえでも，その有効性は例外ではないといえよう。

しかしながら，児童生徒は教師に対してさまざまな期待をし，家族以外の身近な大人として影響を受け，社会を俯瞰する“ものさし”のひとつをつくっていくことになる。よって，教師には時に印象管理能力（自らの印象を操作する能力）も必要とされる。私たちは，その社会的地位にふさわしい役割を遂行するよう他者から期待されるが（小川，2004），教師もまた児童生徒から“教師”としての役割を期待されることはいうまでもなく，その役割を果たすことは“教師らしさ”というものと無縁ではない。教師自身が教師らしさについてどのように考え，児童生徒を指導する立場として，どのように自己を呈示していくのか，自身の印象管理も含めて考える必要があるだろう。

自己開示と自己呈示のバランスは非常に難しいものであると思われるが，教師自身がありのままの自分を子どもたちに見せる（自己開示）一方で，授業中や必要に応じて教師としてのリーダーシップを発揮し，児童生徒によい影響を与える存在になっていくことが求められる。

## 4　教師のコミュニケーション能力と学級運営

### （1）教師の指導行動

児童生徒の教師への信頼は健全な学級運営とも関係し，教師の指導タイプによっては学級崩壊に陥ること，また，命令・禁止事項が多く児童生徒への配慮が薄くなりがちな“指導タイプの教師”によって，“反抗型”の学級崩壊が懸念されると指摘されている（遠矢，2010）。また，教師の権威が強ければ強いほど，学級集団内で教師に依存する児童生徒と反発する児童生徒に分かれることになり，最終的には，教師と児童生徒集団との対立に発展する可能性があることも指摘されている。しかしながら，いくら親しみや信頼を得られるからといって，“友達”のような接し方をしたのでは教師―児童生徒の関係は成立しない。教師が児童生徒と友達のように接することで，彼らは親しみや安心感を抱き何でも話してくれるようになるかもしれない。しかし，教師には教師としての役目があることを忘れてはならない。児童生徒と“何かを分かち持つ”なかで，教育の目的上，教師は彼らに必要な課題を遂行するためのさまざまな働きかけ（指導行動）を行うことが求められる。

教師による児童生徒への指導行動には，「養う」機能と「ひきあげる」機能の２つの機能があるとされる。「養う」機能とは，褒める，励ます，助言する，児童生徒の考えや感情を受容するなど，児童生徒の要求や資源に応じて知識を与えたり要求を受け入れたりする働きをいう。「ひきあげる」機能とは，指示・命令を与える，叱る，罰を与える，ルールを守るよう注意したり厳しく言ったりなど，児童生徒の要求や資源を社会から望まれる方向へ導き成長させる機能である（弓削，2010）。児童生徒の指導においてはこの２つを両立させることが理想とされるが，「ひきあげる」機能の指導行動内容である「注意指示」は児童生徒の課題意欲や資源の差異を顕在化させ，「養う」機能の指導行動内容である「理解・受容」は児童生徒間の対等性を維持するという矛盾を生み出すと考えられている。ただし，「ひきあげる」機能の指導行動内容は，追い込む，突き放す，任せる，待つといった指導行動を含むことが報告されており，これらを「突きつけ」の指導行動と称している。この「突きつけ」は「養う」機能の指導行動とは矛盾せず，「ひきあげる」機能と「養う」機能の両機能発揮を促進することが示唆されている（弓削，2012）。「突きつけ」の指導行動においては，待っているポーズや厳しい表情をするなど，教師がわかりやすく発した非言語コードを児童生徒に読ませることで課題の遂行を促すことが可能である。そのため言語による直接的な指示や命令を避けることができる。より効果的な指導行動を行うためには，教師が指導行動を見直し，自らのコミュニケーション能力，リーダーシップ力に磨きをかけることが不可欠である。

### （2）教師のリーダーシップ

学級運営に影響を及ぼすものとして教師のリーダーシップがあげられる。リーダーシップは「集団がその目標を達成しようとする際に，ある個人が他の集団成員や集団の活動に影響を与える過程」と定義されている（小川，2004，342頁）。三隅二不二（1964）は，P-M；リーダーシップ論に基づいて，教師のリーダーシップをＰ機能（目的達成機能）とＭ機能（集団維持機能）の２機能に分けて捉えることを提唱した。Ｐ機能は「生活・学習における訓練・しつけ」「社会性・道徳性の訓練・しつけ」に関することで，学級における児童生徒の学習促進や学校生活に関する課題解決促進のための教師のリーダーシップ行動を指す。一方，Ｍ機能は“教師の児童に対する配慮”“教師の児童への親近性”“学習場面における緊張緩和”に関することで，児童生徒への配慮や接し方に関わるリーダーシップ行動を指す（三隅他，1977）。教師のリーダーシップはこの2つの機能の高低により，PM型，M型，P型，pm型に類型化（大文字で表されたものは，高い機能があることを意味する）され，この順に“学級連帯感”や“学習意欲”が高いことが明らかになっている。要するに，児童生徒の心理状態に対する積極的な態度が，学級の機能を維持することに影響しているといえる。教師は，児童生徒に対してどのようなリーダーシップをとりながらどのような指導を行うのか，自身の影響力を熟慮しておかなければならない。リーダーとして必須である能力は，状況判断能力と対人処遇能力であるとする見解がある（田中，1991）。教師のリーダーシップは，児童生徒との関係を考えるうえでも，また学級の機能を維持するうえでも，その集団の状態や人間関係に応じて柔軟に変化するダイナミックなものである必要があるだろう。

### （3）教師のコミュニケーション能力

授業を円滑に進めたり学級の機能を健全に維持したりするためには，教師のリーダーシップや指導力に加え，コミュニケーション能力が必要になる。そもそもリーダーシップをとるにも，何らかの指導行動をとるにも，コミュニケーション能力が低ければ児童生徒への効果的な働きかけはできない。教師のコミュニケーション能力が，児童生徒の行動や学業成績に及ぼす効果のひとつとして教師期待効果があげられる。これは「児童・生徒が，彼または彼女らに対する教師の期待に即した学業成績や行動を示すようになること」（吉田，2006，98頁）と概括されているが，この教師期待は児童生徒に対する非言語的コミュニケーションによって伝達される可能性が高いとされている。さらに，吉田（2006）は，教師期待効果の生起過程に関する研究から，学力期待に伴う処遇差（高期待時の場合と比較した低期待時に対する教師の行動の差異）をあげ，教師の表情・視線・身体動作・姿勢，物理的距離，時間の使い方，話す速さ，声の大きさ・高さ・抑揚などコミュニケーションの非言語的要素が，教師期待効果の文脈のみならず，児童生徒と教師の人間関係全般に関与している可能性を指摘している。このような非言語的行動は，言語行動に比べて教師自らがコントロールしにくいものではあるが，教師の感情・情緒・態度などの伝達においては，言語的情報以上に非言語的情報が児童生徒に大きな影響を与えるという認識をもって，そのコミュニケーション能力に磨きをかける必要がある。

児童生徒は教師の発する言語・非言語情報を繊細にキャッチし，不安になったり教師との関わりに消極的になったりするものである。教師は自らが発信する情報だけでなく，彼らの反応，意識的・無意識的に発信される非言語的情報にも注意を払ったうえで，どのようにコミュニケーションをとるか，何を伝えたいのかを考えなければならない。たとえば，話をしている教師のほうを見ていない児童生徒に対して「話を聞いていますか」と語気を強めて注意することは，時として単なる的外れになってしまうことがある。たまたま教師のほうを見ていなかっただけで教師の話は聞いていたという児童生徒にとっては，その注意の内容は受け入れられない。「話を聞くときには話をしている人のほうを見る」ということを注意したいのであれば，そのように注意をすべきであり，話を聞いていたのか聞いていなかったのかは，その後の行動を見てから判断をしても遅くはないだろう。実際に何をしたらよいか困っているタイミングで，「話を聞いていないと何をしたらよいかわからないよね」と柔らかく問いかけるほうが，強い口調で厳しく一喝するより効果的な場合もあるのである。ルールだからと一方的に厳しく注意するだけでは，児童生徒に反発する気持ちが生まれるだけでなく，教師の前ではルールに従うがそれ以外ではルール違反を繰り返したり，その反発心を別のかたちで教師や友達に向けたりすることもある。とくに行動に対する注意喚起は，どのタイミングでどのように声かけをするのかということも重要である。また，児童生徒を教師の理想通りにコントロールしようとして心情を無視した強い態度では，効果的なリーダーシップがとれているとはいえない。児童生徒を服従させるようなリーダーでは彼らの自律を阻み，教師依存と受け身の態度を形成することになるうえ，不満も生じるであろう。教師は，自身のアプローチによって児童生徒がどのような反応を形成しているのか，言語によるものだけでなく非言語による情報を発信していないか，という意識をもって彼らに接することが必要であるといえる。児童生徒の反発を防ぎ，よりよい学級運営を行うためには，言語的・非言語的さまざまなやりとりが絶え間なく行われる連鎖があることを理解したうえで，教師が児童生徒とのコミュニケーションのとり方を考えることが重要である。

## 5 児童生徒のコミュニケーション能力を育てる環境

### （1）教科，学級活動の工夫

児童生徒のコミュニケーション能力を育てるためには，授業をはじめとした学校における活動にさまざまな工夫が求められる。個々の児童生徒に発言のきっかけを与えたり発言の場を与えたりすることは勿論のこと，児童生徒どうしが活発にコミュニケーション活動を展開できるような授業や学級運営をコーディネートしていくことが必要である。小学校では“朝の会”や“帰りの会”といった授業以外における学級活動を設けている場合があるが，そのような場で，自分自身のことやその日の友だちとのやり取りで嬉しかったことや気づいたことなどについて発表する機会を設けることは，二次的ことばの習熟に役立つであろう。教師にとっても，このような機会を通して児童生徒自身について，また彼らの目から見た学校生活について知ることができる。児童生徒が自己表現したり，情報をアウトプットしたりできる場を積極的につくっていく工夫が求められる。

### （2）家庭での工夫

コミュニケーション能力を育てるためには，「家庭では会話を積極的に行い，言語力を育み，多くの人と交流する機会を持つ」（今井，2007，51頁）ことが必要である。核家族が増加している現代においては，それだけで他者との接触パターンが少なくなってしまう。親の友人一家と家族ぐるみの付き合いをしたり，親が積極的に近所付き合いやコミュニティに参加したりするなど他者と接触する機会を増やし，さまざまな経験をさせることが大切である。

### （3）学校，地域での工夫

地域の人たちとのふれあいの場は，異なった年齢，異なった社会背景をもった人たちとの出会いの場となり，そこでさまざまな相互作用を展開することによって，他者との接し方，人を世話する能力，対人的交渉能力などの社会的技能を学習できるようになる。しかしながら，現代の子どもたちは時間的・空間的な面で生活に大きな制約を受けており，地域社会が単独で子どもたちに出会いと結びつきの場を提供するのは難しい状況にある（中村，2006）。したがって，学校と地域が連携して，子どもたちが人間関係を学び，コミュニケーション能力を高めることができるような環境をつくり出す努力が必要である。

周囲の人間との関わりが子どもたちのコミュニケーション能力に影響を与え，その発達を支えていると心得ておく必要があるだろう。

#### 引用・参考文献

浅川潔司・松岡砂織（1987）「児童の共感性に関する発達的研究」『教育心理学研究』35，231～240頁。
阿部 潔（2000）「コミュニケーションとは何か？　実践の『日常』と理論の『過剰』」『日常のなかのコミュニケーション――現代を生きる「わたし」のゆくえ』北樹出版。
今井貴代子（2007）「児童期の内的資産と学習課題」立田慶裕・岩槻知也編著『新しい視点の生涯学習 家庭・学校・社会で育む発達資産』北大路書房。
小川一夫監（2004）『改訂新版 社会心理学用語辞典』北大路書房。
狩野素朗・田崎敏昭（1990）『学級集団理解の社会心理学』ナカニシヤ出版。
河村茂雄（2010）『日本の学級集団と学級経営――集団の教育力を生かす学校システムの原理と展望』図書文化社。
小牧一裕（2001）「職場と社会の人間関係」杉野欽吾・亀島信也・安藤明人・小牧一裕・川端啓之編著『人間関係を学ぶ心理学』福村出版。
澤田瑞也（2002）「共感的コミュニケーションの発達」澤田瑞也編著『人間関係の発達心理学１――人間関係の生涯発達』培風館。
清水由紀（2010）「子どもの認知的・社会的発達」清水由紀編著『学校と子ども理解の心理学』金子書房。
高田利武（2005）「私の心と私の姿」山岸俊男編『社会心理学キーワード』有斐閣双書。
田中國夫（1991）「集団――集団の課題構造とリーダーシップに対して」三隅二不二・木下冨雄編『現代社会心理学の発展Ⅱ』ナカニシヤ出版。
遠矢幸子（2010）「学級崩壊」森敏昭・青木多寿子・淵上克義編『よくわかる学校教

育心理学』ミネルヴァ書房。
中村雅彦（2006）「地域の中の人間関係」小石寛文編『人間関係の発達心理学 3 児童期の人間関係』培風館。
成毛信男（1996）「言語コミュニケーションの概念と特徴」橋本満弘・石井敏編著『コミュニケーション論入門』（コミュニケーション基本図書第1巻）桐原書店。
藤澤伸介（2003）「クラスタ分析による教師の役割意識の変容モデル――なぜベテラン教師は教育メディアをつかわないのか」『教育情報研究』19(1)，3～14頁。
古屋貴子（2007）「青年期の内的な発達資産と学習課題」立田慶裕・岩槻知也編著『新しい視点の生涯学習 家庭・学校・社会で育む発達資産』北大路書房。
三隅二不二（1964）「教育と産業におけるリーダーシップの構造――機能に関する研究」『教育心理学年報』4，83～107頁。
三隅二不二・吉崎静夫・篠原しのぶ（1977）「教師のリーダーシップ行動測定尺度の作成とその妥当性の研究」『教育心理学研究』25，157～166頁。
文部科学省（2016）「インターネット接続機器の利用率」。
弓削洋子（2010）「Ⅷ 教師と子どもの人間関係」森 敏昭・青木多寿子・淵上克義編『よくわかる学校教育心理学』ミネルヴァ書房。
弓削洋子（2012）「教師の2つの指導性機能の統合化の検討――機能に対応する指導行動内容に着目して」『教育心理学研究』60，186～198頁。
吉田寿夫（2006）「教師と子どもの関係」小石寛文編『人間関係の発達心理学 3 児童期の人間関係』培風館。
リッチモンド，V. P.・マクロスキー，J. C.，堀下智子訳（2013）「教師と学生の非言語的関係性」山下耕二編訳『非言語行動の心理学――対人関係とコミュニケーション理解のために』北大路書房。

**学習の課題**

(1) 児童生徒とより円滑なコミュニケーションをはかるために，教師はどのようなことを理解しておく必要があるか説明してみよう。
(2) 教師のコミュニケーション能力について，日常における児童生徒との関わり方，授業および学級運営の面からそれぞれ説明してみよう。
(3) 児童生徒のコミュニケーション能力を育てるために，教科活動/学級活動/家庭/学校/地域での工夫について，あなた独自の提案をしてみよう。

**【さらに学びたい人のための図書】**

吉田俊和・三島浩路・元吉忠寛編（2013）『学校で役立つ社会心理学』ナカニシヤ出版。
⇨教育事象が事例としてあげられ，事象を説明するための社会心理学的理論の紹介と解決方法が提案されている。
杉野欽吾・亀島信也・安藤明人・小牧一裕・川端啓之（2001）『人間関係を学ぶ心理学』福村出版。
⇨人間関係の基礎から発達，人間関係に関わるさまざまな疑問に答えてくれる一冊。
清水由紀編著（2010）『学校と子ども理解の心理学』金子書房。
⇨子どもの発達や人間関係を，学校という実践的営みのなかで捉えた一冊。

（市川祥子）

# 人名索引

## あ 行



## か 行



## さ 行



## た 行



## な・は 行



## ま 行



## や・ら・わ 行

# 事項索引

## あ　行



## か　行

さ　行

た　行



な　行

は　行



ま　行



や・ら・わ　行

## 欧　文

## 監修者


原　清治（はら　きよはる）　（佛教大学副学長・教育学部教授）

春日井敏之（かすがい　としゆき）　（立命館大学名誉教授・近江兄弟社高等学校校長）

篠原正典（しのはら　まさのり）　（佛教大学教育学部教授）

森田真樹（もりた　まさき）　（立命館大学大学院教職研究科教授）


## 執筆者紹介（所属，執筆分担，執筆順，＊は編者）


＊神藤貴昭（しんとう　たかあき）　（編著者紹介参照：はじめに，第７章）

＊橋本憲尚（はしもと　のりひさ）　（編著者紹介参照：はじめに，第３章 第１節・第２節，第９章）

川那部隆司（かわなべ　たかし）　（立命館大学文学部准教授：第１章）

中村　晃（なかむら　あきら）　（千葉商科大学商経学部教授：第２章）

山崎晃男（やまさき　てるお）　（大阪樟蔭女子大学学芸学部教授：第３章 第３節）

米谷　淳（まいや　きよし）　（放送大学兵庫学習センター客員教授，神戸大学名誉教授：第４章）

豊田弘司（とよた　ひろし）　（追手門学院大学心理学部教授：第５章）

天野祥吾（あまの　しょうご）　（立命館大学 BKC 社系研究機構研究員：第６章 第１節・第２節）

森　兼隆（もり　かねたか）　（大阪教育大学教育学部講師：第６章 第１節・第３節）

岡本真彦（おかもと　まさひこ）　（大阪公立大学現代システム科学研究科教授：第６章 第４節）

伊藤崇達（いとう　たかみち）　（九州大学大学院人間環境学研究院准教授：第８章）

久木山健一（くきやま　けんいち）　（神戸女子大学文学部教授：第10章）

市川祥子（いちかわ　しょうこ）　（甲子園大学心理学部専任講師：第11章）

## 編著者紹介

神藤　貴昭（しんとう・たかあき）

1972年　生まれ。

現　在　立命館大学大学院教職研究科教授。

主　著　『大学教育における相互行為の教育臨床心理学的研究――「フレーム」とその変容に着目して』学術出版会，2011年。

『ようこそ教育心理学の世界へ　改訂版』（共著）北樹出版，2017年。

橋本　憲尚（はしもと・のりひさ）

1958年　生まれ。

現　在　佛教大学教育学部准教授。

主　著　『発達と教育の心理学』（共著）創元社，2007年。

『新しい教育の方法と技術』（共著）ミネルヴァ書房，2012年。

新しい教職教育講座　教職教育編④

教育心理学

2019年3月20日　初版第1刷発行　〈検印省略〉

2024年9月20日　初版第6刷発行

定価はカバーに
表示しています

監修者　原　清治／春日井敏之
篠原正典／森田真樹

編著者　神藤貴昭／橋本憲尚

発行者　杉　田　啓　三

印刷者　坂　本　喜　杏

発行所　株式会社　ミネルヴァ書房

607-8494　京都市山科区日ノ岡堤谷町1

電話代表　(075)581-5191

振替口座　01020-0-8076

©神藤・橋本ほか，2019
冨山房インターナショナル・吉田三誠堂製本

ISBN 978-4-623-08187-5

Printed in Japan

# 新しい教職教育講座

原 清治・春日井敏之・篠原正典・森田真樹 監修

**全23巻**

（A５判・並製・各巻平均220頁・各巻2000円（税別））

## 教職教育編

①教育原論　山内清郎・原 清治・春日井敏之 編著
②教職論　久保富三夫・砂田信夫 編著
③教育社会学　原 清治・山内乾史 編著
④教育心理学　神藤貴昭・橋本憲尚 編著
⑤特別支援教育　原 幸一・堀家由妃代 編著
⑥教育課程・教育評価　細尾萌子・田中耕治 編著
⑦道徳教育　荒木寿友・藤井基貴 編著
⑧総合的な学習の時間　森田真樹・篠原正典 編著
⑨特別活動　中村 豊・原 清治 編著
⑩教育の方法と技術　篠原正典・荒木寿友 編著
⑪生徒指導・進路指導［第２版］　春日井敏之・山岡雅博 編著
⑫教育相談　春日井敏之・渡邉照美 編著
⑬教育実習・学校体験活動　小林 隆・森田真樹 編著

## 教科教育編

①初等国語科教育　井上雅彦・青砥弘幸 編著
②初等社会科教育　中西 仁・小林 隆 編著
③算数科教育　岡本尚子・二澤善紀・月岡卓也 編著
④初等理科教育　山下芳樹・平田豊誠 編著
⑤生活科教育　鎌倉 博・船越 勝 編著
⑥初等音楽科教育　高見仁志 編著
⑦図画工作　波多野達二・三宅茂夫 編著
⑧初等家庭科教育　三沢徳枝・勝田映子 編著
⑨初等体育科教育　石田智巳・山口孝治 編著
⑩初等外国語教育　湯川笑子 編著

ミネルヴァ書房

https://www.minervashobo.co.jp/